U0634010

权威·前沿·原创

皮书系列为
"十二五""十三五"国家重点图书出版规划项目

GREEN BOOK

智 库 成 果 出 版 与 传 播 平 台

中国社会科学院创新工程学术出版资助项目

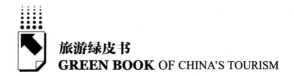

旅游绿皮书
GREEN BOOK OF CHINA'S TOURISM

2020~2021年中国旅游发展分析与预测

TOURISM DEVELOPMENT IN CHINA: ANALYSIS AND FORECAST (2020-2021)

顾　问/何德旭　闫　坤　夏杰长　张广瑞　刘德谦
主　编/宋　瑞
副主编/金　准　李为人　吴金梅
中国社会科学院旅游研究中心

社会科学文献出版社
SOCIAL SCIENCES ACADEMIC PRESS (CHINA)

图书在版编目（CIP）数据

2020-2021年中国旅游发展分析与预测／宋瑞主编
. -- 北京：社会科学文献出版社，2021.4
（旅游绿皮书）
ISBN 978-7-5201-8153-2

Ⅰ.①2… Ⅱ.①宋… Ⅲ.①旅游业发展-研究报告
-中国-2020-2021 Ⅳ.①F592.3

中国版本图书馆 CIP 数据核字（2021）第 054946 号

旅游绿皮书
2020~2021年中国旅游发展分析与预测

顾　　问／何德旭　闫　坤　夏杰长　张广瑞　刘德谦
主　　编／宋　瑞
副 主 编／金　准　李为人　吴金梅

出 版 人／王利民
责任编辑／吴　敏　王　展

出　　版／社会科学文献出版社·皮书出版分社（010）59367127
　　　　　地址：北京市北三环中路甲29号院华龙大厦　邮编：100029
　　　　　网址：www.ssap.com.cn
发　　行／市场营销中心（010）59367081　59367083
印　　装／三河市东方印刷有限公司

规　　格／开本：787mm×1092mm　1/16
　　　　　印张：21.75　字数：325千字
版　　次／2021年4月第1版　2021年4月第1次印刷
书　　号／ISBN 978-7-5201-8153-2
定　　价／128.00元

本书编撰人员名单

主 报 告 一

    撰稿人　中国社会科学院旅游研究中心

    执笔人　宋　瑞　冯　珺

主 报 告 二

    撰稿人　"中国国民旅游状况调查"课题组

    执笔人　金　准　王瑞婷　宋　瑞

主 报 告 三

    撰稿人　中国社会科学院旅游研究中心

    执笔人　宋　瑞　廖　斌　吴　俊　杨　慧　吴金梅

          徐金海　高舜礼　金　准　张玉静　沈　涵

专题报告撰稿人　（以专题报告出现先后为序）

    张树民　王　勇　秦　宇　段　壮　胡丹婷

    郭东杰　彭　亮　高辉娜　邱安琪　赵立松

    刘佳昊　白　鸥　曹　赫　王迎迎　杨　婧

    张谊佳　张玉钧　高舜礼　董耀会　史瑞应

    孟　雷　马卉君　王　莹　孙阳杨　廖　斌

    严旭阳　黎　巎　孙梦阳　郭　娜　刘祥艳

杨劲松　杨益涵　李咪咪　唐继宗　黄福才

陈伍香

总　　　纂

宋　瑞　李为人

编　辑　部

史瑞应　李曦冉　孙鹏义　刘美凤

主要编撰者简介

  宋　瑞　产业经济学博士，中国社会科学院旅游研究中心主任，中国社会科学院财经战略研究院研究员、博士生导师，长期从事旅游可持续发展、旅游政策、休闲基础理论与公共政策等方面的研究。

  金　准　管理学博士，中国社会科学院旅游研究中心秘书长，中国社会科学院财经战略研究院副研究员，长期从事旅游与休闲相关研究工作，主要关注旅游政策、城市旅游等问题。

  李为人　管理学博士，中国社会科学院旅游研究中心副秘书长，中国社会科学院商学院副院长、税收政策与治理研究中心主任，副教授，主要研究领域包括旅游政策及管理、税收理论与政策等。

  吴金梅　管理学博士，中国社会科学院旅游研究中心副主任，研究员，正高级经济师，长期从事旅游及相关产业研究与实践，主要关注旅游产业政策、旅游投资、旅游房地产等领域的问题。

摘　要

《2020~2021年中国旅游发展分析与预测》（即旅游绿皮书 No.19），是中国社会科学院旅游研究中心组织编撰的第十九本旅游发展年度报告。全书围绕"旅游业高质量发展"这一主题，通过三篇主报告和近20篇专题报告，对2020~2021年中国旅游发展进行了透视和前瞻。

2020年，新型冠状病毒肺炎疫情对全球宏观经济和旅游市场造成重大影响。我国作为唯一实现正增长的主要经济体，已进入全面建设社会主义现代化国家的发展新阶段，在经历产业变革与重塑的同时孕育了复苏潜力。各级政府积极出台纾困政策，深化旅游业供给侧结构性改革，增强旅游市场复苏韧性，并通过加强编制规划工作、推动文旅深度融合、深化旅游市场对外开放、加速智慧旅游转型等方式，为旅游业实现复苏提供市场条件和系统支撑。2021年是"十四五"规划开局之年，加强旅游资源开发、市场培育和对外合作是行业复苏的基础条件。"十四五"期间，构建以国内大循环为主体、国内国际双循环相互促进的新发展格局是实现旅游业高质量发展的根本举措。

2020年，我国旅游发展高潮迭起，热点频出。根据中国社会科学院旅游研究中心的梳理和提炼，该年度中国旅游十大热点为：纾困政策推动旅游市场复苏；诸多国字品牌优化旅游供给；国家文化公园规划建设破题；旅游企业有为担当共克时艰；海南离岛免税吸引消费回流；科技助力防控加速发展变革；文博搞活尝新焕发空前魅力；数字赋能产业促动旅游转型；直播电商出圈试水旅游销售；丁真新晋顶流引发营销热潮。

为全面揭示我国不同社会群体旅游状况的变化及未来预期，中国社会科学院旅游研究中心联合腾讯文旅产业研究院、腾讯CDC（用户研究与体验设计中心），通过网络开展全国性调查。《中国国民旅游状况调查（2020~2021）》从旅游时间、活动、消费、动机等方面系统反映了当前我国不同性别、不同代际、不同收入、不同教育水平、不同职业以及不同区域的国民的旅游状况。研究发现：我国国民旅游半径扩大，逐步从周边游走向省外游，自然观光游疫后最受欢迎；旅游者的出游意愿强于旅游开放范围，由于出境旅游受阻，一部分出境游转化为国内游，高端游、小众游和定制游成为重要挖掘点；以00后为代表的Z世代旅游群体消费特点鲜明，更关注旅游目的地的娱乐和购物条件。

围绕"旅游业高质量发展"这一年度主题，我们邀请来自不同领域的专家从行业、资源和区域等各个角度进行了全方位的分析。具体包括三个方面：一是在新的发展背景、格局和形势下，景区、旅行社、邮轮、酒店、网络预约等核心行业和关键领域如何实现高质量发展；二是国家公园、国家文化公园与世界地质公园等如何处理好资源管理与旅游开发的关系；三是从区域层面来看，如何在黄河流域生态保护与高质量发展中更好地发挥旅游的作用、旅游如何促进区域平衡发展、高铁旅游如何实现高质量发展；等等。作为"旅游绿皮书"的传统优势板块，国内旅游、入境旅游、出境旅游、港澳台旅游等报告则为读者了解相关市场发展提供了翔实数据和系统分析。

序

因出版周期调整，今年的"旅游绿皮书"比往年来得晚了一些。

2020年新冠肺炎疫情席卷全球，几乎改变了所有熟悉的日常——从国际关系、经济运行，到人际距离、生活方式，也让旅游业陷入空前困境之中。面对自其诞生以来最为巨大的一次冲击，全球旅游业不得不对此前所形成的逻辑、规则、格局以及未来的走向进行全面思考。特殊情境所带来的知识渴求从未如此强烈，决策者、管理者、从业者、研究者以及旅游者都期待得到一份相对确凿的答案。然而，答案在哪里呢？应该不在风中。

"不确定性"似乎成为越来越突出的时代特征。不过当我们将视线稍稍拉远一些就会发现，自诞生之日起，人类本就生活在一个不确定的世界之中。实践中不断涌现的"苦恼的疑问"是人类实践的特有魅力，也是理论研究的奥秘所在。正是在应对和处理各种不确定中，我们不断积累经验、凝聚共识、反思前瞻，形成知识，创造智慧，推动发展。理论是问题之树盛开的花朵，理论也是问题之树结出的果实。面对复杂环境，研究者理应抖擞精神，扎根于真实的世界和真实的问题中，磨砥刻厉，洞察大势，极深研几。

2021年是"十四五"规划开局之年，而"十四五"是我国全面建成小康社会、实现第一个百年奋斗目标之后，乘势而上开启全面建设社会主义现代化国家新征程、向第二个百年奋斗目标进军的第一个五年。我国已转向高质量发展阶段。如何深刻认识新发展阶段的内涵和特点、贯彻新发展理念、构建新发展格局？曾经以"适度超前"为导向并长期保持高于国民经济增速的旅游业，在高质量发展阶段将面临着怎样的机遇和挑战？旅游业如何着

眼于供给侧结构性改革和需求侧管理实现高质量发展？对于这些问题的思考和回答，成为本年度"旅游绿皮书"的重要任务。对此，围绕"旅游业高质量发展"这一年度主题，我们邀请来自不同领域的专家从重要行业、资源管理、区域平衡、市场发展等角度进行了分析。

感谢本书的所有作者，各位在百忙之中不吝赐稿，不厌其烦地反复修改；感谢本书的几位编者，大家所付出的努力或许并不为人所知；感谢正在阅读本书的您，正是读者们的关注、肯定和期待激励我们二十年如一日地坚持；感谢社会科学文献出版社的编辑们，你们的专业精神和水准是此书品质的重要保障。

面对世界百年未有之大变局，中国如何探索出一条新的旅游发展路径，如何实现高质量发展，不仅关乎中国自身，对世界亦有广泛影响。我们期待与所有关注中国旅游发展的机构和人士一道，在这意义重大的探索中尽绵薄之力。

是为序。

宋瑞

2021 年 2 月 25 日

目　录

Ⅰ　主报告

年度主题"旅游业高质量发展"

Ⅱ　重要行业与重要领域

Ⅲ 资源管理与区域平衡

Ⅳ 三大市场与港澳台旅游

皮书数据库阅读 **使用指南**

总 报 告

General Reports

G . 1

2020 ~ 2021年中国旅游
发展分析与展望

中国社会科学院旅游研究中心*

摘　要： 2020年，新型冠状病毒肺炎疫情对全球宏观经济和旅游市场
造成重大影响，致使二者在短期内出现普遍衰退。我国作为
唯一实现正增长的主要经济体，已进入全面建设社会主义现
代化国家的发展新阶段，在经历产业变革与重塑的同时孕育
了复苏潜力。我国积极出台纾困政策，深化旅游业供给侧结
构性改革，增强旅游市场复苏韧性，并通过加强编制规划工
作、推动文旅深度融合、深化旅游市场对外开放、加速智慧
旅游转型等方式，为旅游业实现复苏提供了市场条件和系统

---

* 执笔人宋瑞、冯珺。宋瑞，中国社会科学院旅游研究中心主任、中国社会科学院财经战略研
究院研究员、博士生导师，研究重点为旅游政策、旅游可持续发展、休闲基础理论与公共政
策；冯珺，北京体育大学体育商学院讲师、中国社会科学院旅游研究中心特约研究员，研究
重点为服务经济学、旅游管理、体育与旅游融合发展。

支撑。2021年是"十四五"规划开局之年，加强旅游资源开发、市场培育和对外合作是行业复苏的基础条件。"十四五"期间，构建以国内大循环为主体、国内国际双循环相互促进的新发展格局是实现旅游业高质量发展的根本举措。

关键词： 旅游业复苏 "十四五"规划 社会主义现代化建设 新发展格局

一 2020年国内外发展环境

（一）国际环境

1. 全球经济：新冠肺炎疫情造成经济短期衰退

2020年初暴发并在世界范围内蔓延开来的新型冠状病毒肺炎疫情（简称"新冠肺炎疫情"或"疫情"）使全球经济遭遇衰退，成为当前和未来一段时间内全球经济和贸易活动的最大挑战。受疫情冲击，2020年全球主要国家和地区普遍出现经济负增长。国际货币基金组织（IMF）于2020年10月发布的《世界经济展望报告》指出，2020年全球经济萎缩4.4%；发达经济体经济萎缩5.8%，其中美国经济萎缩4.3%，欧元区经济萎缩8.3%，日本经济萎缩5.3%；新兴市场和发展中经济体经济萎缩3.3%，其中印度经济萎缩10.3%，中国是全球唯一实现经济正增长的主要经济体。世界银行发布的2021年1月期《全球经济展望》显示，在不包括中国的情况下，新兴市场和发展中经济体GDP在2020年萎缩5%，美国、欧元区和日本的GDP在2020年分别萎缩3.6%、7.4%和5.3%。

由于新冠肺炎疫情对2020年的经济表现造成重大冲击导致计算基数下挫，2021年世界经济有望重启增长。联合国于2021年1月发布的《2021年世界经济形势与展望》报告预测，2021年全球经济将温和复苏，增幅预计为4.7%。其中，发达经济体将增长4%，发展中经济体将增长5.7%。中国社会科学院国际研究学部于2021年2月发布的《中国社会科学院国际形势报告（2021）》指出，G20各成员国在2021年都将实现正增长。其中，实际GDP增长率预计达到或超过5%的有中国、印度等9个国家；实际GDP增长率预计为3%~5%的有美国、德国等7个国家，预计不到3%的有俄罗斯、巴西、日本和韩国等。

2021年和未来一段时期，全球经济所面临的主要挑战在于三点。第一，疫情防控带来经济重启的不确定性。目前，全球新冠肺炎疫情依然处于大流行时期，"不能急于重启经济"成为全球权威疾控专家的共识。而疫苗作为重要的全球卫生公共物品，在提升产能和优化分配方面依然面临较大挑战。第二，受疫情影响，行业复苏存在结构性差异。即使在疫情得到有效控制的情况下，不同行业的复苏程度和速度亦存在差异，以面对面人际交流为主要特征的传统生活服务业复苏相对迟缓，跨国境的旅行更是面临重重挑战。第三，全球债务违约风险增强。自2020年以来，众多国家为应对疫情冲击，竞相出台扩张性的财政和货币政策，提升了杠杆率。若经济复苏进程未达预期，则债务违约风险将相应增加，从而影响全球金融市场的稳定性。

2. 全球旅游：全球旅游在变革中迎来复苏

在世界经济增长动力疲弱、发展格局重塑、全球化进程面临高度不确定性的背景下，新冠肺炎疫情对全球旅游经济造成重大冲击。根据世界旅游组织（UNWTO）2021年1月发布的数据，疫情共造成8.5亿至11亿人次的国际游客损失、9100亿至1.2万亿美元的旅游收入损失以及1亿至1.2亿个工作岗位损失。根据中国社会科学院旅游研究中心与世界旅游城市联合会（WTCF）《世界旅游经济趋势报告（2021）》课题组的研究，2020年全球旅游总人次降至72.78亿人次，同比下降40.8%；预计2021年全球旅游总人次达95.45亿人次，恢复到2019年的77.7%。2020年全球旅游总收入下降至2.92万亿美元，同比下降50.9%。在悲观、基准和乐观情境下，2021年全球旅游总人次将分别恢复到2019年的67.7%、77.7%和86.5%，全球旅游总收入将分别恢复到2019年的65.4%、76.5%和84.7%。

总体而言，全球旅游业将在经历产业变革与重塑的同时实现复苏。变革与重塑体现在内外两个方面。从旅游业内部来看，国内国际旅游发展的关系面临变革。新冠肺炎疫情的防治要求不利于游客跨境流动，国际旅游复苏所面临的障碍更多，旅游业将在未来一段时期内形成以国内旅游为主的市场格局。从旅游业与宏观经济的互动联系来看，旅游业复苏受到需求侧因素的显著影响。面对疫情冲击，此前增长速度更快的新兴经济体，旅游经济降幅反而超过发达经济体。这说明，需求侧的市场基础是旅游业复苏的必要条件，未来旅游业的重塑前景与该国宏观经济的韧性和稳定性密切相关。

（二）国内环境

1. 妥善应对疫情影响，主要经济体中唯一实现正增长

受疫情影响，全球经济在2020年陷入普遍衰退。中国坚持开展科学有效的卫生防疫工作，充分发挥超大规模市场优势，成为全球唯一实现经济正增长的主要经济体。经国家统计局初步核算，2020年我国实现GDP 1015986亿元，同比增长2.3%。其中，第一产业增加值77754亿元，增长3.0%；第二产业增加值384255亿元，增长2.6%；第三产业增加值553977亿元，增长2.1%。三次产业增加值占GDP的比重分别为7.7%、37.8%和54.5%。支撑我国在疫情的不利局面下取得逆势增长的重要原因之一，在于新产业、新业态、新商业模式对经济高质量发展的贡献持续增强。2020年全年，规模以上工业中高技术制造业增加值比上年增长7.1%，规模以上服务业中战略性新兴服务业企业营业收入比上年增长8.3%，高技术产业投资比上年增长10.6%。

2. 发展步入崭新阶段，完整准确全面贯彻新发展理念

2021年是我国全面建设社会主义现代化国家新征程开启之年，也是"十四五"规划的开局之年。在新阶段实现经济高质量发展，意味着完整、准确、全面贯彻新发展理念，培育可持续的发展新动能，进一步解决人民群众日益增长的美好生活需要和不平衡不充分的发展之间的矛盾；意味着坚持问题导向，围绕增强创新能力、推动平衡发展、改善生态环境、提高开放水

平、促进共享发展等重点领域和关键环节，继续把改革推向深入；意味着加快构建以国内大循环为主体、国内国际双循环相互促进的新发展格局，以扩大内需、提振消费为战略基点，推进落实以人为核心的新型城镇化建设、区域协调发展战略、乡村振兴战略，畅通国民经济循环。

3. 收入分配显著改善，脱贫攻坚战如期全面胜利收官

2020年我国精准脱贫攻坚战取得决定性成就，收入分配状况进一步改善。按照每年人均纯收入2300元（2010年不变价）的现行农村贫困标准计算，551万农村贫困人口全部实现脱贫。党的十八大以来，9899万农村贫困人口全部实现脱贫，贫困县全部摘帽，绝对贫困历史性消除。2020年全年贫困地区农村居民人均可支配收入为12588元，比上年增长8.8%。城乡居民人均可支配收入比值为2.56，比上年缩小0.08。消除千年绝对贫困是民生改善的全新历史起点，减贫成就具有重大的世界意义。而农村居民和贫困地区居民收入较快增长，为内需潜力的有效释放、提升消费的经济贡献奠定了坚实基础。

4. 对外开放持续深化，双边贸易、投资协定成就斐然

在新冠肺炎疫情大流行以及经济全球化遭遇不确定性的背景下，我国对外开放持续深化，经济外循环表现稳健。2020年全年货物进出口总额321557亿元，比上年增长1.9%。货物进出口顺差37096亿元，比上年增加7976亿元。对"一带一路"沿线国家进出口总额93696亿元，比上年增长1.0%。对"一带一路"沿线国家非金融类直接投资额178亿美元，增长18.3%。实际使用外商直接投资1444亿美元，增长4.5%。此外，我国重视加强互利共赢的国际经济合作，在双边贸易、投资协定方面成就斐然。2020年11月，区域全面经济伙伴关系协定（RCEP）签署，全球最大的自由贸易区宣告诞生。2020年12月，历时7年35轮谈判，中欧投资协定谈判宣布如期完成。欧盟统计局数据显示，2020年中国与欧盟商品贸易额约为5860亿欧元，成为欧盟第一大商品贸易伙伴。我国不断坚持并深化对外开放，聚焦平衡、高水平、互利共赢的国际经贸合作，为全球经济带来新的发展机遇。

二 2020年中国旅游：遭遇大考，
锻造韧性，稳步复苏

（一）积极出台纾困政策，锻造旅游行业复苏韧性

2020年新冠肺炎疫情冲击巨大，前期造成旅游业陷入停摆状态，中后期行业复工复产面临人员、资金、防疫等多方面挑战。为应对疫情对旅游业的负面影响，文化和旅游部下发《关于推进旅游企业扩大复工复业有关事项的通知》，部署了强化疫情防控管理、规范旅游市场秩序、加强旅游景区开放管理、树立文明旅游新风尚、提升应急处置能力等方面的工作要求；以及《关于积极应对疫情影响保持导游队伍稳定相关工作事项的通知》，从强化劳动权益保护、开展线上免费培训、完善综合服务保障等多个角度稳定导游队伍。国家发展改革委等23个部门联合印发《关于促进消费扩容提质加快形成强大国内市场的实施意见》，通过丰富特色文化旅游产品、改善入境旅游与购物环境、创新文化旅游宣传推广模式锻造旅游行业复苏韧性。此外，国家还出台了一系列有利于旅游企业恢复发展的间接纾困政策，涉及金融信贷、税费优惠、社会保障、稳岗就业等多个领域，为旅游业经济复苏发展提供坚实的政策保障（见表1）。

表1　旅游业相关部分纾困政策

政策类别	政策名称	出台时间	政策内容
金融信贷扶持政策	《关于加强银行业保险业金融服务配合做好新型冠状病毒感染的肺炎疫情防控工作的通知》(银保监办发〔2020〕10号)	1月26日	对于受疫情影响较大的批发零售、住宿餐饮、物流运输、文化旅游等行业，以及有发展前景但暂时受困的企业，不得盲目抽贷、断贷、压贷
	《关于支持金融强化服务做好新型冠状病毒感染肺炎疫情防控工作的通知》(财金〔2020〕3号)	2月1日	优化对受疫情影响企业的融资担保服务。鼓励金融机构对疫情防控重点保障企业和受疫情影响较大的小微企业提供信用贷款支持

续表

政策类别	政策名称	出台时间	政策内容
税费优惠政策	《关于支持新型冠状病毒感染的肺炎疫情防控有关税收政策的公告》(财政部税务总局公告2020年第8号)	2月6日	受疫情影响较大的困难行业企业(包括交通运输、餐饮、住宿、旅游四大类)2020年度发生的亏损,最长结转年限由5年延长至8年。对纳税人提供生活服务(包括旅游娱乐服务、餐饮住宿服务)取得的收入免征增值税
社会保障政策	《人力资源社会保障部办公厅关于切实做好新型冠状病毒感染的肺炎疫情防控期间社会保险经办工作的通知》(人社厅明电〔2020〕7号)	1月30日	因受疫情影响,用人单位逾期办理职工参保登记、缴费等业务,经办机构应及时受理
	《人力资源社会保障部财政部税务总局关于阶段性减免企业社会保险费的通知》(人社部发〔2020〕11号)	2月20日	阶段性减免企业基本养老保险、失业保险、工伤保险(以下简称三项社会保险)单位缴费
稳岗就业政策	《人力资源社会保障部教育部财政部交通运输部国家卫生健康委关于做好疫情防控期间有关就业工作的通知》(人社部明电〔2020〕2号)	2月5日	将中小微企业失业保险稳岗返还政策裁员率标准由不高于上年度统筹地区城镇登记失业率,放宽到不高于上年度全国城镇调查失业率控制目标,对参保职工30人(含)以下的企业,裁员率放宽至不超过企业职工总数20%

资料来源：根据政府部门公开信息整理。

　　积极出台纾困政策对于促进旅游业复工复产和旅游市场恢复作用显著。根据文化和旅游部数据中心相关统计,2020年国庆节、中秋节假期八天的全国接待国内游客人次和国内旅游收入按可比口径同比恢复79.0%和69.9%,2021年春节假期全国接待国内游客人次和国内旅游收入按可比口径同比恢复75.3%和58.6%。

(二)加强编制规划工作,促进旅游可持续发展

　　在总体规划编制方面,《中共中央关于制定国民经济和社会发展第十四

个五年规划和二〇三五年远景目标的建议》针对健全现代文化产业体系，特别是推动文化和旅游融合发展部署了一系列重点任务。2021年政府工作报告明确指出须坚持扩大内需这一战略基点，充分挖掘国内市场潜力，将稳定和扩大消费特别是发展健康、文化、旅游、体育等服务消费作为2021年重点工作。中央和地方文化和旅游领域的"十四五"规划编制工作全面推进。各地政府2021年度工作报告也分别从文旅融合、全域旅游、红色旅游、乡村旅游、旅游目的地建设、现代服务业发展、促进旅游消费、推动旅游业对外开放等角度做出规划部署。

就重大区域规划而言，旅游资源开发更趋理性，强调保护优先和适度开发成为主基调。2020年10月，国家发展改革委、文化和旅游部联合印发《太行山旅游业发展规划（2020～2035年)》，确立了大力传承弘扬太行精神、丰富特色旅游多元供给、培育现代旅游产业体系、完善公共服务和市场体系、助推乡村振兴和城市转型、严格保护各类资源和生态环境等主要任务。2020年12月，《中华人民共和国长江保护法》正式通过并于2021年3月起实施，明确提出应当坚持"生态优先、绿色发展"原则，在合理利用的基础上平衡与自然生态的关系，推动长江沿线的生态文化旅游产业高质量发展。2020年12月，国家发展改革委组织召开了黄河国家文化公园建设启动暨大运河、长城、长征国家文化公园建设推进视频会，进一步明确推进国家文化公园建设的总任务和总要求，并就启动黄河国家文化公园建设做具体部署。2021年3月，国家发展改革委会同有关部门和沿线省（市）共同编制并印发了《大运河文化保护传承利用2021年工作要点》，部署了改善生态环境质量、加强文化遗产保护、挖掘文化价值内涵、推动文旅融合发展等方面的年度重点工作。

（三）促进旅游消费提质扩容，强化标杆供给示范带动

新冠肺炎疫情对旅游行业的供需两侧均造成显著负面影响，同时也成为旅游产品提质增效的窗口期。2020年以来，一系列旨在提升旅游消费品质的措施陆续出台，对于克服疫情负面影响发挥了作用。

第一，从供给和需求双侧着力，切实促进旅游消费是市场复苏的重点所在。一方面，提振旅游消费是盘活整体消费市场、畅通经济内循环的题中之义。2020年2月，国家发展改革委等23个部门联合印发《关于促进消费扩容提质加快形成强大国内市场的实施意见》，针对旅游消费提质升级和旅游消费环境改善做出顶层设计。另一方面，开展文化和旅游消费试点示范工作，形成了旅游行业助力扩大内需、支撑消费市场的专门手段。文化和旅游部等三部门于2020年10月下发《关于开展文化和旅游消费试点示范工作的通知》，并于12月公布了《第一批国家文化和旅游消费示范城市、国家文化和旅游消费试点城市名单》，确定河北省廊坊市等15个第一批国家文化和旅游消费示范城市与北京市东城区等60个国家文化和旅游消费试点城市。

第二，《关于实施旅游服务质量提升计划的指导意见》出台，旅游业供给侧结构性改革持续深化。在提升旅游业发展质量的目标指引下，改善旅游体验、提升旅游产品与服务品质和目的地旅游管理服务水平成为重要抓手。特别是提升旅游区点服务水平、优化旅游住宿服务、提升旅行社服务水平、规范在线旅游经营服务、提高导游和领队业务能力、增强旅游市场秩序治理能力、建立完善旅游信用体系等方面成为重点。通过公共治理工具倒逼行业自律和市场主体自我革新，对于促进行业高质量发展有重要引领作用。

第三，以5A级旅游景区、国家级旅游度假区、全域旅游示范区等为切入点，强化旅游行业标准建设和示范效应。2020年12月，文化和旅游部确定了河北省承德市金山岭长城景区等21家旅游景区为新晋国家5A级旅游景区。基于疫情防控和旅游市场供给侧结构性改革的双重要求，数字化转型和智慧旅游建设成为5A级景区提升旅游品质的年度重点议题。文化和旅游部相关数据显示，截至2020年9月底，5A级景区在线预约比例已达94%以上。2020年7月，文化和旅游部、国家发展改革委联合确定了第二批全国乡村旅游重点村名单，共有680个旅游重点村入选；第二批国家全域旅游示范区名单于2020年12月公布，北京市昌平区等97家单位被认定为国家全域旅游示范区；2020年12月，文化和旅游部公布新一批国家级旅游度假区

名单，崇礼冰雪旅游度假区等 15 个旅游度假区入选，为全国旅游度假区建设和休闲度假旅游发展发挥示范作用。

（四）推动文旅深度融合，政策创新盘活旅游资源

第一，在资源开发层面实现文旅融合，深入发掘旅游产品和目的地的文化内涵。依托文化资源进行旅游开发在文旅融合的实践层面取得了积极进展，但文化内涵薄弱仍是旅游消费潜力释放的障碍性因素之一。2020 年 12 月，文化和旅游部确定北京市 798 艺术区等 13 家国家级文化产业示范园区。以横店影视文化产业集聚区为例，区内有国家 5A 级旅游景区 1 家、国家 4A 级旅游景区 2 家，形成了集聚文化演艺、文化数字、休闲度假等多种类型文化产业的影视文化旅游主题公园。国家级文化产业示范园区建设旨在解决旅游产品和服务对文化内涵的深度挖掘和利用问题，有利于促进游客对旅游活动、旅游设施、旅游服务中文化附加值的了解和体验。

第二，用好产业政策工具，擢升文旅融合市场自生能力。长期以来，部分文化资源丰富地区在基础设施、营商环境、旅游品牌营销等方面面临限制，阻碍文旅融合发展质量的进一步提升。2019 年 12 月，文化和旅游部与国务院扶贫办联合下发《关于推进非遗扶贫就业工坊建设的通知》，旨在通过振兴传统工艺发展文化旅游，提升旅游目的地和相关从业者的市场自生能力。设立国家级文化生态保护区等针对性政策也有利于文化观光游等文旅融合形式创新，通过培育旅游消费新增长点改善收入分配结构、助力乡村振兴，发挥旅游业的就业和民生保障作用。文化和旅游部于 2020 年 6 月同意设立河洛文化生态保护实验区和景德镇陶瓷文化生态保护实验区。前者秉承"保护优先、整体保护、见人见物见生活"的理念，探索以全域旅游实现文化资源保护和旅游资源开发并举的"洛阳模式"；后者通过维系景德镇传统陶瓷烧造文化赖以存续的自然生态环境和人文环境，在建设世界级文化旅游目的地的过程中保护景德镇陶瓷文化生态的整体性。

第三，以申遗成功为契机，推动文化和旅游资源深度融合。2020 年 12 月，我国单独申报的"太极拳"项目以及我国与马来西亚联合申报的"送

王船"项目被列入联合国教科文组织人类非物质文化遗产代表作名录。2020年，由温县人民政府与中原豫资控股集团合力打造的国际性太极文化综合体项目——陈家沟太极小镇举行奠基仪式，在"旅游＋大健康"产业融合方面做出探索。"送王船"项目的成功申遗，也为进一步激发闽台文化和旅游潜力，推动"一带一路"倡议背景下我国和马六甲海峡周边国家的文化旅游交流提供新的机遇。

（五）推进旅游治理改革，深化旅游市场对外开放

不断破除制约旅游市场效率提升的体制机制障碍，是推进旅游治理改革、提升旅游治理效能的重要内容。2020年1月，文化和旅游部印发《文化和旅游部贯彻落实国务院在自由贸易试验区开展"证照分离"改革全覆盖试点实施方案》的通知，全面清理文化和旅游领域涉企经营许可事项，对文化和旅游领域涉企经营许可有关事项按照实行告知承诺、优化审批服务两种方式推进改革，进一步扩大文化和旅游企业经营自主权。2020年9月，文化和旅游部印发《关于深化"放管服"改革促进演出市场繁荣发展的通知》，落实外资准入政策，明确新业态监管规则，通过优化旅游治理体系推动文化和旅游融合发展、促进文化和旅游消费。

深化旅游市场对外开放是进一步发掘行业复苏动能、畅通旅游经济外循环的必由之路。2020年4月，《内地与港澳文化和旅游交流重点项目名单》正式公布，23个项目被评为"2020年度内地与港澳文化和旅游交流重点项目"。2020年11月，"一带一路"文化产业和旅游产业国际合作重点项目投融资对接活动在广州举办，会上文化和旅游部发布了《"一带一路"文化产业和旅游产业国际合作重点项目名单》，"吴哥王朝"大型文化旅游综合体、面向阿拉伯国家的艺术旅游综合服务平台、老挝磨丁经济特区全域旅游项目等45个项目入选。2020年12月，文化和旅游部牵头编制并印发了《粤港澳大湾区文化和旅游发展规划》，强调优化旅游市场供给、创新旅游推广体系、完善旅游市场发展环境、积极促进中外文化交流互鉴等方面的工作。

（六）加速智慧旅游转型，优化旅游行业数字治理

加速智慧旅游转型，优化旅游行业数字治理是提升旅游业复苏潜力的有力举措。2020年有关部门在这方面做出了不少努力。

首先，发展智慧旅游的供给侧支撑进一步增强。2020年11月，文化和旅游部印发《关于推动数字文化产业高质量发展的意见》，旨在提升旅游的文化内涵、推进数字经济格局下的文化和旅游融合发展。通过发展旅游直播、旅游带货等线上内容生产新模式，开发沉浸式旅游演艺等体验型产品，强化文化对旅游的内容支撑。文化和旅游部等10个部委联合印发《关于深化"互联网+旅游"推动旅游业高质量发展的意见》，部署了加快建设智慧旅游景区、完善旅游信息基础设施、创新旅游公共服务模式、加大线上旅游营销力度、加强旅游监管服务、提升旅游治理能力、扶持旅游创新创业、保障旅游数据安全等重点任务。

其次，发展智慧旅游、提升旅游消费便利化程度的需求侧因素进一步改善。2020年11月，国务院印发《关于切实解决老年人运用智能技术困难实施方案的通知》，对于推动解决文化和旅游领域老年人运用智能技术的困难问题具有积极意义。一是提供智能化操作与传统操作方式并存的服务选择。如保留人工窗口和电话专线的预约方式，保留凭身份证、老年证等有效证件进入的登记方式等。二是着力增强智能化服务过程中人工干预与帮扶的灵活性。设置扶老助残公益岗，安排工作人员、志愿者开展流动服务，为老年人进行健康码、预约码、购票机等相关操作提供信息咨询和代理操作。三是主动破解和弥合旅游领域的老年数字鸿沟。例如开发适老智能应用、扩展智能化渠道等，从而帮助老年人更加便捷地享受旅游智能化服务。

最后，旅游行业数字治理不断优化，在线旅游市场发育更加规范。2020年8月，文化和旅游部出台《在线旅游经营服务管理暂行规定》，共包括总则、运营、监督检查、法律责任、附则等5章38条，针对在线旅游经营服务管理的各个方面提出了明确要求，以保障旅游者合法权益，规范在线旅游市场秩序，促进在线旅游行业可持续发展。2020年12月，文化和旅游部印发《关于进一步优化营商环境推动互联网上网服务行业规范发展的通知》，要求分布式经营场所投入运营前向场所所在地县级文化和旅游行政部门备案管理，并支持上网服务场所开发旅游推广等新服务，以提升上网服务场所面向旅游行业的服务能力。

（七）用好红色旅游资源，培育红色旅游专门人才

近年来，我国红色旅游快速发展，其旅游教育和扶贫富民作用得到更加充分的发挥。

一是红色旅游顶层设计不断增强，旅游资源开发与整合更富效率。2020年11月，以"红色土地·全面小康"为主题的中国红色旅游博览会在湖南长沙举办，中国红色旅游推广联盟25个成员省市在开幕式上共同发布了《红色旅游创新发展长沙宣言》。2021年2月，国务院印发《关于新时代支持革命老区振兴发展的意见》，提出弘扬传承红色文化、培育壮大特色产业、强化组织实施等工作要求，以支持革命老区加快红色旅游发展。

二是旅游资源开发质量显著提升，创新创意成为红色旅游发展的关键词。2020年11月，文化和旅游部指导举办了以"传承红色基因，践行生态文明，让青春在新时代奋斗中闪光"为主题的第十届全国大学生红色旅游创意策划大赛，来自全国298所高校的1800余支队伍参赛，参赛形式包括旅游路线设计、文化创意产品、营销推广方案以及微视频等。2021年2月，文化和旅游部启动"建党百年百条精品红色旅游线路"遴选，报送线路包括"重温红色历史、传承奋斗精神"线路、"走近大国重器、感受中国力量"线路和"体验美丽乡村、助力乡村振兴"线路等三大主题。

三是加强红色讲解员队伍建设、开发红色旅游人力资源成为从供给侧提升红色旅游发展质量的重要举措。2020年9月，中共中央宣传部、文化和旅游部联合印发《关于第二届全国红色故事讲解员大赛优秀单位和个人的通报》。2020年12月，全国红色旅游五好讲解员培养项目正式启动。文化和旅游部在京举办全国红色旅游五好讲解员建设行动成果展示活动，正式公布了100名入选全国红色旅游五好讲解员培养项目的讲解员名单，全国红色

旅游五好讲解员向全国同行发布了《让共和国的红色更鲜艳》倡议书。

四是红色旅游成功发展的经验总结更加系统。2020 年 10 月，国家发改委会同文化和旅游部通过开展"红色旅游发展典型案例征集展示活动"，遴选出 60 个红色资源保护状况良好、红色内涵挖掘充分、经验做法示范引领作用突出的红色旅游典型案例，并拟于后续编撰出版《红色旅游发展典型案例汇编》。

（八）服务健康中国战略，体育赋能旅游细分市场

2020～2021 年是第 32 届夏季奥运会和第 24 届冬季奥运会筹备的关键窗口期。旅游与体育融合发展，共同服务于"两个奥运"和健康中国成为重要议题。

一方面，全面建成小康社会背景下中等收入群体迅速扩大，体育旅游消费进入上升周期。旨在拥抱户外、实现健身目的的自助游、短途游、康养游成为满足人民美好生活需要的重要方式。城市体育综合体作为体育旅游的空间承载不断完善，马拉松等 IP 旅游产品市场发育日趋成熟。2020 年国庆假期前夕，国家体育总局、文化和旅游部继续联合发布"2020 年国庆黄金周体育旅游精品线路"，确定了 19 条精品线路，以更好满足人民群众不断增长的健康旅游需求和户外运动需求。

另一方面，为助力 2022 年北京冬奥会和实现"带动三亿人参与冰雪运动"目标，旅游业涌现出以冰雪运动赋能细分市场的全新尝试。2021 年 2 月，文化和旅游部、国家发展改革委和国家体育总局共同制定并发布了《冰雪旅游发展行动计划（2021～2023 年）》，提出打造一批高品质的冰雪主题旅游度假区、推出一批滑雪旅游度假地、促进冰雪旅游发展同自然景观和谐相融等主要目标。就冰雪旅游的市场现状而言，强化消费者感知、塑造品牌影响力依然发挥着重要的基础性作用。依托北京冬博会、哈尔滨冰雪节、吉林雪博会、新疆冬博会等国内旅游宣传推广品牌，通过雪乡、雪村、雪庄、雪镇建设发展冰雪经济和全域旅游，以"全国大众冰雪季"和各具特色的地方"冰雪日"等品牌活动为主线，以冰雪旅游节、冰雪文化节、

冰雪嘉年华、欢乐冰雪季、冰雪马拉松等冬季旅游节庆活动为支撑，以滑雪橇、滑爬犁、看冰灯、打陀螺、雪地摩托、雪地拔河、雪地足球、冰钓等民间民俗冰雪娱乐活动为特色形式，有望进一步增强冰雪旅游的目的地吸引力和市场消费潜力。

三 全面建设社会主义现代化国家新征程中的中国旅游业

（一）2021年旅游业发展：筑稳行业复苏基石

1. 推进旅游资源开发和宣传推广

在疫情防控取得战略性成果、复产复工形势向好的大背景下，2021年应当充分发挥市场和政府主体的能动作用，筑稳行业复苏基石。一方面，要坚持疫情防控与旅游业复工复产并举，持续推进在线预约预订、分时段预约游览、智能导游导览等服务举措，不断完善和推广疫情催生的新产品、新业态、新模式，推进旅游业供给侧结构性改革。另一方面，以"十四五"规划等的出台为契机，用好推动旅游业高质量发展的产业政策工具。同时，旅游业应自觉贯彻落实中共中央《关于在全党开展党史学习教育的通知》精神，大力发展红色旅游；要立足"两个奥运"关键时点，推动冬奥主题旅游线路建设，打造更高质量的冰雪主题国家级旅游度假区和滑雪度假地。

2. 加大旅游市场培育和监管力度

疫情既带来了旅游业经济活动停滞的不利因素，也孕育了旅游市场调整和发育的战略契机。为进一步提升旅游业发展质量，面向未来储备行业复苏潜力，应推动实施旅行社转型升级行动计划和导游服务质量提升工程，加快推进"导游服务规范"等政策法规的修订，完善旅游市场黑名单管理办法，引导旅游行业从业者的业务能力和综合素质切实提升。

在数字经济影响旅游业供需两侧的背景下，一方面，应着力使数字治理工具充分服务于旅游业治理体系和治理能力现代化，通过构建智能化、信息

化的监管服务平台落实"互联网＋监管"模式。另一方面，OTA等信息聚合平台已经成为游客获取目的地资讯、进行旅游消费决策的重要渠道，对此应抓紧制定契合新时代旅游市场特征的信用评价规范，推进信用分级分类监管。

3. 稳步推进对外旅游交流与合作

随着研发进度加速、产能提升、国际协调与合作步入正轨，疫苗作为全球公共物品的供给空间不断扩大，有望为出入境旅游逐步复苏带来契机。就政府而言，应当健全和优化外事旅游交流合作机制，提高旅游服务元首外交、配合重大外事活动水平。就非政府组织而言，应当以中文正式成为UNWTO官方语言为契机，更加积极地参与国际组织工作，同时进一步扩大由中国主导的旅游行业组织国际影响力，提升旅游行业国际话语权。就市场而言，一方面，应着力制定"十四五"时期"一带一路"行动计划，持续打造"欢乐春节""美丽中国"等品牌项目，办好"聚焦中国""意会中国"等线上交流活动，将中国文化魅力切实转化为旅游目的地吸引力；另一方面，应充分发挥大湾区旅游市场的外向优势，确保《粤港澳大湾区文化和旅游发展规划》顺利实施。

（二）"十四五"时期旅游业发展：全面提升发展质量

1. 坚持高质量发展，坚持旅游为民，发挥旅游带动作用

一是要丰富优质旅游产品供给，实现旅游业高质量发展。数字经济与旅游产品和服务的深度结合有助于促进旅游业发展质量的提升。应加快发展以数字化、网络化、智能化为特征的智慧旅游，深化旅游业供给侧结构性改革。二是要着力满足大众旅游特色化、多层次需求，坚持旅游为民。随着"十三五"时期全面建成小康社会奋斗目标的胜利达成，旅游满足人民美好生活需要、支撑消费升级的作用更加突出。应充分调动小微企业积极性、鼓励旅游细分市场创新，使不同层次、不同需求的旅游产品和服务均能实现有效供给。三是要助力乡村振兴、巩固脱贫攻坚成果，发挥旅游业综合带动作用。对于欠发达地区而言，应通过发展旅游业塑造区域比较优势，充分吸收

劳动力就业，发挥旅游业对其他生活服务业的辐射作用和综合带动作用。

2.构建新发展格局，深化文旅融合，激发旅游行业创新

一是要深化重点领域和关键环节改革。旅游业国内市场巨大、开放程度高，在助力构建新发展格局方面具有独特优势。应进一步破解阻碍旅游市场发育的体制机制桎梏，深化旅游重点领域和关键环节改革，实现旅游治理体系和治理能力现代化。二是要推进文化和旅游深度融合。坚持以文塑旅、以旅彰文，通过增加文化内涵来促进旅游发展，通过旅游发展传播和彰显文化。从产品层面向业态层面和公共服务体系层面推进文旅融合，不断拓展文旅融合的广度和深度。三是要深入实施创新驱动战略。以扩大内需为战略基点，加强移动互联网、云计算、物联网、人工智能等技术应用落地，借助虚拟现实、增强现实、在线直播等形式不断创新旅游消费场景，形成旅游行业发展新动能、新优势。

3.立足国内大循环，推进全域旅游，释放旅游消费潜力

"十四五"时期，以国内大循环为主、双循环相互促进依然是我国旅游经济发展的基本格局。从疫情带来的旅游需求变动来看，短途游、自驾游、生态游、康养游等有望成为中短期旅游市场支撑国内大循环的典型形式。旅游业应主动适应消费需求变化，进一步用好金融财税、用地规划、人才培育等政策工具，更好地实现复苏和发展。要从提升消费品质出发，关注市场需求变化，提升旅游服务品质，释放旅游消费潜力，实现旅游市场大景观、大生态、大健康和微环境、微服务、微消费的有机结合。

（三）2035年旅游业远景发展：实现行业现代化目标

1.建设富有文化底蕴的世界级旅游景区和度假区

开启全面建设社会主义现代化国家新征程对于2035年旅游业发展的远景目标提出了清晰要求。建设富有文化底蕴的世界级旅游景区和度假区，一是要做好旅游产品和服务开发，提升游客综合体验。坚持文旅融合发展，加强旅游景区和度假区文化底蕴建设，就是要克服过于侧重观光游览的产品形态弊端、提升游客综合文化体验。二是要继续深入推动供给侧结构性改革，

提升旅游业综合效益。更加重视旅游目的地对于周边消费的辐射和带动作用，增强对于过夜游客的消费吸引力。三是要坚持全域旅游高质量发展，优化旅游景区和度假区数量规模与空间分布。目前我国已有国家级旅游度假区45家，仅相当于国家5A级旅游景区数量的16%左右。有条件的旅游景区通过全域旅游发展实现升级转型，有望进一步提升国家级旅游度假区的建设和发展质量。

2. 打造文化特色鲜明的国家级旅游休闲城市和街区

围绕国家级旅游休闲城市建设，此前进行了"中国优秀旅游城市"创建、"中国最佳旅游城市"创建、"中国旅游休闲示范城市"创建等实践探索。从2035年远景目标来看，在着眼旅游经济指标的同时，应更加强调旅游和休闲福祉的本质属性，更加强调城市本地居民与外来旅游者对公共基础设施、城市资源和公共服务的共建共享，在打造国家级旅游休闲城市的过程中切实提升城市生活品质和文化软实力。文化和旅游部于2021年1月颁布《旅游休闲街区等级划分》明确了旅游休闲街区分类，并对街区内培育和践行社会主义核心价值观、倡导文明旅游、节约饮食和绿色消费等方面做出了规范。应以此为契机，更好打造文化特色鲜明的国家级旅游休闲街区，尤其应着力彰显街区的地方文化和创意文化业态，实现面向现代化的文旅融合发展。

3. 讲好中国故事，促进红色旅游和乡村旅游发展

中国消除绝对贫困的成就具有世界意义，而旅游扶贫在取得脱贫攻坚战全面胜利的过程中发挥了重要作用。迈向全面建设社会主义现代化国家新征程要求进一步讲好中国故事，提炼和分享中国经验。一方面，促进红色旅游发展是我国旅游业现代化发展的特色叙事。在由旅游资源大国发展成为世界旅游强国的过程中，红色旅游发挥着独具特色的支撑作用。促进红色旅游发展的重点在于补齐基础设施建设和服务水平短板，从丰富资源业态、吸纳属地就业、财税政策倾斜等多个角度保障红色旅游规模扩大和质量提升。另一方面，促进乡村旅游是我国旅游业发展的重要内容。2021年2月，国家乡村振兴局正式挂牌。未来乡村旅游高质量发展依然是提升乡村经济自生能

力、缩小城乡收入差距、解决相对贫困问题的重要载体。促进乡村旅游发展关键在于突出地方旅游特色、避免同质化竞争,着力开发不同类型、不同风格的乡村旅游产品和业态模式,塑造适应不同层次游客群体和产品需求的乡村旅游供给格局。

参考文献

《中共中央关于制定国民经济和社会发展第十四个五年规划和二〇三五年远景目标的建议》,2020 年 10 月 29 日中国共产党第十九届中央委员会第五次全体会议通过。

宋瑞主编《旅游绿皮书》,社会科学文献出版社,2016~2020。

宋瑞:《"十四五"时期我国旅游业的发展环境与核心命题》,《旅游学刊》2020 年第 6 期。

宋瑞:《疫情防控常态化下的旅游发展》,《中国文化报》2020 年 7 月 24 日。

宋瑞:《经济新发展格局下促进旅游消费的思路与方向》,《旅游学刊》2021 年第 1 期。

IMF, *World Economic Outlook 2020：A Long and Difficult Ascent*, https：//www. imf. org/ - /media/Files/Publications/WEO/2020/October/English/text. ashx.

UNWTO, *International Tourism Highlights*, 2020 *Edition*, https：//www. e - unwto. org/doi/epdf/10. 18111/9789284422456.

World Bank, *Global Economic Prospects*, http：//pubdocs. worldbank. org/en/745401599838753479/Global - Economic - Prospects - January - 2021 - Topical - Issue - 1. pdf.

G.2
中国国民旅游状况调查（2020~2021）*

"中国国民旅游状况调查"课题组**

摘　要：　2020年，新冠肺炎疫情使全球旅游业陷入停滞，在此背景下，我国旅游业在经济内循环中积极调整寻找动力。为了解疫情后旅游者的旅游消费心理及行为，本文通过网络调查问卷收集数据，从旅游时间、活动、消费、动机等方面全方位分析当前我国不同性别、不同世代、不同收入、不同教育水平、不同职业以及不同区域的国民旅游状况。研究发现：我国国民旅游半径扩大，逐步从周边游走向省外游，自然观光游疫后最受欢迎；旅游者的出游意愿强于旅游开放范围，但由于出境旅游受阻，一部分出境游转化为国内游，高端游、小众游和定制游成为重要挖掘点；以00后为代表的Z世代旅游群体消费特点鲜明，更关注旅游目的地的娱乐和购物条件。

关键词：　国民旅游　旅游消费　旅游结构

＊　本研究受国家社会科学基金项目"旅游需求结构与旅游产品创新的动态关系研究"（15BGL114）资助。

＊＊　本课题由中国社会科学院旅游研究中心发起，由中国社会科学院旅游研究中心、腾讯文旅产业研究院、腾讯用户研究与体验设计中心共同执行。总策划：宋瑞；顾问：葛燄、曾佳欣、陈妍；报告组组长：金准、舒展、黄利贤；副组长：孙晖、隋馨缘；成员：黄翠、杨玥、仝玉娟、王瑞婷、周功梅、刘倩倩；执笔人：王瑞婷、金准、宋瑞。

一 调查说明

文化和旅游部日前公布的 2020 年国内旅游数据显示，受疫情影响，2020 年国内旅游人数及旅游收入降幅均在五成以上；分季度看，国内旅游人数呈现出降幅收窄的趋势，国内旅游市场恢复趋势已渐趋明朗。为全面揭示我国不同社会群体旅游状况的变化及未来预期，中国社会科学院旅游研究中心联合腾讯文旅产业研究院、腾讯 CDC（用户研究与体验设计中心），通过网络开展全国性调查。我们希望借此客观记录、全面揭示我国国民在旅游动机、旅游时间、旅游活动、旅游方式和旅游消费等方面的现状及未来一年可能的变化趋势，为旅游相关行业提供趋势前瞻和发展之策。

本调查问卷发放时间为 2020 年 8 月 7~11 日，面向 14 岁及以上用户投放，覆盖全国范围内不同经济发展水平地区的用户，通过主问卷和补充问卷配合的方式展开。调研采用"抽样框＋事后配比"的方式，保证用户性别和年龄符合中国互联网络信息中心（CNNIC）报告中的中国网民结构。经过样本回收与清洗，共收集主问卷 8686 份，其中有效问卷 6383 份，主要聚焦于旅游活动、旅游时间和旅游消费；共收集补充问卷 8413 份，其中有效问卷 5837 份，主要聚焦于旅游动机、旅游障碍和旅游关注因素等。

本问卷中，"旅游"是指离开惯常居住环境，以旅行游玩（而非商业）为目的的活动。问卷中所有涉及"过去一年"和"未来一年"的表述均指调查年度，而非自然年度。

二 国民旅游总体状况

（一）旅游平均消费水平：个人及家庭平均旅游消费开支均提升

平均旅游消费开支是国民旅游消费状况最直接的表现。本次问卷分别对个人和家庭过去一年的平均旅游消费开支，以及未来一年的旅游消费意愿做

调查，结果显示：过去一年个人平均旅游消费开支达4248元，家庭平均旅游消费开支达8213元；未来一年个人平均旅游消费意愿开支达5158元，家庭平均旅游消费意愿开支达9077元；个人平均旅游消费开支增加910元，增长率为21.4%，家庭平均旅游消费开支增加864元，增长率为10.5%（见图1）。

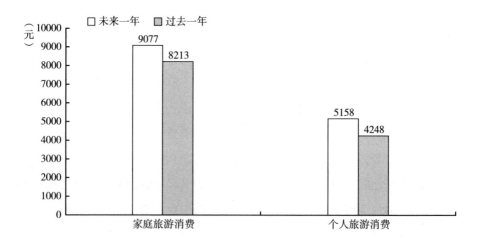

图1　受访者过去/未来一年家庭平均/个人平均旅游消费开支情况

具体来看，过去一年个人平均旅游消费开支集中在0～3000元区间内，其中"1000元及以下"区间人数占比最多（28.9%）；过去一年家庭平均旅游消费开支集中在0～8000元区间内。未来一年个人平均旅游开支提升归因于1000元以上旅游消费区间预算增加，家庭平均旅游消费开支提升是由于3000元以上旅游消费区间预算增加（见图2和图3）。

（二）不同范围出游次数：周边游居首位

过去一年，受新冠肺炎疫情影响，跨区域跨省旅游恢复时间较晚，旅游者出于安全考虑，出游半径缩小。因此，过去一年选择周边游的受访者居于首位（64.4%），其次为省内游（42.5%）和省外（境内）游（25.9%），有出境旅游活动的受访者仅占9.2%。对未来一年的调查结果与过去一年十分不同，未来一年计划进行周边游的受访者下降至48.1%，计划进行省内

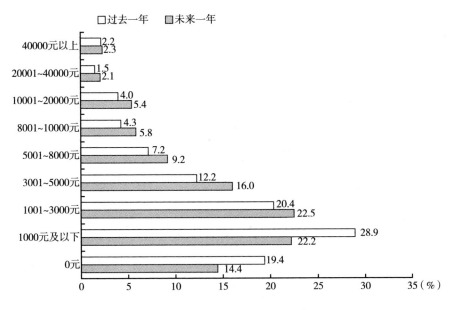

图2　受访者个人旅游消费支出情况

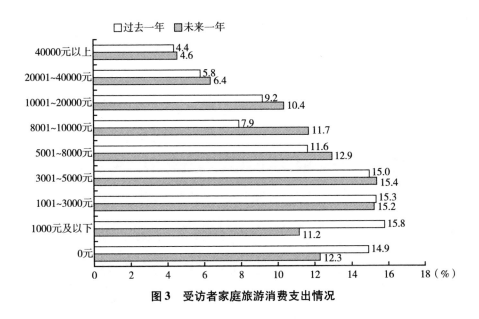

图3　受访者家庭旅游消费支出情况

游的受访者增加至47.4%，计划进行省外（境内）游的受访者增加最多（达到45.8%），未来一年计划进行跨境旅游活动的受访者将近增加一倍

（见图4）。可见，旅游者对未来一年国内疫情管控能力以及旅游安全度提升有信心，扩大出游半径的意愿强烈，跨省境内游将是未来一年的旅游热点。

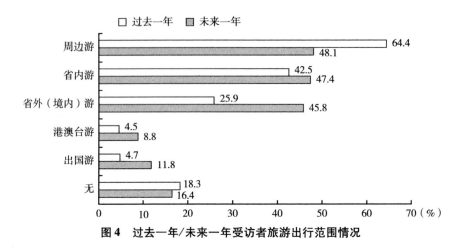

图4 过去一年/未来一年受访者旅游出行范围情况

从出游次数来看（见图5和图6），过去一年的旅游者选择与未来一年的旅游者意愿具有一致性，指数值由大到小均为周边游、省内游、省外（境内）游、港澳台游、出国游。与过去一年出游次数的指数值相比（见图7），未来一年周边游上升1个百分点，省内游上升0.2个百分点，而省外（境内）游、港澳台游和出国游指数值均下降，从低到高依次下降0.2个、0.6个和3.6个百分点。

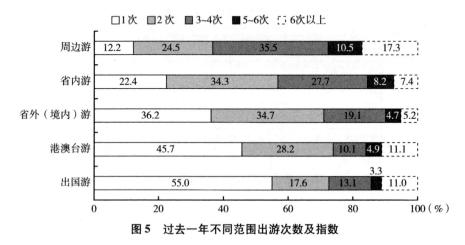

图5 过去一年不同范围出游次数及指数

说明：指数由不同选项选择比例加权计算而得。

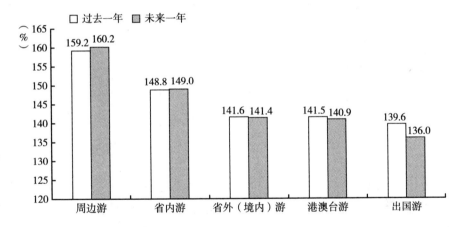

图6 未来一年不同范围出游次数及指数

说明：指数由不同选项选择比例加权计算而得。

图7 过去一年/未来一年受访者不同范围出游次数指数对比

（三）旅游平均逗留时间：半数旅游者旅程为2~4天

过去一年，受访者每次旅游的平均逗留时间为 3.6 天，约半数（50.7%）旅游者旅程为 2~4 天，其次为一天及以内（24.6%），两周以上者仅占 1.9%。未来一年，受访者计划每次旅游的平均逗留时间为 4.8 天，比过去一年增加 1.2 天，逗留时间显著增加；平均逗留时间人数占比从高到

低依次为"2～4天"（46.6%）、"5～7天"（29.8%）、"一天及以内"
（13.3%）、"8～14天"（6.8%）、"两周以上"（3.5%）。

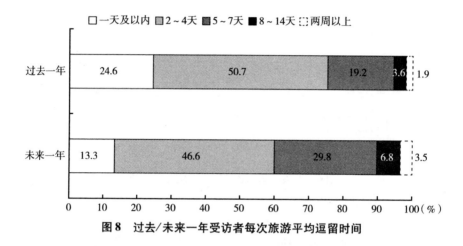

图8　过去/未来一年受访者每次旅游平均逗留时间

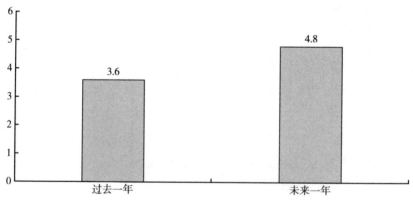

图9　过去/未来一年受访者整体平均逗留天数

（四）旅游动机：亲近自然感受山水为首位动机

本调查将受访者旅游动机划分为10个方面，分别为"亲近自然，感受
山水"、"了解文史，丰富知识"、"亲朋出游，增进感情"、"个人兴趣，满
足好奇"、"健康治疗，修养身心"、"放松购物，美食娱乐"、"进行社交，
结识新友"、"运动健体，冒险探索"、"逃离日常，回归自我"、"提高声

望，获人钦羡"。受访者在 1 ~ 5 之间，选择一个最能代表个人观点的数字，其中，5 代表非常符合，1 代表非常不符合，数值越大代表符合程度越高。

由图 10 可见，"亲近自然，感受山水"最为符合选填数字 5（非常符合）的受访者心理；"了解文史，丰富知识"、"亲朋出游，增进感情"、"个人兴趣，满足好奇"、"健康治疗，修养身心"、"放松购物，美食娱乐"、"进行社交，结识新友"、"运动健体，冒险探索"、"逃离日常，回归自我" 8 项旅游动机最为符合选填数字 4 的受访者心理；"提高声望，获人钦羡"最为符合选填数字 1（非常不符合）的受访者心理。

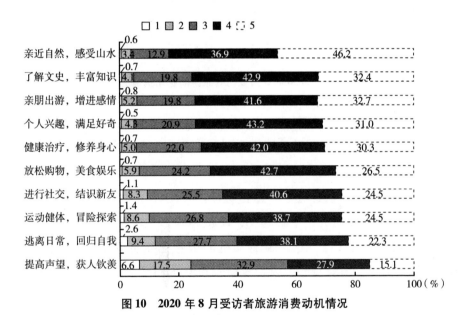

图 10　2020 年 8 月受访者旅游消费动机情况

说明：指数由不同选项选择比例加权计算而得。

与 2020 年 3 月的调查问卷结果进行对比发现：整体来看，2020 年 8 月旅游动机指数提升明显；"亲近自然，感受山水"一直居于首位，"了解文史，丰富知识"、"健康治疗，修养身心"、进行社交，结识新友"的旅游动机综合指数排名提升，"个人兴趣，满足好奇"、逃离日常，回归自我"、"放松购物，美食娱乐"的旅游动机综合指数排名下降。

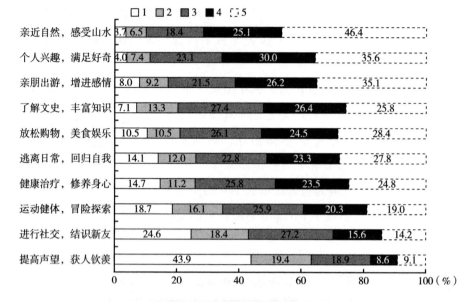

图11　2020年3月受访者旅游消费动机情况

说明：指数由不同选项选择比例加权计算而得。

不同世代受访者旅游动机特征不同。"亲近自然，感受山水"是所有世代受访者最重要的旅游动机，但大致呈现年龄越小，关注程度越低的特点。"进行社交，结识新友"、"放松购物，美食娱乐"和"运动健体，冒险探索"3项旅游动机，年龄越小，动机越强，关注程度越高。00后对"逃离日常，回归自我"这一旅游动机的敏感度显著低于其他年龄段人群。"健康治疗，修养身心"这一旅游动机在不同世代受访者的选择中差异最小。

（五）旅游满意度：约3/5的人对旅游满意度较高

调查显示，对旅游持"非常满意"态度的受访者占16.5%，约有一半（47.5%）的受访者对旅游比较满意，有30.2%的受访者对旅游的满意度为"一般"，4.5%的受访者对过往的旅游活动"不太满意"，1.2%的受访者对旅游"非常不满意"。

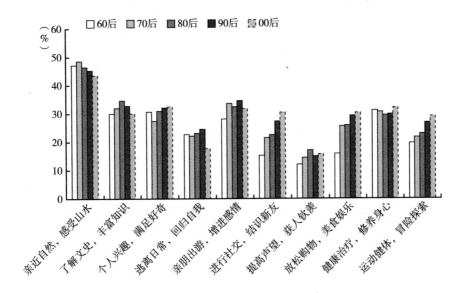

图12　不同世代选择"5非常符合"选项的旅游动机情况

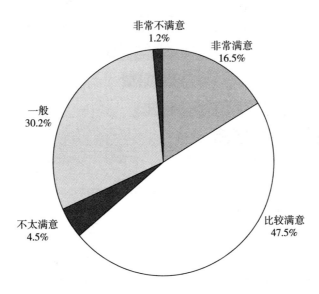

图13　受访者旅游满意度情况

三 国民旅游结构分析

（一）旅游消费结构：住宿消费占比最大

本调查将旅游消费主要划分为餐饮、住宿、购物、交通、门票和娱乐六项消费，受访者根据自身消费结构对其进行排序，根据排序结果进行指数计算，最终消费指数由高到低依次为住宿消费、餐饮消费、交通消费、购物消费、门票消费和娱乐消费。我国国民旅游消费主要集中在满足空间转移和生理需求上，在目的地旅游吸引物及延伸产业链上的消费还有较大的提升空间。

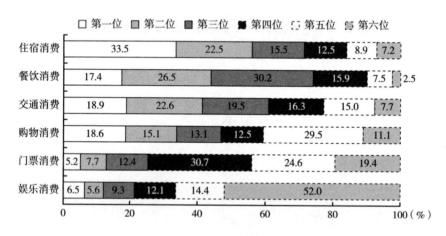

图14 过去一年受访者旅游消费结构情况

说明：指数由不同选项选择比例加权计算而得。

根据不同世代将受访者分类，将其排在第一位的旅游消费数据可视化，发现旅游消费的世代特征很强。"住宿消费"、"交通消费"和"门票消费"占旅游消费第一位的各世代人数比例表现为年龄越小，人数占比越小；"餐饮消费"、"购物消费"和"娱乐消费"表现基本相反，大致表现为年龄越小，人数占比越大。

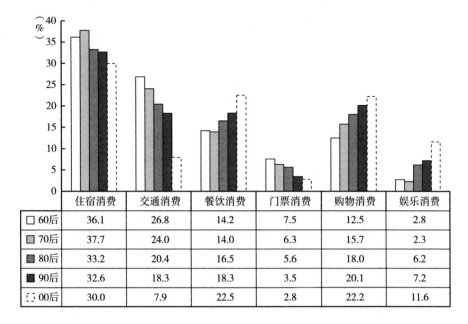

	住宿消费	交通消费	餐饮消费	门票消费	购物消费	娱乐消费
60后	36.1	26.8	14.2	7.5	12.5	2.8
70后	37.7	24.0	14.0	6.3	15.7	2.3
80后	33.2	20.4	16.5	5.6	18.0	6.2
90后	32.6	18.3	18.3	3.5	20.1	7.2
00后	30.0	7.9	22.5	2.8	22.2	11.6

图15 过去一年将各项旅游消费排在第一位的不同代际选择情况

（二）旅游组织方式：定制游有提升趋势

关于旅游组织方式，过去一年中，所有受访者参与频率从高到低的旅游组织方式依次是自助游、团队游、定制游和其他。未来一年，受访者对于旅游组织方式的选择仍然保持该顺序，但综合指数有轻微变化。与过去一年相比，未来一年自助游的综合指数下降0.2个百分点，团队游增加0.2个百分点，定制游增加2.1个百分点，其他旅游组织方式增加0.4个百分点。由此可推，未来一年，自助游仍然将是旅游市场上选择最多的旅游组织方式；受新冠肺炎疫情影响，旅游者出于安全保障需求，人数较少的小团定制游或将受到更多青睐。

未来一年，有提升趋势的定制游在不同受访者群体中有不同的特点。从性别上来看，男性比女性进行定制游的意愿更强。从不同世代来看，年龄越小，意愿越强。从不同学历来看，大致呈学历越高，进行定制游意愿越强的特点。从不同城市级别来看，所在城市级别越高的受访者，定制游意愿越强。

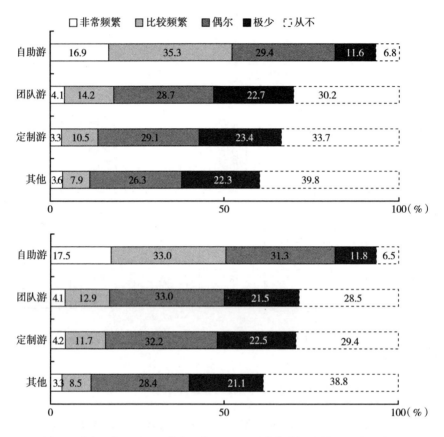

图16 过去一年（上）/未来一年（下）受访者选择旅游组织方式情况

说明：指数由不同选项选择比例加权计算而得。

表1 未来一年不同分类受访者进行定制游意愿情况

单位：%

不同性别	
男性	女性
16.7	15.0

不同世代				
60后	70后	80后	90后	00后
10.8	11.0	14.1	19.1	20.3

不同学历				
初中及以下	高中	大专	本科	硕士及以上
12.4	14.7	14.2	16.8	22.7
不同城市级别				
四线城市及以下	三线城市	二线城市	一线城市	
15.4	14.3	16.1	21.3	

注：此表格数字代表不同分类下选择"比较频繁"和"非常频繁"的受访者人数比例加总。

（三）旅游交通方式：自驾车游上升势头明显

对受访者过去一年进行旅游活动采用的交通方式做调查发现，位居前三的交通方式是火车/高铁（57.2%）、自驾车/租车（53.3%）和地方公共交通（41.0%），自驾车出行成为越来越多人的选择。

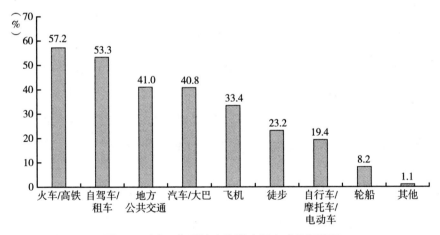

图17　过去一年受访者旅游交通方式选择情况

过去一年进行自驾游比例最高的受访者为80后，其次为60后和70后，90后和00后自驾游较少；不同收入受访者过去一年参与自驾游的情况基本呈现收入越高，自驾游比例越高的特点；居住于不同级别城市的受访者中，一线城市受访者参与自驾游的比例达78.2%，远超其他级别城市。

表2 过去一年不同分类受访者参与自驾游情况

单位：%

不同世代				
60 后	70 后	80 后	90 后	00 后
71.8	66.1	72.5	62.3	62.2
不同收入				
4000 元以下	4001～8000 元	8001～10000 元	10001～20000 元	20000 元以上
54.2	65.1	65.8	73.7	73.0
不同城市级别				
四线城市及以下		三线城市	二线城市	一线城市
64.5		67.5	66.2	78.2

注：此表格数字代表不同分类下选择"比较频繁"和"非常频繁"的受访者人数比例加总。

（四）旅游类型选择：传统自然观光游稳居首位

本调查共设计 11 个旅游类型以了解受访者偏好，分别为自然观光类、名胜古迹类、度假休闲类、美食购物类、民俗风情类、城市地标类、探亲访友类、健康疗养类、游学教育类、体育冒险类和其他。排名前三的依次为自然观光类、名胜古迹类和度假休闲类。从不同年龄段来看，自然观光、名胜古迹、民俗风情、度假休闲、健康疗养类旅游参与率与年龄大小成正比，而体育冒险类和美食购物类参与率与年龄大小成反比。

（五）旅游结伴选择

1. 与家人结伴旅游占比最高

整体来看，受访者进行旅游活动时与家人结伴的比例最高，与同事/商业伙伴结伴的比例最低，从高到低依次为家人、朋友/熟人、恋人、独自一人、亲戚、同事/商业伙伴（见图19）。

结伴频率的调查可以为我们进一步探究旅游者结伴情况提供新的角度，由表3可以发现如下现象。①结伴选择与结伴频率相关度不高。②虽然恋人

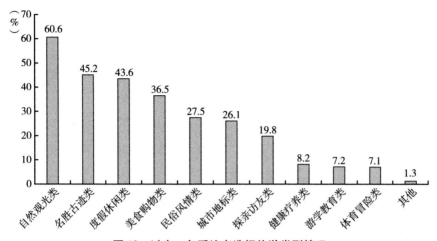

图18 过去一年受访者选择旅游类型情况

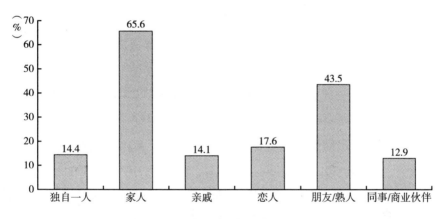

图19 过去一年受访者旅游结伴情况

在所有受访者选择中位居第三，且与前两位（家人、朋友/熟人）所选人数比例相差甚远，但在选择恋人作为旅游结伴对象的受访者中，有23.7%的人非常频繁与恋人结伴旅游，有39.1%的人比较频繁与恋人结伴旅游，在两组中均为第一名，在"偶尔"和"极少"两组中都位于最后一名。因此，受访者在旅游活动中与恋人结伴的意愿很高。③选择独自一人旅游的受访者分化最大，在"独自一人"结伴选择的受访者中，"非常频繁"选项位居第二位（19.0%），"极少"选项位居第一位（18.0%）。

表3 过去一年受访者选择旅游结伴对象频率情况

单位：%

	非常频繁	比较频繁	偶尔	极少
独自一人	19.0	23.9	39.1	18.0
家人	15.2	31.5	36.7	16.6
亲戚	9.2	25.6	51.9	13.4
恋人	23.7	39.1	28.6	8.6
朋友/熟人	6.4	30.6	50.3	12.8
同事/商业伙伴	6.4	24.5	54.8	14.2

2. 90后独自旅行占比最高

旅伴选择有强烈的世代特征。①70后与同事/商业伙伴（17.0%）及家人（80.7%）结伴旅游的比例最高，与恋人（5.4%）及独自一人（9.8%）旅游的比例最低；80后与朋友/熟人结伴旅游的比例最低；90后独自一人（19.3%）及与恋人（32.4%）结伴旅游的比例最高，与亲戚（11%）及家人（50.9%）结伴旅游的比例最低；00后与朋友/熟人结伴旅游的比例最高（53.3%），独自一人旅游的比例位于第二位（17%）。②呈现以上特点与不同世代所处的人生阶段有很大关系，如参与工作的00后远少于其他年龄段，因而00后与同事/商业伙伴一起旅游的比例最低；如大部分90后正处于踏出校园进入婚姻的过渡期，因此与恋人结伴旅游的比例最高；再如80后及以前的人群绝大部分已组成家庭，与家人结伴的比例普遍较高，与朋友/熟人结伴的概率普遍较低，与00后及90后形成鲜明对比。③除了不同人生阶段带来的显而易见的影响外，不同世代旅伴选择呈现出新的时代特点，相比于其他世代，00后和90后独自一人旅游的倾向性更强（见图20）。

3. 旅伴选择存在性别差异

从性别来看，男性独自一人旅游和与同事/商业伙伴旅游的比例高于女性，女性与家人以及朋友/熟人一起出游的比例高于男性（见图21）。

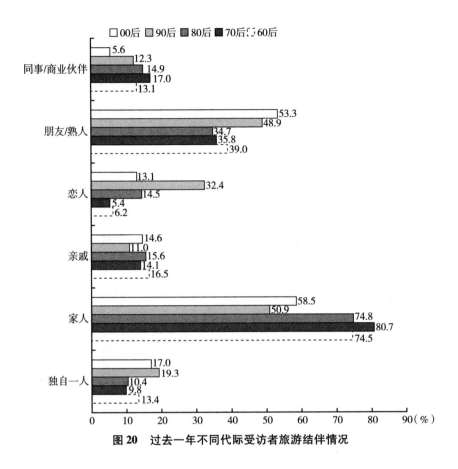

图20　过去一年不同代际受访者旅游结伴情况

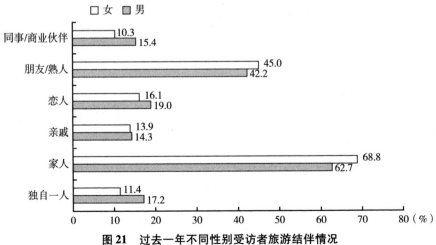

图21　过去一年不同性别受访者旅游结伴情况

（六）旅游与休闲：休闲活动的重要组成部分

为探究旅游在国民休闲活动中的位置，本调查设计了11类休闲活动供受访者选择，图22中的各项休闲活动具体为旅游类休闲（如观光、度假等）、运动类休闲（如游泳、健身、登山、太极拳、舞蹈、骑行等）、保健类休闲（如美容、足疗、水疗、按摩等）、竞技类休闲（如足球、电竞比赛、互动游戏等）、智力类休闲（如围棋、象棋、拼图、魔方等）、收藏类休闲（如集邮、集币、收藏古玩等）、培育类休闲（如养花草虫鱼、养宠物等）、创作类休闲（如插花、绘画、摄影、书法、针织缝纫、弹奏乐器等）、娱乐类休闲（如看电影、逛展、看舞台剧、听音乐会等）、社交类休闲（如与朋友聚会、参加俱乐部或社团活动、做社区义工、网络聊天等）、其他。

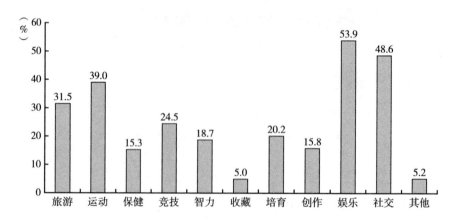

图22 受访者选择休闲活动类型情况

从活动选择来看（见图23），旅游为排名第四位的休闲活动，有31.5%的受访者选择了旅游作为休闲方式，次于娱乐类、社交类和运动类休闲。从消费选择来看，旅游类休闲占整体休闲花费的比例为10%的受访者最多（占总数的22.8%），其次为5%（19.4%），20%（18.3%）和30%（13.1%），将整体休闲花费全部用于旅游类休闲的受访者仅占0.3%。

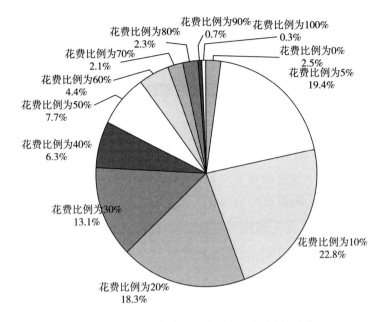

图23 受访者旅游类休闲占整体休闲花费的比例情况

过去一年，不同人群分类下，将旅游作为休闲活动的人数比例不同。主要表现为年龄越大、学历越高、常住城市级别越高，旅游在休闲活动中占据越重要的地位。

表4 过去一年不同分类受访者将旅游作为休闲活动的人数占比情况

单位：%

不同世代				
60后	70后	80后	90后	00后
50	43.1	33.6	26.6	18.2

不同学历				
初中及以下	高中	大专	本科	硕士及以上
18.7	28.2	31.3	35.3	39.5

不同城市级别			
四线城市及以下	三线城市	二线城市	一线城市
28.4	32	36.1	37.1

四 不同人群旅游消费情况

（一）不同性别：个人和家庭平均旅游消费开支女性均低于男性

由图24调查结果发现：①女性在个人和家庭平均旅游消费开支方面均低于男性；②与过去一年相比，未来一年男性个人平均旅游消费意愿开支从4807元提升至5832元（增长率为21.3%），家庭平均旅游消费支出从8920元提升至9908元（增长率为11.1%）；③与过去一年相比，未来一年女性个人平均旅游消费开支从3618元提升至4400元（增长率为21.6%），家庭平均旅游消费支出从7416元提升至8142元（增长率为9.8%）。

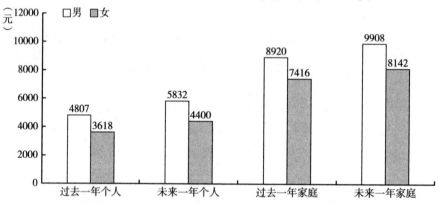

图24 过去/未来一年不同性别受访者个人/家庭平均旅游消费开支情况

（二）不同收入：收入水平与旅游消费开支相关性很强

收入水平与旅游消费开支相关性很强，主要体现在四个方面。①过去或未来一年受访者的个人及家庭平均旅游开支均呈收入越高，消费开支越高的特点。②对比过去一年与未来一年个人平均旅游消费开支，"4000元以下"、"4001～8000元"、"8001～10000元"、"10001～20000元"、"20000元以上"5个收入段受访者消费开支增长率分别为43.2%、44.3%、30.9%、13.7%、10.9%，收入为"4001～8000元"的受访个人平均旅游消费开支增长率最高，收入为"20000元以上"的受访者平均旅游消费开支增长率最低。③对比过去一年与未来一年家庭平均旅游消费开支，"4000元以下"、"4001~8000元"、"8001~10000元"、"10001~20000元"、"20000元以上"5个收入段受访者消费开支增长率分别为11.9%、18.8%、21.9%、3.8%、7.3%，收入为"8001~10000元"的受访家庭平均旅游消费开支增长率最高，收入为"10001~20000元"的受访者家庭平均旅游消费开支增长率最低。④整体而言，个人平均旅游消费开支增幅远大于家庭平均旅游消费开支。

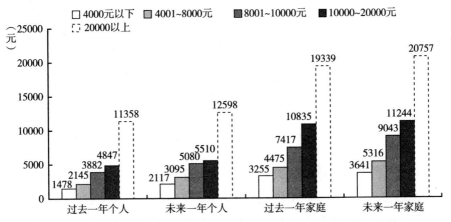

图25 过去/未来一年不同收入受访者个人/家庭平均旅游消费开支情况

（三）不同级别城市：城市级别越高，旅游消费能力越强

对比不同级别城市受访者旅游消费情况，大致呈城市级别越高，旅游消费能力越强的特点。具体来看：①所有受访者个人及家庭平均旅游消费开支均有提升；②"三线城市"受访者未来一年个人旅游平均消费开支意愿超过"二线城市"受访者；③"四线城市及以下"受访者个人及家庭平均旅游消费开支增长率最高，"二线城市"受访者增长率最低。

表5 不同级别城市受访者个人/家庭平均旅游消费开支增长率情况

单位：%

	一线城市	二线城市	三线城市	四线城市及以下
个人	11.5	10.6	26.2	29.9
家庭	7.9	5.5	9.4	15.6

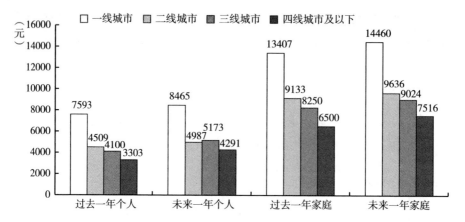

图26 过去/未来一年不同级别城市受访者个人/家庭平均旅游消费开支情况

（四）不同教育水平：学历越高，平均旅游消费开支越大

学历对于旅游消费开支水平影响较大，学历越高，个人及家庭平均旅游消费开支绝对值越高。个人平均旅游消费开支增长率由高到低依次为初中及以下、高中、硕士及以上、大专、本科学历受访者。家庭平均旅游消费开支增长率由高到低依次为高中、硕士及以上、初中及以下、本科、大专学历受访者。

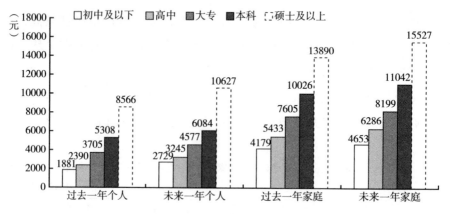

图27 过去/未来一年不同学历受访者个人/家庭平均旅游消费开支情况

表6　不同学历受访者个人/家庭平均旅游消费开支增长率情况

单位：%

	初中及以下	高中	大专	本科	硕士及以上
个人	45.0	35.8	23.5	14.6	24.0
家庭	11.3	15.7	7.8	10.1	11.8

（五）不同世代：60后为个人旅游消费主力，80后为家庭旅游消费主力

本调查共分9个消费区间以了解受访者的旅游消费情况，分别为"0元"、"1000元及以下"、"1001~3000元"、"3001~5000元"、"5001~8000元"、"8001~10000元"、"10001~20000元"、"20001~40000元"、"40000元以上"。根据这9个区间形成"0元以上"、"1000元以上"、"3000元以上"、"5000元以上"、"8000元以上"、"10000元以上"、"20000元以上"和"40000元以上"8个累计分类区间。

从8个累计分类区间来看，不同世代受访者旅游消费存在差异。个人旅游消费开支方面，60后为消费主力，8个区间中有6个区间累计人数比例位列第一名（见表7），相比于其他世代受访者，60后处于财富积累和休闲时间都更为富足的年龄段。家庭旅游消费开支方面，80后为消费主力，8个区间中有5个区间累计人数比例为第一名（见表8），其余3个区间均排第二名。

表7　过去一年不同世代受访者个人旅游消费开支情况

单位：%

	0元以上	1000元以上	3000元以上	5000元以上	8000元以上	10000元以上	20000元以上	40000元以上
60后	83.1	59.4	33.5	23.9	17.3	10.8	5.8	3.3
70后	86.1	55.2	35.8	20.8	12.2	8.5	2.9	1.2
80后	84.9	58.5	37.6	23.8	15.6	9.5	4.8	2.9
90后	81.6	54.9	33.9	19.4	11.2	7.2	3.4	1.9
00后	68.3	30.3	13.4	7.9	4.2	2.9	2.0	1.4

注：消费区间以上累积计算人数比例，如"20000元以上"和"90后"对应数字即为90后在"20001~40000元"和"40000元以上"两个区间人数比例的累积之和。

旅游绿皮书

表8 过去一年不同世代受访者家庭旅游消费开支情况

	0 元以上	1000 元以上	3000 元以上	5000 元以上	8000 元以上	10000 元以上	20000 元以上	40000 元以上
60 后	87.0	72.6	57.8	39.6	30.0	24.5	12.9	4.2
70 后	89.2	72.4	58.2	41.0	31.8	22.1	10.8	2.1
80 后	88.6	77.3	60.9	46.0	32.6	23.9	11.3	5.4
90 后	85.4	69.7	54.3	39.4	26.5	17.7	10.2	4.4
00 后	76.3	53.6	37.6	25.1	15.2	9.6	5.7	3.4

注：消费区间以上累积计算人数比例，如"20000 元以上"和"90 后"对应数字即为 90 后在"20001～40000 元"和"40000 元以上"两个区间人数比例的累积之和。

（六）不同家庭结构：有子女家庭旅游消费高于无子女家庭

本调查以家庭未成年子女个数区分不同的家庭结构，调查结果表明，有子女家庭旅游消费高于无子女家庭，过去一年多出 3665 元，未来一年多出 4596 元。与过去一年家庭旅游消费开支相比，有子女家庭和无子女家庭未来一年旅游消费意愿均提高，有子女家庭提高 1579 元，无子女家庭提高 648 元（见图 28）。

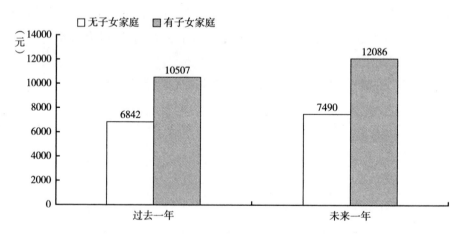

图 28 过去/未来一年不同家庭结构受访者平均家庭旅游消费开支情况

五　旅游制约

（一）未出游人群：约占受访者人数的1/5

调查显示，过去一年未参与任何旅游活动的受访者约占18%，未来一年没有旅游计划的人数占受访者总数的16%，二者相差不大。

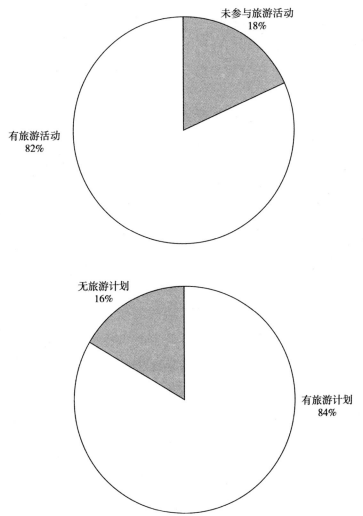

未参与旅游活动
18%

有旅游活动
82%

无旅游计划
16%

有旅游计划
84%

图29　过去一年（上）与未来一年（下）受访者参与旅游活动情况与意愿

（二）对人群密集因素关注度超过收入因素

本调查共设计 16 个选项以了解阻碍受访者进行旅游活动的因素，包括"缺少时间"、"旅游费用太高"、"担心人群密集"、"收入太低"、"太累没精力"、"无合适旅伴"、"交通不便"、"气候不适"、"缺乏信息"、"突发事件阻碍"、"外面环境脏乱"、"缺乏策划技能"、"旅游机制不完善"、"缺乏兴趣"、"未获得周围人支持"和"其他"。其中，对旅游者影响最大的因素是时间因素，43.3% 的人是由于缺乏时间；"旅游费用太高"成为阻碍因素的受访者占 41.6%；由于新冠肺炎疫情影响，对人群密集较为敏感的受访者占 33.3%，超过收入因素位列第三，且学历越高，对人群密集因素的关注度越高。

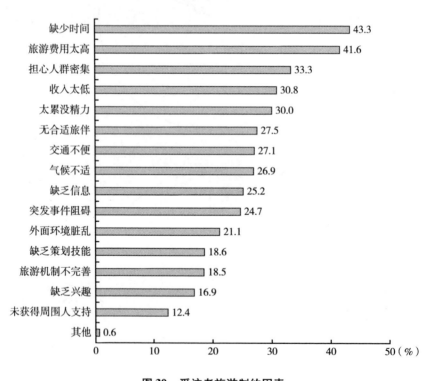

图 30 受访者旅游制约因素

（三）社会安全成旅游者最关注因素

本调查设计了 16 个选项以了解受访者旅游时考虑的因素，分别为"社会安全"、"自然景观"、"卫生健康"、"交通状况"、"价格费用"、"应急措施"、"文史景观"、"民俗风情"、"住宿条件"、"智能便捷度"、"餐饮条件"、"地方知名度"、"旅游保险"、"科技体验感"、"购物条件"和"退费政策"。受访者在 1~5 之间，选择一个最能代表个人倾向的数字，其中，5 代表非常关注，1 代表非常不关注，数值越大代表关注程度越高。

整体来看，旅游者对旅游配套设施及服务因素的关注程度高于旅游吸引物自身因素。在旅游配套设施及服务因素中，旅游者最为关注"社会安全"（位居整体关注度指数第一位）、"卫生健康"、"交通状况"、"价格费用"、"应急措施"等因素，对"购物条件""退费政策"等因素关注程度较低。在旅游吸引物自身因素中，旅游者对"自然景观"的关注程度最高，位居整体关注度指数第二位，其后为"文史景观"、"民俗风情"、"智能便捷度"和"科技体验感"。

六 未来旅游消费趋势

（一）从周边游走向省外游，高端小众自然游是热点

国内跨省游将是 2021 年旅游市场的主旋律。随着国内游的全面开放，一系列安全保障政策和措施让人们对旅游重提信心，周边游向国内跨省游转化，国内游市场将成为中国居民旅游目的地的绝对主场。周边游由 64.4% 下降至 48.1%，省外（境内）游从 25.9% 上升至 45.8%。

以中西部自然风光为主的目的地将是旅游热点。从旅游者的旅游动机（"亲近自然，感受山水"）、出游考虑因素（"自然景观"）和旅游类型（"自然观光类"）选择来看，自然是旅游者选择目的地时首要的考虑因素。

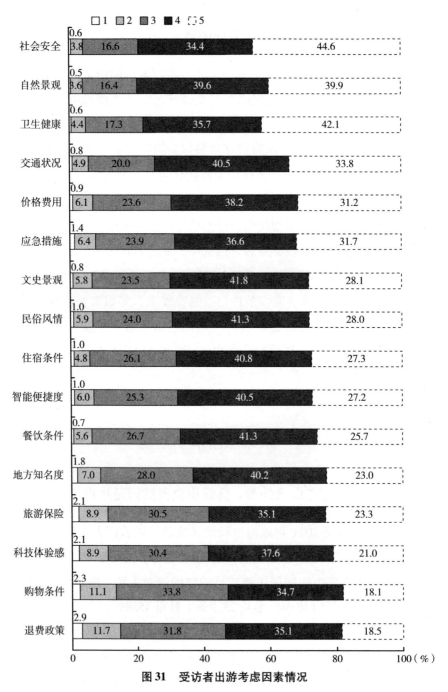

图31　受访者出游考虑因素情况

说明：指数由不同选项选择比例加权计算而得。

一是受疫情影响，居家隔离使人们对自然环境更为向往；二是旅游者对人群密集可能引起的旅游安全问题仍然很重视，自然观光类旅游目的地往往人口密度较低、环境开阔、更为安全。

高端游和小众游或将成为国内游新挖掘点。后疫情时代，游客更加重视出行的安心安全，越发追求高品质的旅游服务和体验。旅游行业需要"修炼内功"来留住消费存量，激活旅游增量。一方面，一部分出境游需求将转化为国内高端游，大量拥有丰富经验，尤其是高端旅游服务经验的出境游旅行社将业务中心转向国内。另一方面，国内人流较少、体验更为独特的新兴小众目的地更多地被挖掘出来，中国"新秘境"备受关注。

（二）出游半径扩大，出游意愿强于开放范围

出游半径越大，旅游意愿提升越强烈。从过去一年出游实践和未来一年出游计划的对比来看，省外（境内）游从25.9%上升至45.8%，港澳台游从4.5%上升至8.8%，出国游从4.7%上升至11.8%，上升幅度分别为76.8%、95.6%和151.0%，出游半径越大，旅游意愿越强。

疫情发展和旅游政策是出境游最重要的影响因素。尽管受访者进行出境游的意愿很强，但国外疫情仍处于高暴发阶段，出境游市场继续冰封，短期内没有恢复的迹象。未来一年半径更大的旅游例如港澳台游和出国游能否恢复和提升，主要取决于疫情发展走向和各地区及国家的防疫和旅游政策。

（三）定制游是疫后旅游者出游的重要选择

定制游是根据旅游者的需求，以旅游者为主导进行旅游行程设计的旅游组织方式。受疫情影响，旅游者外出旅游时对旅游安全关注度很高，更注重私密性、自由性和安全性。本调查中，定制游在各旅游组织方式中综合指数上升最多。一是组织定制游的旅行社对目的地旅游政策信息了解更为全面，选择旅游保险和应对突发情况等更为专业。二是调查结果表明，"亲朋出游，增进感情"位于受访者旅游动机第三位，定制游比团队游规模小，更

具私密性和灵活性，能更好地满足旅游者放松心情、联络亲朋感情的需要。

　　未来一年，有扩大提升趋势的定制游在不同受访者群体中有不同的特点。从性别上来看，男性比女性进行定制游的意愿更强。从不同世代来看，年龄越小，意愿越强。从不同学历来看，大致呈学历越高，进行定制游意愿越强的特点。从不同城市级别来看，所在城市级别越高的受访者，定制游意愿越强。

（四）娱乐购物或成00后旅游消费重点

　　本次调查发现，年轻一代特别是00后，旅游消费呈现新特点。

　　其一，00后在旅游过程中更注重向外探索。00后处于探索世界的阶段，对外界和他人的好奇心更强，"进行社交，结识新友"、"放松购物，美食娱乐"和"运动健体，冒险探索"三项旅游动机中00后占比最高，而"逃离日常，回归自我"这一动机中00后占比最低。可以看出，00后在当前阶段更注重向外的探索，对向内的探索关注较少。

　　其二，门票经济越来越不适用于00后。调查显示，旅游者年龄越小，在门票消费上花费越少。

　　其三，00后更注重旅游中的娱乐购物条件。本次调查发现，年龄越小，购物消费优先级更高的人比例更大，住宿以及交通花费优先级更低的人比例越大；在娱乐方面消费最多的人中，00后占比例最大。可见00后对于旅游过程中的舒适度（如住宿和交通）关注程度较低，更关注购物、娱乐等能够存留有形物品或在社交媒体上打卡展示的旅游活动。

附件

附表1　总体样本的人口统计特征

		频数	百分数（%）
性别	男	6474	53.0
	女	5746	47.0
	总计	12220	100.0
年龄	14~17岁	1146	9.4
	18~21岁	1444	11.8
	22~24岁	1039	8.5
	25~30岁	2405	19.7
	31~35岁	1693	13.9
	36~40岁	1265	10.4
	41~50岁	1907	15.6
	50岁以上	1321	10.8
	总计	12220	100.0
世代	60后	1072	8.8
	70后	1907	15.6
	80后	2958	24.2
	90后	3734	30.6
	00后	2300	18.8
	其他	249	2.0
	总计	12220	100.0
教育程度	小学	127	1.0
	初中	920	7.5
	高中/中专/技校	2730	22.3
	大专	2724	22.3
	大学本科	4943	40.5
	硕士研究生	596	4.9
	博士研究生及以上	155	1.3
	没有接受过正规教育	25	0.2
	总计	12220	100.0

续表

		频数	百分数（%）
职业	学生	2512	20.6
	学徒/实习	249	2.0
	全职职工	6966	57.0
	兼职	478	3.9
	全职主妇	375	3.1
	无业/失业/待业/下岗	485	4.0
	离退休	451	3.7
	农民	212	1.7
	其他	492	4.0
	总计	12220	100.0
工作单位*	私营企业（包括个人独资企业/合伙经营/有限责任企业）	2782	38.6
	事业单位	1268	17.6
	国有企业	1536	21.3
	集体企业	399	5.5
	政府机关	342	4.7
	外资企业（包括中外合资合作企业/外商独资企业）	382	5.3
	非政府组织（NGO）	53	0.7
	工商个体户	367	5.1
	其他	87	1.2
	总计	7216	100.0
家庭平均月收入	1000元及以下	353	2.9
	1001～2000元	330	2.7
	2001～3000元	698	5.7
	3001～4000元	917	7.5
	4001～6000元	1303	10.7
	6001～8000元	1509	12.3
	8001～10000元	1867	15.3
	10001～20000元	2364	19.4
	20001～30000元	1119	9.1
	30001～50000元	465	3.8
	50001～100000元	271	2.2
	100000元以上	304	2.5
	无固定收入	720	5.9
	总计	12220	100.0

续表

		频数	百分数（%）
城市等级	一线城市	2219	18.4
	二线城市	2334	19.3
	三线城市	2891	23.9
	四线城市及以下	4636	38.4
	总计	12080	100.0
行政区域	华北	2307	19.1
	东北	1103	9.1
	华东	3586	29.7
	华中	1661	13.8
	华南	1913	15.9
	西南	1083	9.0
	西北	406	3.4
	港澳台	5	0.04
	总计	12064	100.0

注：* 此题只访问有工作的受访者，故与总体样本量有所差异。

附表2 A、B问卷的人口统计特征

		A问卷		B问卷	
		频数	百分数（%）	频数	百分数（%）
性别	男	3382	53.0	3092	53.0
	女	3001	47.0	2745	47.0
	总计	6383	100.0	5837	100.0
年龄	14 岁以下	0	0.0	0	0.0
	14~17 岁	599	9.4	547	9.4
	18~21 岁	754	11.8	690	11.8
	22~24 岁	543	8.5	496	8.5
	25~30 岁	1257	19.7	1149	19.7
	31~35 岁	884	13.9	809	13.9
	36~40 岁	661	10.4	604	10.4
	41~50 岁	996	15.6	911	15.6
	50 岁以上	690	10.8	631	10.8
	总计	6383	100.0	5837	100.0

续表

		A 问卷		B 问卷	
		频数	百分数（%）	频数	百分数（%）
代际	60 后	533	8.4	539	9.2
	70 后	996	15.6	911	15.6
	80 后	1545	24.2	1413	24.2
	90 后	1926	30.2	1808	31.0
	00 后	1226	19.2	1074	18.4
	其他	157	2.5	92	1.6
	总计	6383	100.0	5837	100.0
教育程度	小学	50	0.8	77	1.3
	初中	471	7.4	449	7.7
	高中/中专/技校	1495	23.4	1235	21.2
	大专	1542	24.2	1182	20.2
	大学本科	2361	37.0	2582	44.2
	硕士研究生	332	5.2	264	4.5
	博士研究生及以上	111	1.7	44	0.8
	没有接受过正规教育	21	0.3	4	0.1
	总计	6383	100.0	5837	100.0
职业	学生	1386	21.7	1126	19.3
	学徒/实习	140	2.2	109	1.9
	全职职工	3467	54.3	3499	60.0
	兼职	223	3.5	255	4.4
	全职主妇	169	2.6	206	3.5
	无业/失业/待业/下岗	281	4.4	204	3.5
	离退休	208	3.3	243	4.2
	农民	116	1.8	96	1.6
	其他	393	6.2	99	1.7
	总计	6383	100.0	5837	100.0
工作单位*	私营企业（包括个人独资企业/合伙经营/有限责任企业）	1563	43.3	1219	33.8
	事业单位	662	18.3	606	16.8
	国有企业	715	19.8	821	22.8

续表

		A 问卷		B 问卷	
		频数	百分数（%）	频数	百分数（%）
	集体企业	99	2.7	300	8.3
	政府机关	195	5.4	147	4.1
	外资企业（包括中外合资合作企业/外商独资企业）	127	3.5	255	7.1
	非政府组织（NGO）	22	0.6	31	0.9
	工商个体户	168	4.6	199	5.5
	其他	56	1.6	31	0.9
	总计	3607	100.0	3609	100.0
家庭平均月收入	1000 元及以下	174	2.7	179	3.1
	1001~2000 元	172	2.7	158	2.7
	2001~3000 元	390	6.1	308	5.3
	3001~4000 元	563	8.8	354	6.1
	4001~6000 元	744	11.7	559	9.6
	6001~8000 元	870	13.6	639	10.9
	8001~10000 元	1040	16.3	827	14.2
	10001~20000 元	1121	17.6	1243	21.3
	20001~30000 元	457	7.2	662	11.3
	30001~50000 元	205	3.2	260	4.5
	50001~100000 元	131	2.1	140	2.4
	100000 元以上	192	3.0	112	1.9
	无固定收入	326	5.1	394	6.8
	总计	6385	100.0	5835	100.0
城市等级	一线城市	730	11.6	1489	25.8
	二线城市	993	15.8	1341	23.2
	三线城市	1666	26.5	1225	21.2
	四线城市及以下	2907	46.2	1728	29.9
	总计	6297	100.0	5783	100.0

续表

		A 问卷		B 问卷	
		频数	百分数(%)	频数	百分数(%)
行政区域	华北	1136	18.1	1171	20.2
	东北	501	8.0	602	10.4
	华东	1930	30.8	1656	28.6
	华中	908	14.5	753	13.0
	华南	951	15.2	962	16.6
	西南	588	9.4	495	8.5
	西北	251	4.0	155	2.7
	港澳台	4	0.1	1	0.018
	总计	6269	100.0	5795	100.0

注:* 此题只访问有工作的受访者,故与总体样本量有所差异。

2020年中国旅游发展十大热点

中国社会科学院旅游研究中心*

摘　要：　2020年中国旅游发展十大热点为：纾困政策推动旅游市场复
苏；诸多国字品牌优化旅游供给；国家文化公园规划建设破
题；旅游企业有为担当共克时艰；海南离岛免税吸引消费回
流；科技助力防控加速发展变革；文博搞活尝新焕发空前魅
力；数字赋能产业促动旅游转型；直播电商出圈试水旅游销
售；丁真新晋顶流引发营销热潮。

关键词：　中国旅游　国家文化公园　转型发展

对中国旅游发展年度热点事件进行梳理和评述，是"旅游绿皮书"的
惯例做法。2020年疫情对旅游业产生了巨大冲击，旅游行业也呈现出诸多
变化。为系统回顾和全面分析这些变化，中国社会科学院旅游研究中心遴选
出2020年中国旅游发展的十个热点问题，并由中心研究人员对其进行点评。
需要说明的是，热点问题的选择主要是基于该事件所涉及问题的重要性、社
会的关注度和对未来发展的影响程度。因此，这些事件既不追求体系上的完
整和正负影响上的平衡，也不刻意回避某些热点之间可能存在的交叉。

---

* 执笔人均为中国社会科学院旅游研究中心研究人员，依次为：宋瑞、廖斌、吴俊、杨慧、吴
金梅、徐金海、高舜礼、金准、张玉静、沈涵。策划：宋瑞、吴金梅、金准、李为人；总
纂：吴金梅。

热点一　纾困政策推动旅游市场复苏

（一）热点事件

新冠肺炎疫情是新中国成立以来在我国发生的传播速度最快、感染范围最广、防控难度最大的一次重大突发公共卫生事件。作为以人的移动性和面对面接触为特征的旅游业，受到强烈冲击。疫情暴发以来，政府部门积极行动，一方面做好疫情防控，坚决杜绝通过旅游活动尤其是有组织的旅游活动扩散和传播疫情；另一方面出台各类政策，为行业企业提供支持并推动其复工复产和振兴发展。

2020年1月24日，文化和旅游部要求全国旅行社及在线旅游企业暂停经营团队旅游及"机票＋酒店"产品。此后，有关部门出台了一系列政策对疫情防控和复工复产提供引导和支持。据初步统计，截至2020年9月底，国家有关部门出台与旅游业相关政策共计128项，其中，国务院和其他国家部委出台综合性政策111项，文化和旅游部参与出台专门性政策17项。这些政策涉及资金支持（如文化和旅游部暂退旅游质量保证金等）、金融信贷（如适当下调贷款利率、增加信用贷款和中长期贷款，以及新增专项授信用于支持文化和旅游企业等）、税费减免（如交通运输、餐饮、住宿、旅游等四大类困难行业企业的税费减免或延迟缴纳等）、社会保障（如免征或缓缴企业基本养老、失业和工伤保险单位缴费等）、稳岗就业、引导景区等安全有序开放、数字支持与法律服务，等等。各地政府也发挥自主性和能动性，推出一系列帮扶政策。

（二）事件点评

这次疫情中政府部门出台的一系列政策具有如下三方面特征。

一是适时调整政策导向和重点。根据疫情的发展和现实的需要，一方面把疫情防控放在重要位置，实施常态化防控管理；另一方面在疫情发展不同阶段，不断调整政策侧重点。总体来看，1月24日至2月底之前，出于疫情防控需要，旅游业基本处于停业歇业阶段；进入3月后，疫情有所缓和，开始恢复部分文化和旅游业务，之后进一步开放景区等室外场所和演艺场馆等室内场所；7月，明确可有条件恢复跨省团队旅游。根据疫情进展，适时调整政策导向，对于控制疫情、引导市场有序恢复发挥了积极作用。

二是兼顾行业的短期纾困和长期发展。一方面，中央部委出台的减免税费、减免租金、减免水电费、返还失业保险费和旅游质量保证金等纾困政策时限大多在上半年，可在短时间内缓解企业资金问题；另一方面，各级地方政府则在旅游统计、旅游用地、旅游人才培训、旅游信息建设、休假制度安排等方面积极探索，以期促进旅游业长期发展。

三是中小企业受到特别关注。相较于其他行业而言，中小企业在旅游业中的占比更高。这些企业在满足需求、稳定就业、带动消费方面发挥重要作用，也在疫情中面临严峻挑战。对此，国家有关部门和地方政府加大对中小企业政策倾斜力度，中小企业成为帮扶的重点。

（三）重要启示

总体来看，应对政策取得了积极成效，有效防止疫情通过旅游活动扩散，也有助于引导旅游业有序复工复产和市场稳步复苏。根据文化和旅游部数据中心的数据，截至2020年9月中旬，全国已复工复业旅行社占总量的75.72%，团队旅游、在线旅游企业业务均已恢复至上年同期的40%左右；星级饭店业复业率达91%；第三季度，全国A级旅游景区总体游客接待人数达到上年同期的七成左右。国庆中秋假期，全国共接待国内游客6.37亿人次，按可比口径同比恢复79.0%；实现国内旅游收入4665.6亿元，按可比口径同比恢复69.9%。

新冠肺炎疫情对人类社会、经济生产和旅游产业影响巨大。结合联合国世界旅游组织等的预测，旅游业界普遍认为，全球旅游需要二至三年时间才能恢复到疫情前水平。在疫情防控常态化背景下，如何使政策更加精准有效，还需要从制度上不断探索。

在这方面有如下几个问题值得关注：一是未来政策的优化、调整和实施，要从旅游企业所在行业、规模大小、资产类型等角度加以区分，给予更精准化的扶持；二是国家层面需加大对需求侧的政策倾斜；三是兼顾短期应对和长远谋划，对"十四五"时期旅游发展目标和策略做出调整，并从财税、金融、土地等方面为旅游业的高质量发展提供更大支持。

（执笔人：宋瑞，中国社会科学院旅游研究中心主任、研究员，中国社会科学院大学教授、博士生导师）

热点二　诸多国字品牌优化旅游供给

（一）热点事件

2020年，我国高品质旅游产品创建工作持续推进，新一批国家级旅游品牌名单陆续公布。北京市昌平区等97家全域旅游示范区创建单位被评为第二批国家全域旅游示范区，河北省崇礼冰雪旅游度假区等15家旅游度假区进入国家级旅游度假区名单，北京市海淀区圆明园景区等22家旅游景区、河北省承德市金山岭长城景区等21家旅游景区先后成为国家5A级旅游景区。截至目前，全国共有5A级景区302家、国家级旅游度假区45家、国家全域旅游示范区168家，旅游产品供给结构进一步优化。

（二）事件点评

国字号旅游品牌创建是旅游业高质量发展的重要抓手。优质旅游供给是旅游业高质量发展的核心所在。丰富创新旅游产品，优化旅游供给，打造国家级的旅游景区、旅游示范区、旅游度假区是我国旅游业转型升级的重要支点。当前，国字号旅游品牌已具备很高的旅游知名度和市场号召力，有着很强的综合带动和辐射效应，是旅游业高质量发展的重要突破口。建设一批国字号旅游品牌是优化旅游产品供给结构的重要内容，是推动旅游业高质量发展的重要抓手，有助于持续推进大众旅游发展，助力构建以国内大循环为主体、国内国际双循环相互促进的新发展格局。

高品质旅游供给是满足人民群众对旅游方面美好生活需要的必然要求。新时代，高质量的旅游产品越来越成为人们高品质生活的必需品，人们对旅游的需求已从有没有向好不好转变，逐渐向深度体验的休闲度假型转变，日益走向更广阔的全域空间。只有顺应游客需求，进一步推进旅游供给侧改革，通过各类国字号旅游品牌创建，优化观光、休闲、度假业态，提供优质的旅游产品供给，才能更好地满足人民群众对文化和旅游美好生活的需要，彰显旅游为民的宗旨。

（三）重要启示

"十四五"时期，我国开启全面建设社会主义现代化国家新阶段。要着眼旅游新需求，聚焦高质量发展，继续打造高品质旅游供给。

一是要加大国字号旅游品牌创建力度。以5A级旅游景区、国家级旅游度假区、国家全域旅游示范区等旅游品牌创建为抓手，推动建设一批富有文化底蕴的世界级旅游景区和度假区，培育文化特色鲜明的国家级旅游休闲城市和街区，优化产品结构，带动旅游高质量发展。

二是要深化国字号旅游品牌创建内涵。以文旅融合理念推动旅游品牌创建和产品打造，不断深化文化内涵，增加文化底色，用文化要素推动旅游产品特色化、品质化发展，提高旅游产品附加值。

三是要提升国字号旅游品牌创建品质。要着眼疫情后的旅游市场需求，在旅游品牌创建中创新旅游业态和模式，开发休闲度假、生态康养等旅游产品，推动互联网等新技术在旅游品牌创建中的应用，打造一批智慧旅游产品，提升旅游产品供给的科技含量，延伸产业链，发挥其标杆示范作用，进一步擦亮国字号旅游品牌。

（执笔人：廖斌，中国社会科学院旅游研究中心特约研究员，北京联合大学旅游学院副教授）

热点三　国家文化公园规划建设破题

（一）热点事件

2020 年国家文化公园建设工作推进加速。8 月至 10 月，全国政协专题调研组围绕长征国家文化公园建设、长城国家文化公园建设等内容，赴山西、河北、甘肃、宁夏、陕西等地开展调研。10 月 29 日印发的《中共中央关于制定国民经济和社会发展第十四个五年规划和二〇三五年远景目标的建议》中明确指出，建设长城、大运河、长征、黄河等国家文化公园。12 月 11 日召开长城国家文化公园建设推进会，一批国家及省级层面重点项目初步梳理确定。12 月 23 日召开长征国家文化公园建设推进会，重点建设区取得重要进展，标志性项目有序实施。12 月 30 日召开黄河国家文化公园建设启动会暨大运河、长城、长征国家文化公园建设推进视频会，进一步明确各地发展改革部门推进国家文化公园建设的总任务和总要求，并就启动黄河国家文化公园建设做具体部署。12 月 31 日，2020 年大运河国家文化公园杭州项目群集中开工亮相，建设工作迈入新阶段。

（二）事件点评

建设国家文化公园，是以习近平同志为核心的党中央做出的重大决策部署，是推动新时代文化繁荣发展的重大文化工程。2020 年是国家文化公园建设破题之年。打通从"理念设想"到"蓝图实施"的关键一步，需要蓝图规划先行。一年中，长城、大运河、长征国家文化公园建设从规划入手，全国总体规划、全国专项支撑性规划、重点省份建设规划编制工作依次展开，并取得阶段性成果。

依据这些规划，统筹资源禀赋、人文历史、区位特点、公众需求等因素，作为彰显中华优秀传统文化的国家级重大标志性项目日渐清晰。同时，以规划体系落地为重点，国家文化公园建设在保护和挖掘文化遗产、丰富文化旅游供给、提高文化软实力等方面实现了多点突破、蹄疾步稳、纵深推进。许多牵一发而动全身的重大改革方案提上日程，前瞻性的工作方案也在酝酿落地当中，国家文化公园建设总体呈现渐次展开、破浪前行的壮阔景象，各地"一盘棋"工作格局初步形成。

（三）重要启示

按照建设实施方案部署，国家文化公园体系建设将加速形成齐抓共管、全面推进、整体有序的良好格局，成为推进社会主义文化强国建设、提高国家文化软实力的重要抓手。尽快探索出国家文化公园建设中加强文物保护、文化传承、文旅融合的"中国方案"，需把握好以下三者之间的关系。

一是要注重处理好传承保护与合理开发之间的关系。既要明确实施重大修缮保护项目、严防不恰当开发和过度商业化，又要鼓励对优质文化旅游资源进行一体化开发，培育一批有竞争力的文旅企业，孵化形成一批具有示范成效和典型意义的项目案例和产业集群，以钉钉子精神匠造文化和旅游工程项目，做大做强中华文化重要标志。

二是要注重处理好统筹规划与区域特色之间的关系。长城、大运河、长征、黄河分别涉及 15 个、8 个、15 个、9 个省区市，工作中既要突出顶层设计和规范化建设，也要注重因地制宜、分类指导。必须强化顶层设计，注重跨地区、跨区域统筹协调，打造民族性世界性兼容的文化名片，同时充分考虑地域广泛性、文化多样性、资源差异性，鼓励地方探索可复制推广的成果经验。

三是要注重处理好关键领域与整体提升之间的关系。既要确保建设方案部署的关键领域基础工程建设到位，也要确保带状文化名片整体高效打造。建设国家文化公园的关键是集中实施一批标志性工程，这就必须加快推进保护传承工程、研究发掘工程、环境配套工程、文旅融合工程、数字再现工程，同时也必须营造基础设施、公共服务、产品业态、非遗保护等系统性的发展环境。

（执笔人：吴俊，新时代文化旅游研究院院长，中国社会科学院旅游研究中心特约研究员）

热点四　旅游企业有为担当共克时艰

（一）热点事件

2020 年初，新冠肺炎疫情突如其来，旅游企业本应迎来的"出游潮"变成"退改潮"。1 月 21 日起，在线旅游（OTA）平台、航空公司、酒店集团等相继推出退改签政策和应急预案。携程、美团、驴妈妈、同程等启动重大灾害保障金，全力保障用户权益。1 月 30 日，中国旅游集团和华侨城分别捐款 2400 万元和 3000 万元用于支持湖北省等疫情严重地区的防控工作。华住集团、首旅如家、锦江国际、亚朵酒店等多家酒店集团全力保障一线防疫工作者住宿需求。国家博物馆推出"国博邀您云看展"系列活动，全国各地博物馆、景区借助"云旅游"开展线上业务。2 月 15 日，景域驴妈妈推出系列大型公益文旅直播课。4 月 13 日，敦煌研究院携手腾讯影业和腾讯动漫联合出品"敦煌动画剧"首映。

（二）事件点评

首先，面对新冠肺炎疫情，旅游行业勇于承担社会责任。行业头部企业携程、美团、飞猪等多家 OTA 企业加班加点处理海量退订与咨询，主动承担退订损失，最大限度保护旅游者的权益。旅游住宿企业紧急调用客房，为抗疫医护工作者提供免费住宿。导游、领队等旅行社工作人员自发组织与利用海内外业务资源运输大量医用物资援助抗疫一线。旅游企业通过捐资、捐物、义售、公益基金等多种方式助力抗疫前线，为感恩医护提供多项惠医政策。

其次，旅游企业及时响应，协同作战共渡难关。旅行社、酒店、民宿、景区、航空公司等各类旅游企业积极响应国家行政部门及行业协会号召，成立疫情防控专项工作小组，制定与发布应急预案，及时采取科学有效的防控措施。与此同时，开元、铂涛、旅悦、斯维登、希尔顿、亚朵等多家酒店管理集团通过减免旗下品牌加盟门店管理费等方式支援业主共渡难关。OTA平台、酒店、旅行社、景区、博物馆等企业与组织利用网络平台资源，开启"云旅游"，开展公益性直播、线上培训等，为业内人士搭建交流平台，旅游企业之间协同互助、广泛合作、共克时艰，共促市场复苏发展。

（三）重要启示

一是健全保障体制机制，提高行业自救能力。旅游行业应总结有效的经验，加强制度性事前危机防控准备，完善旅游企业应急方案细则与内容。特别是中小旅游企业面临严重的现金流问题，应建立重大危机事件专项资金保障制度，提高企业自身的抗风险能力、危机应对能力与自救能力。

二是创新拓展产品市场，加快推进提质步伐。旅游企业应充分考虑由此次疫情所暴露的产品创新不足、主业过于单一或集中等关键性发展问题，深入挖掘市场需求，掌握游客心理变化，有效开发新产品，重视体验与服务质量，不断融合创新，补齐低谷运行产品短板，积极开拓符合企业发展实际的市场新业务，促进企业产品创新升级与质量提高。

三是充分利用网络纽带，跨界联合转危为机。旅游企业应总结企业运营与发展的短板，优化资源配置，充分对接线上平台，提升大数据与智慧化运营能力，拓展营销渠道，把握危机中的机遇，不断修炼内功，提升企业发展的内生动力，加强业内协作与跨界联合，促进旅游产业链优化升级，重振市场活力。

（执笔人：杨慧，中国社会科学院旅游研究中心访问学者，辽宁大学博士研究生，辽宁生态工程职业学院教师）

热点五　海南离岛免税吸引消费回流

（一）热点事件

2020年6月1日，中共中央、国务院正式公布《海南自由贸易港建设总体方案》。7月1日，财政部、海关总署、税务总局发布《关于海南离岛旅客免税购物政策的公告》（2020年第33号），海南离岛免税购物额度从每年每人3万元提高至10万元，且不限次数，离岛免税商品品种由38种增至45种，手机等电子消费类产品被纳入其中，同时单件商品8000元的免税限额规定取消。12月30日，三亚海旅免税城、中免集团三亚凤凰国际机场免税店和中服三亚国际免税购物公园3家免税店同日开业，海南离岛免税店由原来的4家增加到7家。

据海关统计，2020年海南离岛免税全年总销售额达274.8亿元，同比增长103.7%；免税购物实际人次为448.4万人次，同比增长19.2%；免税购物件数同比增长87.4%。

（二）事件点评

免税购物是出境旅游消费的重要内容，在海南国际旅游岛建设全面开启、出境旅游按下暂停键的大背景下，海南离岛免税购物政策尤其惹人注目。

首先，海南旅游发展引发全球关注。海南打造国际旅游消费中心的政策路径已经明晰，当前全球的奢侈品集团都在关注海南，谋划设立区域机构以占得先机。

其次，快速布局提振行业信心。在疫情防控形势和外部环境仍存在诸多不确定性的2020年，海南购物免税多元主体、多地共荣的运营格局快速形成，与景区、餐饮的互动效果显著，政策的全面支撑、市场的热情回应使得旅游行业发展底气十足。

最后，免税购物大增，消费回流趋势初现。从2020年的成绩单来看，新政实施后的短短几个月，免税购物快速大幅增长。释放消费潜力、增强发展内生动力、引导海外消费回流的态势初步形成。

（三）重要启示

面对规模不小的出境旅游者和境外购物消费，通过国际旅游岛建设打造具有世界影响力的海南免税市场，积极促进消费回流是推动经济高质量发展的必然选择。未来仍需关注如下问题。

一是打造重要国际枢纽。在国内国际双循环的大发展格局中，既要吸引世界各大企业进驻，更要吸引各国消费者到访，打造中国重要对外开放门户，加强与东南亚地区的交流合作，形成具有国际影响力的消费地。

二是激发开放竞争活力。通过引入多个经营主体，特别是引入国际经营主体，形成开放竞争格局，建立充满活力的免税消费市场。要紧抓离岛免税购物政策红利，吸引高端消费者和海外消费回流。

三是提高购物服务品质。通过完善免税店布局改善购物环境、增加相关服务、满足消费者购物需求、改进提货方式，多方面提升游客免税购物体验，打造五星级免税服务体系，使海南真正成为购物天堂，打造"海南免税购"品牌。

四是带动海南旅游发展。通过免税购物这一海南旅游的"金字招牌"带动旅游商业服务业全面提质升级，打好组合拳，继续加大特色旅游产品的创新开发力度，提升旅游服务质量，以实现旅游业转型升级。

（执笔人：吴金梅，中国社会科学院旅游研究中心副主任，研究员，正高级经济师）

热点六　科技助力防控加速发展变革

（一）热点事件

2020年初，突如其来的新冠肺炎疫情给旅游业按下暂停键。在推进疫情防控和旅游业复工复产中，数字技术不仅助力疫情精准防控，同时也加速旅游发展模式变革，推动预约、定制等成为旅游消费新风尚。2020年2月25日，文化和旅游部印发《旅游景区恢复开放疫情防控措施指南》，提出要有效采取门票预约、智慧引导等手段，科学分流疏导游客，做好游客流量关口前置管控。2020年4月13日，文化和旅游部与国家卫生健康委发布《关于做好旅游景区疫情防控和安全有序开放工作的通知》，提出景区要建立完

善预约制度，推行分时段游览预约。2020 年 9 月 15 日，文化和旅游部办公厅发布《关于做好 2020 年国庆节、中秋节文化和旅游假日市场工作的通知》，督导 A 级旅游景区按照"限量、预约、错峰"要求，完善门票预约管理制度。

（二）事件点评

随着数字经济的快速发展，数字技术广泛应用到经济社会各领域各行业，成为推动产业变革与创新的重要力量。此次疫情防控中，数字技术不仅在疫情监测、智能测温、安全出行等方面发挥了重大作用，也进一步加速了旅游发展模式变革，从以资源和劳动力驱动的旅游发展模式转向以技术和创新驱动的旅游发展模式。

疫情之下，旅游业危机与机遇并存。疫情冲击短期给旅游业带来重大打击，然而也要看到，疫情也是一个契机，可进一步加速旅游数字化进程和旅游治理的变革。可以预见，未来互联网、人工智能、大数据等数字技术在旅游行业的进一步加快应用，旅游产业数字化和数字旅游产业体系逐渐形成，推动旅游行业逐步迈向数字化、网络化、智能化发展的新阶段。

（三）重要启示

疫情是旅游业发展的重要转折点，加速了旅游数字化进程，进一步推动旅游发展模式变革。未来，应重点把握以下几个方面。

一是大力推动旅游产业的数字化变革。构建以现代数字技术为支撑的旅游产业体系，是推动旅游发展模式变革的关键力量。在这方面需要进一步完善旅游信息基础设施，提升数字技术对旅游业的融合度与渗透力；加大对旅游科技的研发投入，推动旅游创新；加快旅游产业数字化平台建设，培养旅游数字化人才。

二是激发旅游产业创新活力。在这方面需要加快"放管服"改革，创新制度供给，着力解决制约旅游产业数字化发展的体制机制障碍；推动数字技术与旅游产业深度融合，提升旅游治理现代化水平；构建良好的旅游创新生态，推进旅游市场主体发挥主导作用。

三是构建旅游业新发展格局。在这方面需要以全面深化改革和创新为驱动力，在推动旅游发展模式变革的同时，大力推动旅游业融入新发展格局，充分发挥旅游业在构建新发展格局中的重要作用；进一步深化旅游供给侧改革，以数字技术为支撑打造高品质旅游产品供给体系，激发旅游消费新动能；加强区域旅游合作，加大国内旅游市场开发力度。

（执笔人：徐金海，中国社会科学院旅游研究中心特约研究员，国家开放大学经济管理教学部讲师）

热点七　文博搞活尝新焕发空前魅力

（一）热点事件

2020年，在疫情影响之下，博物馆进行了不少令人欣喜的尝试，"云上展览"、直播讲解、沉浸式观展等服务层出不穷，使博物馆变成"播物馆"，实现"博友不出门，观展依旧成"。中国国家博物馆携手来自五大洲16个国家的著名博物馆举办了"2020全球博物馆珍藏展示在线接力"，以接力的方式在线介绍馆藏特色和馆藏珍品，带领中外公众"走进"文化宝库。其他博物馆也新招频出，各大博物馆的馆长、大师纷纷上线，通过网络平台引领观众走近展品。实际上，近年来，文博界一直在搞活创新：央视推出《国家宝藏》《我在故宫修文物》，成为热播节目；秦始皇帝陵博物馆以数字技术让兵马俑"活起来"；陕西历史博物馆、河南博物院推出"考古盲盒"，成了热销货；全国文保单位云南大理喜洲镇喜林苑开办了特色民宿。文物与博物馆一改高冷面目，让人觉得"活泛了"、有"人情味了"。

（二）事件点评

首先是发挥了更好的教育功能。文博界的这些新现象，相对于过去的被动保护、展陈为主，是一种积极的、开放的、革命性的变化，吸引更多人参

与，更好地实现了保护与利用相结合。

其次是适应了时代发展要求。随着全面小康的实现，民众休闲需求大增，文博领域以寓教于乐的方式面向参观者，刺激了市场对客源的配置，吸引了民众深度关注文博。电商平台上博物馆文创产品的成交量逐年增长，线上店的访问量已超过线下博物馆接待人次。

再次是推动了文旅产业融合。文博界变革直接激发了文博领域的魅力，参观游客明显增加，让沉睡馆中的文物和艺术品受到空前关注。这个过程充分显示了旅游作为客源输送渠道、文博作为旅游吸引物的融合作用，文旅产业收到了互利共赢的效果。

最后是缩小了与欧美国家差距。近些年的文博领域通过搞活，一扫过去的沉寂状态，让文博成为百姓精神食粮的重要来源。就文创研发和售卖来说，我国一些大博物馆已赶超欧美国家，如故宫、国博、颐和园的文创水平应已超过法国卢浮宫、凡尔赛宫等。其他方面的差距也在加快缩小。

（三）重要启示

一是要明确方向，破除禁锢，践行习近平总书记提出的"让文物说话"的要求。保护好、传承好历史文化遗产是对历史负责、对人民负责，文博领域要进一步解放思想观念，弘扬中华文明、共享世界文明。

二是要进一步加强政策引导、模式示范、体制创新。文博部门要应用新技术、探索新方式，在推进文博面向市场、面向时代、面向旅游等方面迈出新步伐。

三是要盘活存量、搞好增量，这对文博领域应是一个发展方向。目前全国有注册博物馆5500多家，还在以每天2家的速度增长，新增的博物馆既应达到专业性要求，也应从一开始就改进展陈、改进服务，更好地满足游客市场需求。

四是应坚持保护与利用相统一的原则。搞活的目的是更好利用，前提是必须严格进行保护。在当前的发展中，一方面是各地方和民间建造博物馆积极性很高，另一方面是市县以下现存博物馆及藏品的保护存在很大压力。因此，如何处理好保护与利用的关系是一个不轻松的永恒话题。

（执笔人：高舜礼，中国社会科学院旅游研究中心特约研究员，中国旅游报社前社长、总编辑）

热点八　数字赋能产业促动旅游转型

（一）热点事件

随着产业数字化、网络化、智能化步伐不断加快，各大在线旅游平台纷纷推出"云旅游"项目，众多5A级旅游景区开辟线上游览功能，一批VR旅游产品网上传播，给宅在家的人们带来新的文化和旅游体验。线上线下的加速融合，为文化和旅游产业转型升级和高质量发展创造了新的机遇。

从政策端看，2020年11月30日，文化和旅游部等十部门发布《关于深化"互联网＋旅游"推动旅游业高质量发展的意见》，提出以"互联网＋"为手段，在坚持常态化疫情防控的基础上，推动旅游生产方式、服务方式、管理模式创新，丰富旅游产品业态，拓展旅游消费空间，培育适应大众旅游消费新特征的核心竞争力，推动我国旅游业高质量发展。

从企业端看，抖音、拼多多、快手、小红书均在试水进入旅游业，各大酒店集团也在快速推进数字化转型，旅游与互联网、新技术正在进入空前的快速融合期。

（二）事件点评

一系列的事件正从政策、市场两头快速提升我国旅游业数字化和互联网化的水平，在此背后主要是三个方面的原因。

首先是旅游业发展的客观需要。改革开放以来，我国旅游业迅速形成了产业体系和市场规模，成为全球举足轻重的重要市场。与此同时，低效、分散、粗放、微利等问题始终困扰着整个行业，产业质量正成为制约行业发展

的最大障碍。旅游业的巨大流量始终难以形成数字资产，流量从何而来，到哪里去，如何进一步产生复购，如何进一步整理利用，均缺乏现实可用的解决方案，而依托互联网的全行业数字化方案已成为摆脱旧有发展模式的必由之路。

其次是应对疫情的现实需要。疫情给行业的最大启示，就是在依托市场组织资源的同时，旅游业的发展还依赖于高效而大规模的市场管理和组织手段兜底，安全、有序、高效、绿色的市场体系有赖于数字化支撑体系。

最后是互联网平台进一步发展的需要。从各互联网平台的发展看，其线上红利逐步摊薄，获客成本越来越高，要将流量进一步转化为产值，需要深度接入线下的大规模消费场景，而旅游业成为其重要选择。特别是短视频网站，大量爆红的视频就发生在景区、民宿、酒店中，转化是非常自然的事。此外，如携程等传统旅游交易平台，也需要与更为时尚、现代的销售手段相对接。

上述三方面的原因交织在一起，带来了旅游业数字化的发展窗口。

（三）重要启示

旅游业的全面数字化，将为行业带来多方面的变化。

一是产生更为丰富的商业模式。行业在供需各个环节、各类资源、各项服务上的数字化，能够有效提升行业的量化水平，为上下游、生态伙伴带来丰富的接口，从而产生大量的商业新模式，其中产生的行业更新和颠覆力量是革命性的。

二是大大提升流量的利用监管水平。旅游业是流量行业，流量的高质量化是旅游业高质量化的基础。旅游流量的数字化，将改变流量的利用方式，提升流量的利用水平，也为市场监管带来最有效的抓手，旅游业的行业价值将因此倍增。

三是推动现代服务业形成。数字化是旅游行业摆脱依赖低成本人力、依靠感性经验的传统发展模式，走向现代服务业的重要一环。经验表明，当一个国家从中等收入阶段转向高收入阶段，只有技术集聚、人才密集的现代服务业，才能获得质、量的同步增长。从这个角度看，中国旅游业的数字化，正意味着其在现代经济体系中的启程。

（执笔人：金准，中国社会科学院旅游研究中心秘书长）

热点九 直播电商出圈试水旅游销售

（一）热点事件

2020年是直播电商"出圈"元年。3月23日，携程董事长梁建章完成了抖音"超级BOSS直播"首秀，共卖出价值1025万元的旅游产品。截至2020年底，梁建章共进行37场直播，累计带货成果达24亿元。此外，杭州、三亚、余杭、桂林、阳朔等地的旅游主管部门也纷纷为当地旅游资源"直播带货"，诞生了一批网红市县长。飞猪、马蜂窝等OTA也相继推出"旅游直播"频道。旅游直播带货在2020年谱写了新的篇章。

（二）事件点评

旅游直播带货是疫情影响下直播电商带货新模式在旅游行业中的成功试水。自2016年蘑菇街、京东等电商平台开启直播功能以来，直播电商经历了初创、成长再到快速成长的阶段。由主播群体、视频与电商平台及其他运营支持商构成的行业生态日趋成熟，也诞生了薇娅、李佳琦这样的超级带货主播。2020年之前，业内外人士普遍认为旅游产品体验性强，不符合主播选品要求，不适合通过直播电商进行销售。2020年新冠肺炎疫情对旅游业造成重创，诸多旅游企业不断亏损、陷入黑暗，携程试水旅游直播电商的成功，使直播电商开始进入旅游人的视野。行业翘楚、网红主播、旅游目的地、OTA纷纷加入旅游直播电商行列，或宣传旅游景区或带货酒旅产品，谱写了线上旅游消费新篇章。

（三）重要启示

进入 2021 年，新冠肺炎疫情逐渐得到控制，2020 年旅游直播电商的成功为后疫情时代旅游数字化创新奠定了基础。

第一，旅游直播电商是旅游企业/旅游目的地数字化转型升级的重要内容，也是其未来需要着重建设的能力。旅游直播虽然是为了应对疫情冲击的权宜之计，却得到了非常好的效果，具备转化为长期可持续的新业态新模式的基础。因此，创新优质内容，将疫情期间对于旅游直播电商的探索经验转化为旅游企业/目的地的长期能力成为疫后旅游行业需重点思考的任务之一。

第二，旅游直播电商或将推动线上泛旅游生态的发展。2020 年头部企业进入旅游直播电商领域，依托其强大的供应链系统和品牌能力展示了旅游产品在直播电商领域的可适用性。以跨界营销为抓手，深耕旅游产品直播带货的专业化能力，实现从高星级酒店产品向旅游度假产品、旅游景区、旅游特产、旅游纪念品等全品类的无界延伸，赋能泛旅游生态线上化发展，从而盘活与重塑整个旅游生态链。

第三，旅游直播电商还需加强监管和规范化发展。可鼓励和支持旅游企业、旅游目的地、直播平台联合成立旅游直播的行业组织，设立旅游主播资格评定标准；鼓励和支持一线旅游专业人员向旅游主播转型，切实推进旅游直播的规范化、专业化和持续性发展。

（执笔人：张玉静，中国社会科学院旅游研究中心特约研究员，中国贸促会研究院）

热点十　丁真新晋顶流引发营销热潮

（一）热点事件

2020 年 11 月，四川甘孜藏族自治州理塘县的藏族青年丁真因抖音视频走红。西藏和四川文旅官博的网上互动更是引发网络热议。各地文旅"蹭"热点的"抢人大战",并借力推广当地美景,使得丁真成为文旅营销的现象级热点。之后丁真签约成为理塘旅游代言人,为家乡拍摄的宣传片《丁真的世界》正式上线,"理塘"搜索量猛增几百倍,带火了甘孜旅游。

(二)事件点评

丁真引发的旅游目的地营销热潮使人们意识到,网络直播和线上云游已成为疫情之下景区和目的地实现突破的重要手段。与此同时,营销内容的深化成为更加重要的趋势。这个令人向往的世界,讲述的不是丁真一个人的故事,而是现代人内心深处对自由的向往和自然的回归,传递了来自远方的呼唤,构建了令人感动的旅游目的地符号和形象。采取人物叙事方法进行跨文化的品牌传播,是一种有效提升大众关注度和目的地吸引力的方法。听故事是人们喜欢的一种信息接收模式,通过讲故事可以让不同地区、不同文化背景下的人更好地了解旅游目的地。在这个过程中编写故事、展示资源,是旅游目的地品牌营销最重要的工作。

(三)重要启示

在新的时代背景下,旅游目的地的营销正在市场的推动下向高质量发展转化,需要科技与情感的双重推动,既需要采用技术进步带来的营销科技实现产品创新和服务提升,也需要挖掘消费者的情感需求进行情感营销。未来值得关注的问题有四个。

一是通过虚拟技术提升目的地体验。以 AI、VR、AR 技术以及营销展示手段的创新,为旅游者提供超出一般物理限制的深度体验。例如,故宫虚拟旅游技术、"数字敦煌"展示手段等大大丰富了信息内容并拓展了其深度。可通过全产业链的合作,深化目的地要素构成和产业组合,从而进行目的地的联合营销和体验营销。

二是通过内容营销实现目的地品牌塑造。增强消费者感知主要可通过影视作品植入、短视频、真人秀节目、直播带货等内容营销方法。可通过深度

内容的提供，引发消费者的兴趣和关注，全方位展示目的地的信息，从而塑造深入人心的目的地品牌认知和情感记忆。

三是通过精准营销增强目的地品牌的营销效果，提高转化率。WEB 2.0时代的媒体平台需要用户参与和贡献内容，出现了更多的个性化传播方式，注重用户体验，并且在表达方式上读与写并存。在 WEB 2.0 时代，媒体和信息传播更加多元化，更加高效率、更加扁平化。这种背景下，网络红人、意见领袖在传递目的地品牌上起到了非常重要的作用。

四是通过对营销的全面谋划实施形成长久影响力。在现代市场营销观念的指导下，旅游目的地不仅要做好短期推广，还要根据外部环境和内部条件的变化，对旅游市场进行长期全局的计划与谋略。只有制定市场营销发展总体设想和规划才能更好地讲述故事，推广地方品牌，弘扬历史文脉，拥抱技术进步，共同打造更美、更具有生命力和影响力的旅游目的地。

（执笔人：沈涵，中国社会科学院旅游研究中心特约研究员，复旦大学旅游学系教授、博士生导师）

年度主题"旅游业高质量发展"

Annual Theme High – quality Development of Tourism

重要行业与重要领域

Important Industries and Fields

G.4
基于价值共创的景区高质量发展探索

张树民　王　勇*

摘　要：　景区作为我国旅游业发展的核心载体，已经开始由高速发展阶段转向高质量发展阶段。本文从我国景区高速发展的成绩回顾和总结出发，阐述了景区高质量发展的必要性。为了探寻景区高质量发展的路径，本文引入了价值共创理论，扩展了其内涵和外延，尝试建立基于产业复合价值的景区价值共创模型，对景区高质量发展的价值共创框架进行了构建，并

---

* 张树民，华侨城集团旅游研究院院长、旅游管理中心总经理，华侨城旅游投资管理集团有限公司董事、总裁，中国社会科学院旅游研究中心特约研究员、北京第二外国语学院客座教授，中国旅游协会旅游营销分会副会长兼秘书长，北京大学人文地理博士；王勇，华侨城旅游投资管理集团有限公司战略管理中心副总经理，湖北大学旅游管理硕士。

以华侨城为例，分析了景区高质量发展的价值共创实践探索，以期为景区高质量发展提供可参考的路径和可借鉴的样本。

关键词： 价值共创　景区高质量发展　华侨城

受到新冠肺炎疫情黑天鹅和全球经济衰退灰犀牛的冲击，中国经济发展面临诸多不确定性，"十四五"时期经济社会发展，要以推动高质量发展为主题，以深化供给侧结构性改革为主线，以改革创新为根本动力，加快构建以国内大循环为主体、国内国际双循环相互促进的新发展格局。旅游业作为满足人民美好生活需要的"幸福产业"，无论是从价值创造、稳定就业、供给侧改革来说，还是从消费升级、内循环贡献来说，都有重要的战略意义。旅游高质量发展成为经济高质量发展的重要组成部分，而景区作为旅游业发展的核心载体，主、客观要求景区必须从高速发展转向高质量发展。在新冠肺炎疫情的持续影响下和内循环大格局下，紧抓系统承接巨大海外旅游消费内化的窗口机遇，景区要加快、加大力度探索高质量发展的路径，实现产业价值。

一　我国旅游景区高质量发展的历史选择

（一）我国旅游景区高速发展简要回顾

1. 旅游业成为国民经济战略性支柱产业

从改革开放至今，旅游业从最初的对外窗口事业转变为产业，旅游经济稳步增长，如今发展成为国民经济战略性支柱产业和综合性"幸福产业"。数据统计显示，1989 年，中国平均家庭旅游人次只有 0.2 次，到 2019 年已经达到了 4.34 次。国内旅游人次也从 1984 年的 2 亿人次增长到 2019 年的 60 亿人次。2019 年旅游业对 GDP 的综合贡献为 10.94 万亿元，占 GDP 的

11.05%，旅游经济持续保持高于 GDP 增速的较快增长，旅游成为新常态下拉动中国 GDP 增长的重要引擎，充分体现了经济效益、社会效益和生态效益方面的综合贡献。

2. 景区是旅游业发展的核心载体

中国旅游业的发展，景区是重要主力军，尤其是国内旅游的大发展，很大程度归功于旅游景区的发展。景区是旅游发展的核心和重点，堪称中国旅游业的"中流砥柱"。景区是旅游业发展的核心吸引物、赖以存在的载体、消费的关键环节。景区是大众旅游的主战场、区域发展的发动机、投资增长的生力军。一个国家或地区的旅游景区发展水平是衡量其旅游业综合影响力和竞争力的重要指标。

3. 景区经过高速发展后成果显著

从景区数量来看，据文旅部数据，目前全国 A 级景区数量达到 12402 家，4A 级（含）以上景区占 32%，3A 级（含）以上景区占 82%。从景区游客接待量来看，2019 年 A 级景区共接待游客 64.75 亿人次，同比增长 7.49%。从景区收入来看，2019 年 A 级景区经营收入 5065.97 亿元，同比增长 7.61%。从景区投资来看，2019 年 A 级景区总投资 4034.51 亿元，同比增长 11.03%，景区内投资占 77.5%，景区外投资占 22.5%。从景区拉动就业来看，2019 年 A 级景区直接就业 162.02 万人。可见，无论是消费市场，还是投资建设和 A 级景区创建，都呈现持续热度。尽管 2020 年受疫情影响，景区的各项指标大幅下降，但这是受全球突发的不确定性影响，不在本文探讨的总体趋势考量范围之内。

（二）旅游景区高质量发展是大势所趋

1. 时代发展需要，景区高质量发展是人民美好生活的体现

中国特色社会主义进入了新时代，我国经济已由高速增长阶段转向高质量发展阶段。高质量发展，就是能够很好地满足人民日益增长的美好生活需要的发展。改革开放以来的发展实践表明，旅游景区的建设和品级已经突破了旅游行业范畴，成为衡量各地经济社会发展水平、城市人居环境质量的重

要指标，在全社会形成了强大的影响力和感召力。推动景区高质量发展，是我国社会经济发展到现阶段的必然要求，将促进我国的供给能力更好地满足人民日益增长的美好生活需要。

2. 产业升级需要，景区高质量发展是创新驱动的供给侧改革

近年来，虽然我国旅游行业发展势头良好，但同时也存在一些低质乱象，如产品形式雷同、跟风发展现象严重，盈利模式单一、景区资源挖掘不够，服务意识不强、管理混乱无序，商业气息浓重、文化内涵不够突出，环境污染严重、生态资源受到破坏等。景区发展亟待升级，传统资源驱动需要向创新驱动升级，应深化旅游景区供给侧改革，以提供优质旅游产品为核心，大力提升旅游景区管理水平和服务质量，突破对门票经济的过度依赖，加快推进旅游景区高质量发展。

3. 消费升级需要，景区高质量发展是满足高品质旅游体验

中国旅游已进入大众旅游时代，旅游日益成为大众生活不可缺少的一部分。旅游市场不断升级，呈现出主题化、小众化、定制化、碎片化、生活化的消费特征。游客从关注风景到追逐生活，希望有更多高质量的产品出现，创造更为美好的旅游体验和生活体验。在疫情等综合因素影响下，游客消费决策从价格敏感型转向安全敏感型、品质敏感型。消费结构的升级变化，倒逼旅游景区必须深化改革、创新转型，准确把握市场需求，充分挖掘消费潜力，着力提升旅游产品质量和服务品质。

二 基于价值共创的景区高质量发展模型

（一）探寻高速发展向高质量发展转变的路径

在景区行业高速的发展过程中，各个参与主体在产业链的各个环节发挥着各自的作用，最终通过游客体验价值呈现出来。由于我国景区发展历程尚短，且伴随着社会经济环境的快速变化，景区的发展在摸索中前行、在尝试中迭代，既取得了丰硕的发展成果，也存在一些发展的矛盾与问题。厘清表

象，尝试观察背后的原因：一是缺乏系统观，无论是资源方、投资商、景区经营者、产品供应商，还是游客，在参与推动行业发展的过程中，更多地基于自身角色视角，缺乏行业发展系统观，从而产生过程中的冲突和矛盾；二是缺乏交互，传统经济和管理思维认为生产和消费有明显的区隔，景区提供场景和服务，游客消费体验，但随着现代旅游服务的发展，二者已经突破了这种简单的二元关系，服务的生产和消费是融为一体的，需要从系统思维的角度，形成行业多方参与者的良性交互机制，共同促进景区高质量发展。

本文尝试在价值共创理论的基础上，扩展价值内涵，从产业角度诠释景区价值共创的模型和机制，通过全产业链、多主体共创，实现旅游景区高质量发展。

（二）景区价值共创模型

从产业的角度，系统性地看待景区综合价值的创建机制，突破单一经济视角的产品使用价值和服务体验价值，突破简单的企业－客户二元关系，建立涵盖旅游资源方、景区投资商、开发商、景区策划规划设计单位、建设单位、景区运营商、景区服务商、行业管理者、科研教育培训机构、渠道商、当地居民及游客等众多参与者的网络关系，强调资源整合和互动是价值形成的主要机制。景区作为一个交互的大平台，吸引不同利益相关者参与，并提供更多的价值创造机会。每个环节的参与者都贡献自身的价值并内嵌到景区发展带来的综合价值中，形成良性价值共创局面，从而促进景区全产业的高质量发展。

（三）景区高质量发展的价值共创架构

1. 管理律动

景区行业管理方要充分发挥科学引导与监管的作用，实现管理律动。一方面政府发力、持续改革，另一方面协会跟进、补足力量，实现体制机制进一步改革、市场资源进一步优化配置、行政力量和市场主体进一步整合协调，破除多头管理、体制不清、机制落后、观念保守、条块分割、政企不分等景区发展的现实问题。既使发展保持在正确的方向，又能够充分发挥市场活力。

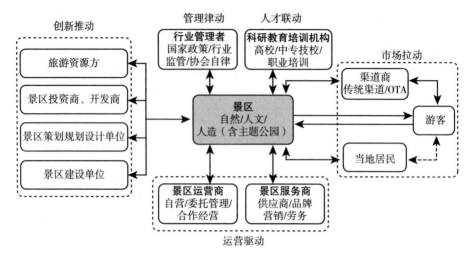

图1　景区价值共创模型

2. 创新推动

景区的高质量发展离不开在景区开发建设阶段就科学地做好顶层设计，在行业管理规则下，充分结合目标市场的需求和景区后期运营的需求，刷新景区资源观，站在产业高度进行中长期投资和培育，充分洞察和引领消费需求，在细节上精心雕琢、在创意上不断突破，实现旅游资源方、景区投资商和开发商、景区策划规划设计单位、景区建设单位围绕创新充分互动，如创新发展理念、创新投资思路、创新产品功能、创新场景设计等，为景区高质量发展奠定良好的基础。

3. 运营驱动

景区的运营时代已悄然而至。越来越多景区逐渐觉醒，不再是单纯的建景区、收门票，不再希望财大气粗、堆砌明星产品就能招徕客人，不再认为景区运营毫无技术含量。景区运营成为景区高质量发展的核心竞争力，景区是游客、运营者、供应商等各方能实现价值最大化的价值共创平台，而景区运营将起到核心中枢和串联的作用。要实现景区运营的价值，起点是打破原有认知的隔阂，通过景区（投资方）与运营方之间的融合、景区与服务商之间的融合，形成强强联合的组合优势和共赢共创的良性局面。

4. 市场拉动

市场需求是景区高质量发展自始至终都必须高度关注的重点。网络2.0时代，新世代的成长、新刺激点的涌现，急速改变着市场格局。自媒体和内容分发平台登场，"两微一抖"和KOL（关键意见领袖）在自己的风口上制造风口，社群暗自发力绑定周边客群；大型OTA（线上旅游机构）的业务延伸，揽入了UGC（用户生产内容）功能，形成平台的小型生态，强者恒强；传统渠道则选择从"大而全"走向"小而精"，从大众化走向隐秘化和精品化，深耕直客的个性化定制。另外，景区的开发和经营应根植于当地自然和人文环境，当地居民是在地文化的代言人，在景区发展的不同阶段和不同环节都可以深度参与，从而形成共创共赢、利益共享的良性机制。

5. 人才联动

人力和智力是每个行业实现高质量发展的必备条件，景区作为体验性服务业，属于劳动密集型产业。中国景区行业的发展历程短，人才和知识积累相对少，无法完全满足行业的快速发展和规模扩张需求，很多景区的管理还相对比较粗放，景区从业人员水平参差不齐，服务品质亦无法保证。游客素质的提升和需求的多变，对服务质量和创新速度的要求更为苛刻，人力和智力对景区行业高质量发展的重要性更加凸显。

三　景区高质量发展的华侨城实践

作为以文化和旅游业为主营业务的中央企业，华侨城集团有限公司（简称"华侨城"）多年来立足于"优质生活创想家"的品牌定位，不断满足人民美好生活需求。旅游产业是华侨城最为核心的优势产业，在景区的全产业链条和价值共创中扮演着多重角色，既是中国旅游景区协会会长单位，承担着行业自律发展的职责，又是景区的投资商、开发商、运营商、服务商，承担着全产业链价值创造的职能，具有先发优势可更有效地实现景区的价值共创，为探索景区高质量发展提供文旅央企的实践样本。

（一）责任央企，深化改革发展

1. 响应时代号召，创主题公园先河

在改革开放初期，作为前沿阵地的深圳，肩负着"先行先试"的使命。1989 年 11 月，华侨城在这曾经被誉为"文化沙漠"之地，开发打造的锦绣中华主题公园正式建成开园，这不仅仅是深圳史上第一个主题公园，更是中国主题公园的开山之作。从锦绣中华、民俗文化村、世界之窗到欢乐谷，从深圳走向全国，打造出一系列标杆性主题公园的华侨城自此奠定了其在中国文旅界的重要领先地位，并逐渐成长成为全球主题公园集团三强、亚洲排名第一的知名企业。

2. 承接国家战略，担央企社会责任

华侨城紧跟国家重点战略，自觉肩负起"满足人民日益增长的美好生活需要"的历史使命和央企责任，"新型城镇化""乡村振兴""全域旅游""生态文明""扶贫攻坚""康养旅游"等在华侨城得到了落实和发展。如落实生态文明建设，坚定践行"两山论"，在全国 60 余座城市文旅项目布局中，始终贯穿"生态环保大于天"的理念，强调对当地生态文明与传统文化的保护和传承，走出了一条人与自然、城市与自然和谐共生的绿色发展之路。

3. 发挥领头作用，助力行业高质量发展

自觉承担中国文化旅游龙头企业的行业责任，2010 年联合发起成立了中国旅游景区协会，积极推进行业自律，在政府和会员之间发挥桥梁纽带作用，促进我国旅游景区行业的持续、快速、健康发展。如新冠肺炎疫情暴发以来，作为会长单位，华侨城统筹抓好常态化疫情防控和生产经营发展工作，扎实推进"稳岗扩就业"等专项行动，联合中国旅游景区协会发起旅游景区、主题公园行业振兴计划，采取相关举措助力科学防疫、有序复工、疫后振兴，努力克服疫情影响。

（二）创新求变，塑造内生动力

1. 体制机制创新，创新融入基因

旅游行业是完全竞争的行业，华侨城没有任何垄断资源，完全在市场竞争中发展壮大起来，得益于积极拥抱和培育富有创新意识的企业文化。华侨城始终坚持"优质生活创想家"的品牌定位，将创新铭刻进了公司发展的核心理念。在创新体制上，大力推进和实施混合所有制改革和员工持股，战略重组了云南文投集团、云南世博集团，极大地激发和释放了生产活力。在创新机制上，每年评选十大项"创想奖"，在内部培育了创新的土壤和氛围，激发了积极创新、积极提升的工作热情。

2. 发展模式创新，创新设计战略

华侨城早期在实践中创造性摸索出了"旅游＋地产"发展模式，取得一定成绩。进入新时代，华侨城紧跟国家新型城镇化战略，创新提出"文化＋旅游＋城镇化"和"旅游＋互联网＋金融"的发展模式，依托自身对文化旅游资源价值的理解、旅游运营经验的积淀、区域成片开发的能力，基于区域特色资源，突破传统景区的形式，通过区域整体规划，发展多种文旅业态，打造高品质的综合性文化旅游目的地。

3. 策划规划创新，创新共享智慧

华侨城深知策划规划的重要战略意义，不仅自身成立创新研究院为旗下众多项目提供策划规划辅助，还发起成立了华侨城策划规划联盟，以"创新有道，融全球智慧"为目标，以"开放共享、跨界共赢"为宗旨，聚集了全球文旅跨界领域规格最高、视野最宽广的顶尖专家和机构阵容，不仅为华侨城集团坚持世界眼光、国际标准助力，更是利用大家的真知灼见和先进技术，创新创造出了一大批具有典型代表性的高质量文化旅游创新产品，逐步把智力资源转化成为推动行业发展的创新动力。

4. 景区产品创新，创新紧贴市场

华侨城建景区已经 30 余年，其间不断创新思路，不断迭代产品，始终坚持旅游景区常变常新的理念，每年必须在经营收入中提取固定比例费用用于景区的创新、维护、改造和提升，保持景区品质。通过不断推陈出新，一次又一次为游客带来新鲜的体验，锦绣中华、民俗文化村、世界之窗等传统景区依然保持着市场活力，成为我国景区的"常青树"；欢乐谷坚持每年小更新、三年大更新，如深圳欢乐谷全新 6 期也于 2019 年盛大开业，受到游

客的追捧。

5. 服务体验创新，创新提升品质

作为美好生活的重要实验场域，华侨城通过不断更新创新景区服务形态和服务场景，将网络游戏、动漫 IP、电竞等时尚文化元素与主题乐园、旅游有机融合，不断为游客带来惊喜变量。同时，坚持用心经营、用爱服务、用情打动、"六员一体"等服务理念，创新实践研究，对接全国旅游标准化技术委员会，引领和夯实景区标准化建设和管理规范。另外，中国旅游景区协会联合华侨城创新研究院发布了中国旅游景区欢乐指数，开拓了景区数字化综合评价的先河。

6. 整合营销创新，创新树立品牌

依托旗下遍布全国的主题公园、自然人文景区、特色小镇、美丽乡村、都市文旅综合体、精品酒店、旅游度假区及文化演艺等丰富业态，华侨城整合多方资源，自 2018 年开始，创新推出了一年一度的华侨城文化旅游节。统筹整合旗下百余家文旅企业优质资源，同时整合"吃住行游购娱"全产业链资源，带动关联产业协同发展，为消费者打造高规格、高品质的文旅盛宴。历年的华侨城文化旅游节不仅在营销上有大声势、广覆盖，更在内涵和产品创新上深耕细作，树立起了良好品牌形象。

（三）运营为核，贡献产业价值

1. 文旅融合，促进景区提档升级

以景区为核心，华侨城将文化与旅游结合，打造了中国文化旅游第一品牌；让文化与节庆结合，让景区常变常新；让文化与演艺结合，增强旅游的吸引力，并逐步实现独立运营；让文化与科技结合，以"自主产权＋高新尖技术"改造传统景区，进行突围等。华侨城始终坚定文化自信，坚持以文塑旅、以旅彰文，充分发挥旅游和文化产业发展的经验和资源优势，加速文旅融合高质量发展。

2. 景区运营，提供全产业链服务

华侨城在凝练 30 余年景区运营管理经验的基础上，整合行业优势资源，于 2017 年成立了华侨城旅游投资管理集团，聚焦和深耕景区赋能管理的方法论，继承、创新和发展了华侨城景区管理智慧，扮演着"景区特种兵"的重要角色。华侨城旅投以景区运营为核心，通过投资规划、运营管理、品牌营销、产品赋能、资源变现、人才培训等多维运作，实现标准化管理、特色化服务、精准化营销，全面赋能合作景区，为行业价值共创贡献华侨城力量。

（四）引领市场，提高生活品质

1. 游客互动

华侨城景区的发展始终以满足、引领、创造市场需求为导向。为了满足深圳作为改革开放窗口的需要，加强国内外游客对中国的了解，浓缩建设了锦绣中华主题公园；为了宣扬中国民俗文化，让世界了解中国，建设了中国民俗文化村；为了让人们不用出国就能了解世界，建设了世界之窗；为了提高城市居民的生活幸福感，开启了繁华都市开心地——欢乐谷；为了满足人们生态度假需求，创建了首个"国家生态旅游示范区"东部华侨城等。每个景区从立项到建设再到后期运营思路，每项产品更迭和服务体验创新，都源自与游客深度互动和市场反馈。

2. 居民参与

华侨城的景区开发也十分重视考虑当地居民的生活品质提升，通过景区的发展传承发扬当地文化，搞活当地经济，带动税收和就业，造福当地居民。如传承和创新客家文化，打造了甘坑小镇；挖掘顺德美食文化价值，打造了顺德美食 IP 聚集地欢乐海岸 Plus；在云南积极参与当地美丽乡村建设，倡导生态旅游发展，为当地居民带来更多的利益。

3. 渠道整合

一方面，华侨城积极拥抱数字化，开发了分别面向游客与景区的花橙旅游和智云平台，通过互联网把华侨城的文旅资源和游客连接在一起，实现对产品、渠道、支付和会员的数字化管理，使得华侨城旅游互联网直销运营能力得到大幅度提升。另一方面，积极与渠道商开展合作，如华侨城

20 亿元入股同程旅游，并与腾讯签署战略合作协议，不断探索新形势下的数字化转型升级。

（五）培养人才，奠定发展基石

1. 培养与输出相匹配

专业人才是行业竞争的关键，华侨城作为文旅行业头部企业，一定程度上成为行业人才输出的"黄埔军校"。为了满足战略发展和规模化扩张的人才需求，华侨城不仅以景区为基地，建立了规范化、系统化的景区管理培训体系，还在集团层面推出了"航"系列人才培养体系，以"发展组织能力"为主轴、以"启航、助航、领航"人才梯队线及"护航、远航"专业能力提升线为两翼，加速培养关键人才和凝聚高潜人才，助推业务变革和创新发展。

2. 科研与实践相结合

为景区产业的可持续健康发展提供人才保障和创新思维，华侨城从发展之初就十分重视产学研携手、科研与实践紧密结合。1993 年，暨南大学深圳旅游学院在深圳华侨城成立，是境内首家通过世界旅游组织旅游教育质量认证的旅游学院，华侨城集团总经理还兼任学院院长，华侨城的景区也成为学院人才的实训基地。同时，华侨城还与国内多所高校签订了校企合作协议，拓宽产研合作渠道。另外，华侨城自身也成立旅游研究院和创新研究院，不断总结、研究行业发展和创新实践的经验与不足，为景区全产业链高质量发展提供智力支持。

四　结语与展望

虽然我国旅游业已成为国民经济战略性支柱产业，但我国离世界旅游强国还有一定差距，景区作为旅游业高质量发展的主战场和主赛道，只有通过高质量发展才能实现产业结构的优化、供给侧的深化改革，才能促进经济内循环，满足多样化、多层次的消费升级需求。本文从景区全产业、多主体的视角，构建了高质量发展的价值共创模型，但这个模型建立在比较理想化的状态下，鉴于各个利益相关者和参与方在实践中难免会有立场和出发点的不同，之间互动机制和交换模式也还需要进一步设计和强化。同时，由于自身理论知识和研究水平的限制，本文初步构建的景区价值共创模型还有待进一步丰富和完善，景区高质量发展的路径探索也还有待进一步系统机制细化和实证研究深化，以期对我国旅游景区的高质量发展有所裨益。

参考文献

《华侨城立足新发展格局锻造高质量文旅引擎》，《人民日报》2020 年 12 月 8 日，第 15 版。

C. K. 普拉哈拉德：《自由竞争的未来：从用户参与价值共创到企业核心竞争力的跃迁》，于梦瑄译，机械工业出版社，2018。

国家旅游局：《中国旅游统计年鉴》，1989～2019。

姚军：《以多元创新模式助推景区高质量发展》，第四届中国景区创新发展论坛行业年中盛会暨中国旅游景区协会二届六次常务理事会上的发言，2019。

杨竹青、吕宛青：《旅游服务生态系统价值共创理论与实证》，中国旅游出版社，2020。

张树民：《旅游业"内循环"发展的逻辑及任务》，人民文旅，2020。

中国旅游研究院：《中国旅游景区发展报告（2020）》，2020。

中国旅游报特约评论员银元：《合力推进旅游景区高质量发展》，《中国旅游报》2019 年 8 月 9 日。

Neuhofer, B., Buhaiis, etc., *Experiences, Co-creation and Technology: A Conceptual Approach to Enhance Tourism Experiences*, CAUTHE 201 Conference Proceedings: Tourism and Global Change: On the Edge of Something Big., 2013.

Shaw, G., Bailey, etc., "Aspects of Service-dominant Logic and Its Implications for Tourism Management: Examples Form the Hotel Industry", *Tourism Management*, 2011, 32 (2).

G.5
疫情后中国酒店业发展趋势展望

秦宇 段壮 胡丹婷*

摘　要：　新冠肺炎疫情的冲击使得酒店业蒙受巨大损失，但与此同时，酒店业也迎来了全面优化供给结构的机遇。我们认为，在疫情过后，酒店业有以下四个方面的发展趋势：首先，酒店业将回归服务本质以维持可持续性竞争优势；其次，酒店业以数字化技术赋能员工，提高生产效率；再次，酒店业作为承载多种体验的载体，将持续用体验打造酒店品牌；最后，酒店业将继续发挥引领生活方式的作用，并根据不同人群的需求，发展出不同类型的生活方式型酒店。

关键词：　酒店业　数字化赋能　生活方式型酒店

2020 年初疫情来势汹汹，让全国的酒店业受到重创。由于客源骤减以及存在安全风险，2020 年很多酒店都选择停业或短时停业①，有一些甚至直接关张。开业的酒店在收入锐减的情况下，还需要负担物业费、加盟费、人工成本等。仅在 2020 年春节 7 天内，受预订取消等影响，疫情已对 5109 家酒店造成 12.3 亿元的营业损失②。尽管酒店行业整体损失较重，但这次疫情从某种程度上看也是一次深度调整行业供给结构的机会。

---

* 秦宇，北京第二外国语学院旅游科学学院教授，段壮和胡丹婷为该学院硕士研究生。
① 资料来源：中国饭店协会、优尼华盛《新冠肺炎疫情对中国住宿行业的影响与趋势报告》。
② 资料来源：中国饭店协会、优尼华盛《数据图解！疫情对全国酒店市场的影响分析》。

从 20 世纪 70 年代末期至今，中国酒店业经历了 40 多年的快速发展。粗略地说，我们可以将行业前 20 年的发展归因于对外开放带来的红利，将后 20 年的发展归因于本土需求崛起带来的红利。二者的共同之处是新增供给较好满足了当时市场条件下未能很好满足的消费者需求，红利的实现都源于解决了供给不足的问题。进入 21 世纪第三个十年，我国住宿市场中大部分类型的需求已经基本得到满足，某些细分市场中已经出现了供给过剩，存在大量低效率供给，其中一部分在这次疫情中被淘汰。然而，淘汰部分低效率的企业，不可能从根本上改善我国酒店业的发展模式。因为一旦疫情过去，还会有低效率的供给进入。因此，我们需要寻找发展的新动力。其中，从探讨行业长期发展推动因素的角度出发分析中国酒店业的发展趋势，尤为必要。具体地，我们认为以下四个方面的趋势比较重要。

一 回归服务本质是可持续竞争优势的基石

从实体产品的角度来看，我国很多中高档酒店的床、淋浴、早餐等关键产品已经拥有了较高的品质。单纯看实体产品，很多时候已经很难辨别该产品究竟是由哪一家酒店公司提供的。但是，大部分酒店企业的服务意识和服务水平不尽如人意。过去几十年行业中持续的人员优化和"麦当劳化"，不仅减少了酒店中能够提供的服务，而且也使得服务被大大标准化甚至程式化了。当我们走进酒店的时候，不难听到那些只是用余光瞟到你但并没有真正与你有目光接触的员工喊出的"欢迎光临"或"您好"，这样的声音与一个机器发出的声音有何差异呢？其实，中西方的酒店服务业都源自古老的接待友朋活动，都强调宾至如归和对宾客的关心和照顾。然而，过去几十年中标准化的负面效应使得管理层和员工只会关注标准和流程，而非顾客真正需要被关心和照顾之处。市场中的竞争水平越来越高，实体产品越来越容易被模仿和复制，也因此越来越不可能带来可持续竞争优势，回归服务本质、打破行业的"麦当劳化"桎梏，形成一整套用心对客服务的理念和实践，将成为酒店企业竞争力赖以建立的基石。

改变的第一个关键在于认知的转换。我们必须认识到员工是酒店企业核心竞争优势的根本来源，服务是一家酒店从竞争对手中脱颖而出的关键。四季酒店创始人夏普在建立酒店之初就意识到了服务的重要性，并力求通过优质的服务来打造企业的核心竞争力。他的一个基本理念是，能够给客人带来独一无二体验的不是酒店的设施，而是酒店的人。因此他提出"待人如己"，就是管理者希望员工怎样对待客人，管理者本人就得用同样的方式对待员工。丽思卡尔顿是酒店业内另一家以服务见长的公司，其成功也与对待员工的理念密不可分。其服务箴言"我们是为先生和淑女服务的先生和淑女"，在后面的半句话中体现出对员工的褒扬，突出了员工对优质服务的重要影响。

改变的第二个关键在于调整流程，让优质服务直接在流程中体现出来。酒店业中的标准运营程序（SOP）是指导酒店业服务生产的标准，曾经对提高服务的规范性起到了重要的作用，经过一代代服务业的反复实践成为企业的服务习惯。然而，如同所有的习惯一样，SOP也会自我加强并固化。一些服务项目顾客已经不需要，但仍然在做；一些服务项目能够强化顾客的服务体验，却未被纳入服务流程。这一方面，亚朵酒店集团做了较好的尝试。他们从基础做起，仔细梳理顾客从入住到离店的各个服务流程，加入了进店"奉茶"、晚间"粥到"等新服务内容，大大提升了顾客的服务感知和满意度。

改变的第三个关键在于揣摩顾客感受并将其体现为对服务细节的不懈追求。日本的帝国饭店被很多酒店同行看作服务标杆。其成功的秘诀之一就是对细节的高度重视。例如，酒店门童需要经常为客人搬行李，难免弄脏白手套。少许污痕对于大部分客人来说无碍，但对于某些带着贵重行李箱包旅行的客人来说，会让人心存芥蒂。因此，帝国饭店门童的白手套需要30分钟换一次，时刻保持整洁。门童也会随身准备一些现钞放在口袋中，帮一些找不到零钱或者忘了更换日元的客人提前垫付。虽然钱不多，但是节省了客人的时间，更重要的是避免了客人的尴尬和不安。于是，客人从开车门那一刻，还没有进入饭店，就能感受到贴心、放心和安心。

最近几年来，酒店品牌越来越多，但是能让客人印象深刻的服务不多。在竞争激烈的行业背景下，回归服务本质可成为酒店企业建立核心能力的重要抓手。

二 数字化人员赋能是提高效率的重点

长期以来，包括酒店、个人护理及与之类似的服务业中节省劳动力使用的技术进步手段比较有限。例如，客房服务员打扫一间客房所需要的劳动、前台员工处理一位顾客投诉所需要的时间，几乎没有太大的变化，然而酒店中的人力成本有了非常大的增长，这导致很多酒店将缩减人员作为提高效率的主要手段，使得顾客的服务感受受到较大影响。随着互联网基础设施的完善及人工智能、大数据和物联网的广泛运用，各种新技术让酒店的经营方式发生了改变。当前，国内酒店广泛应用自动化、语音控制、人脸和动作识别等新兴技术改善服务体验和提高效率，取得了一定的效果，但也存在下面两个较大的误区。

第一，将酒店业中应用新技术提高效率的实践简单理解为应用送物机器人和自助入住终端等对客设施。目前，我国饭店业中新技术运用最广、曝光率最高的是兼具聊天、送物和礼宾等多类功能的服务机器人，以及放置在前台的自助入住设备。然而，这两个方面只是目前技术驱动的酒店业智能化转型大潮中的一小部分，并不是最重要的部分。将通过技术提高效率等同于送物机器人和自助入住终端，存在对技术运用的简化与误解。事实上，酒店的技术运用体现在酒店企业内外部运营管理的各个方面，主要目的是降低人力与能耗成本、提高运营效率。

例如，基于语音识别、语音合成和人工智能算法等技术，谷歌和IBM等企业开发的智能助手已经可以与真人进行自然流畅的对话，逼真到令人难以分辨与你对话的是人还是机器。这些人工智能还会不断地在与真人的互动中自我学习与迭代，越来越强大。当服务人员得到数字赋能的时候——例如前台电话由礼宾机器人负责接听应答——他们就可以将精力放到如何更好地

为真正需要服务的顾客提供帮助。我们认为,这样的数字化赋能将是未来行业提高效率的重点。

第二,认为智能技术的运用可以替代人,甚至认为未来的酒店不再需要人。智能技术学习能力强、迭代快,在某些方面确实胜人一筹。例如,希尔顿与IBM合作开发的礼宾机器人"康妮"(Connie)已经可以替代酒店礼宾服务员最重要的工作之一——与顾客交流并为顾客提供一切与信息有关的帮助。在与顾客交流的过程中,康妮还会不断地自我学习与改进,与顾客互动的次数越多,学习的内容就越多,最终可根据会话记录分析顾客偏好并向顾客提出与当地旅游景点、美食及特色产品等有关的个性化建议。其数据库中掌握的信息和知识,远远超出一个普通的礼宾服务员。但是,酒店采用的诸多技术真的可以完全替代员工的作用吗?我们认为并不如此。

目前业界讨论较多的人机交互效率等技术方面的问题解决起来不难,真正难的问题在于如何改变旅游者在住宿服务过程中的社会交往需求。人是一种社会性动物,其正常社会生活的开展和再生产离不开人际互动。如果没有这种互动,人类社会也就不复存在。从这一点出发,让员工从烦琐、机械、程序化的工作中脱离,更好地投身于在恰当时候与客人的互动,可成为技术运用的一个重要方向。为员工进行数字化赋能——例如探知顾客喜欢的互动类型并即时将方案传递给服务员——有很大的运用前景。

三 体验将是打造品牌的关键

狄尔泰认为,体验是生命的基本单位,它内在于生命之中,构成精神世界的基本细胞。作为"无限生命的一个要素",众多体验的联结使生命成为一股体验之流。行为主体不断地体验自身和外物,以达到个体的完满状态、多样性状态和互动状态。心理学家的研究则表明,随时间推移,物质带来的幸福感在衰减,体验带来的满足感在不断增加。具体的物质看起来持久,但是较不容易带来长久的幸福。主要原因在于,物质外在于人,难以进入人的精神世界,而如狄尔泰所言,体验会沉淀下来,成为人的一部分,即使是曾经被认为不愉快的体验也是如此。不论是消费物质产品还是服务产品，在注重产品质量的同时，消费者也非常注重品牌所蕴含的价值主张及消费过程中与这种价值主张形成共鸣而产生的情感愉悦和满足。因而，品牌不再仅仅是具备某种功能特性的产品的标识，而要为顾客提供一种身份认同并创造出与之相关的情感体验。

作为一个功能多样、能够承载各种体验的载体，理论上说酒店业可以和很多要素进行有机结合，创造出令人难忘的体验过程。这里的要素，可以是物，也可以是人，还可以是承载这些物的"场域"。每家酒店或多或少都体现出在地文化和环境，如天津利顺德酒店、广州花园酒店这样历史悠久的"场域"，甚至还能浓缩在地文化和环境的变迁，具备了承载体验的良好条件。与那些拥有同样物质的人相比（比如都入住了利顺德酒店豪华套房的客人），与你拥有同样经历的人（例如都在住店期间花了一个小时参观花园酒店博物馆并从花园酒店历史中有所感悟并产生共鸣），更容易让你认同。最理想的状态是，通过打造令人难以忘怀的体验，酒店本身将成为旅游目的地。当然，体验的打造，并不一定如我们列举的利顺德酒店和花园酒店那样，需要酒店有优越的先天条件。通过精心设计，条件普通的酒店也能给顾客独特的体验。总部位于北京的时光漫步酒店将"怀旧"作为酒店的体验主题，从物业选择到装修风格、从大堂布置到房内装饰、从员工着装到对客服务，都能让人回忆起七八十年代老北京的风貌和人与人之间的友善，受到外地游客的好评。即使受到疫情很大冲击，这家酒店仍然保持了正常经营，2020 年仍然有盈利。

体验的打造，意味着酒店业中传统的、围绕着服务质量和效率建设的资源和能力可能已经不足以为企业提供可持续竞争优势。酒店企业需要更加开放地向外看，根据目标消费群体的偏好打造体验。

四　酒店业是生活方式的引领者

酒店、特别是综合型酒店，集中了社交、住宿、餐饮、休闲等多种

功能，集中地展示出所属时代的领先生活方式。例如，1829年开业于波士顿的特雷蒙特酒店被认为是第一家专门设计的现代酒店，这家酒店中采用了煤气灯、召唤铃、室内上下水道系统和全钢框架等一般家庭中少有的新发明。40多年前，当现代酒店进入中国大陆的时候，带入了一整套与当时的社会生活完全不同的硬件、用品、服装、流程和话语体系，成为生活方式的引领者。20世纪80年代火爆全国的电视剧《公关小姐》以广州的几家涉外酒店为场景，展示了涉外人群的生活和工作方式，对诸多年轻人的职业选择产生过重要的影响，这部电视剧中的家具样式、装修风格甚至影响了很多家庭的家居品位。进入21世纪以来，创意和创造成为推动酒店产业变革的一股重要力量。消费者们青睐的某种生活理念——例如绿色环保、活力、高科技等，被设计师巧妙地融入酒店产品的设计之中，以一种整体的方式将这种生活理念集中地展示出来并形成了一种真实、独特的体验。生活方式酒店的概念在过去的20年里不断流行，并且随着旅游者需求的不断变化而发展。从最早洲际酒店推出的英迪格酒店（Indigo）到喜达屋集团推出的雅乐轩酒店（Aloft），再到万豪推出的经济型生活方式酒店 Moxy，几乎每一家大型品牌公司都纷纷推出自己的生活方式品牌。

我们认为，虽然酒店对生活方式的引领早就存在，但长期以来这种引领主要体现在将当时领先的技术和基于这些技术制造的设施、设备引入酒店，这些引入使得住店客人的生活更舒适、更方便、更安全，但是并不涉及对消费者生活理念的引领。20世纪90年代以来，国际酒店业的一个共同发展特点就是新设酒店品牌在力图引领某种生活理念——例如绿色和环保、自然和健康、艺术和设计。例如，万豪集团于2014年推出了一个与该集团其他任何品牌都不一样的新豪华品牌——Edition，这个品牌的标签是活力、时尚、有趣。这一品牌的推出打破了万豪在人们心目中的传统形象——可靠且中规中矩。时年81岁的集团董事长 Bill Marriott 飞往伦敦主持开幕仪式，但是并没有入住这家酒店。在回答《纽约时报》记者采访的时候他说："这就是我们的未来，但我已是过去。"这家酒店开业后顾客盈门，受到年轻一代富裕人群的追捧，因为这家酒店带给这些人的理念认同感是包括 JW Marriott 在内的任何一个万豪品牌都无法提供的。

不同的群体对如何生活有完全不同的认识和追求，即使是同一个人，也有多种喜好、多种性格类型，这使得按照生活方式划分消费者会出现多样化的结果——因为每个人都可能拥有不止一种自己想要追求的生活方式，这为未来酒店产品的多样化发展提供了无限可能。中国传统的人文观和自然观，会为我们的酒店在引领生活方式时提供众多思路源泉。

五 结语

尽管酒店业和旅游业遭受新冠肺炎疫情及其一系列连锁影响的重创，我们仍然对行业的未来充满信心。原因很简单，酒店业和旅游业是未来被智能技术替代可能性最低的少数几个行业之一，毕竟消费者只能亲自抵达酒店并躺在房间的床上才能获得一夜良好的睡眠。在我们的有生之年，以虚拟空间存在的线上酒店都不可能出现——这一点与此次疫情催生的线上课堂、线上展览、线上医院截然不同。世界银行 2020 年底发布的《疫情影响下的2020》报告指出，全球大约有 15 亿学生采用了各种形式的线上授课方式。而且，很多学校已经在考虑将线上授课作为一种常态化的安排而非临时的措施。可以预测，与教育有类似属性的很多行业的虚拟化在所难免。然而，只要人类不停止旅行和旅游活动，酒店将一直是为旅行者同时提供公共性与私密性并确保安全性和舒适性的必需设施。新冠肺炎疫情带来的冲击客观上起到了品质筛子的作用，将那些效率低下、品质不高的供给淘汰出去。尽管目前行业仍未看到全面复苏的曙光，我们仍然坚信酒店业是真正的朝阳产业，对行业未来更大的发展充满信心。因为留下来的这部分企业将以更好的方式服务顾客、服务社会。我们也从在疫情中表现出色的酒店企业身上看到了前述四个趋势的应用。希望更多的酒店企业抓住这些趋势，打造相应的产品和服务，更好地满足人民群众对美好生活的需求。

参考文献

樊友猛、谢彦君:《"体验"的内涵与旅游体验属性新探》,《旅游学刊》2017 年第 11 期。

李修林:《体验营销与品牌塑造》,《管理世界》2005 年第 1 期。

Angelo, R. M. , Vladimir, A. N. :《当今饭店业》,李昕译,中国旅游出版社,2004。

Alicia Hoisington, *It's All About the Lifestyle*, https://www. todayshotelier. com/2018/07/26/its – all – about – the – lifestyle/.

Brooks Barnes, *Marriott International Aims to Draw a Younger Crowd*, https://www. nytimes. com/2014/01/05/business/marriott – international – aims – to – draw – a – younger – crowd. html.

Fawaz, Z. R. , *Lifestyle Hotels*: *The Emergence of a New Creative Class*, 2015.

Ritzer G. , *The McDonaldization of society*, Pine Forge Press, 1992.

KANE, G. C. . "In the Hotel Industry, Digital Has Made Itself Right at Home", *MIT Sloan Management Review*, 2017.

Michelli, J. , *The new gold standard*, McGraw – Hill Professional Publishing, 2008.

Sharp, I. , *Four Seasons*: *The story of a business philosophy*, Penguin, 2009.

G.6
2020~2021年我国旅行社行业发展趋势

郭东杰　彭　亮*

摘　要： 2020年，我国旅游业特别是旅行社成为受疫情直接冲击时间最长、影响程度最大的行业之一。旅行社收入大幅下降，三大市场靠国内游支撑；旅行社企业普遍陷入亏损；从业者收入骤减，人才大量流失。面对疫情，旅行社业一方面积极配合疫情防控，另一方面开展自救与转型。具体方式包括：出国转型国内；进行包括私家团在内的产品创新；开拓本地周边游市场；推出"航空＋旅游＋目的地"服务；探索卖货、直播、"旅游＋购物"、"旅游＋生活"模式；推进"互联网＋"旅游；等等。危机也会带来新变化，小型定制团队游，深度、精品、主题化休闲旅游度假产品，景区与住宿业深度融合，夜经济将成为行业发展新趋势。

关键词： 旅行社　新冠肺炎疫情　旅游业

一　2020年疫情的影响

（一）2020年国内旅游业特征与复苏趋势

2020年对于中国和全球旅游业来说，都是一个极为特殊的年份。受新

---

* 郭东杰，携程集团高级副总裁、华程国旅集团董事长；彭亮，携程研究院休闲度假研究中心、携程旅游大数据实验室首席研究员。

冠肺炎疫情影响，我国旅游业发展大体上呈现四个特征。一是三大市场变成国内游独木支撑，出境游、入境游基本上停滞。二是旅游规模和收入断崖式下降，全年降幅达 50% 以上，出现行业性亏损，大量企业收入剧减。三是国内旅游根据疫情和政策的变化，全年呈"W"形恢复态势。在一季度跌入谷底后阶段性反弹，下半年进入上升恢复周期，在国庆到达年度峰值，进入冬季后又因疫情的反复而下跌、停滞。四是市场以省内游、周边游为主，人均消费呈现下降趋势，旅游收入的恢复比例比人次规模低 10~20 个百分点，主要影响因素包括疫情后跨省长途旅游受限、旅游距离和时长缩减、旅游资源价格大幅下降甚至免费（门票）。

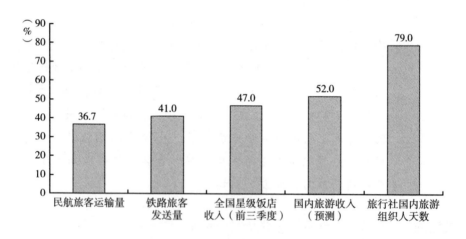

图1 2020 年我国旅游业降幅情况

根据中国旅游研究院课题组的预测，预计 2020 年全年国内旅游人数为 34.26 亿人次，同比下降 43%；国内旅游收入为 2.76 万亿元，同比下降 52%。这一规模相当于 2013 年的水平，也打破了多年来旅游业增速显著高于国民经济和居民消费增速的局面（2020 中国 GDP 增速为 2.3%，全国居民人均消费支出下降 1.6%）。

从各业态的具体数据看，受疫情影响的程度和恢复的比例不一。根据现有的数据，大体上航空、铁路客流恢复相对更好，其次是酒店、景区，最后是旅行社。由于价格水平的大幅下降，相关的收入水平远不如预期。民航

2020全年完成旅客运输量4.2亿人次，相当于2019年的63.3%，下降36.7%。全国铁路2020年旅客发送量达到了21.6亿人次，比2019年下降41%。全国星级饭店前三季度收入764.89亿元，同比下降47%。全国旅行社前三季度国内旅游组织7952万人天，同比下降79%。

（二）旅行社行业形势：三大市场结构性变化

2021年1月24日是文旅部通知全国旅行社及在线旅游企业暂停经营团队旅游及"机票+酒店"产品一周年。回顾这一年，数据和现实说明，旅游业特别是旅行社，成为受到疫情直接冲击时间最长、影响程度最严重的的行业。全国4万家旅行社和几十万从业者经历了前所未有的困难一年，很多从业者陷入无业务、无工作、无收入的困境。

前三季度，旅行社国内游接待人次降幅达到84.08%、83.23%、60.01%，大幅高于旅游行业的整体水平，远远没有到恢复的阶段。占旅行社收入半壁江山的出境游、入境游，从2020年一月底以来按下了暂停键，持续长达1年。

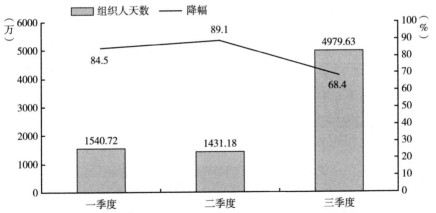

图2 2020年前三季度全国旅行社国内旅游组织游客量

1. 旅行社收入大幅下降，三大市场国内游独木支撑

从业务结构看，2019年全国旅行社旅游业务营业收入为5165.72亿元，国内游、出境游、入境游的占比分别为53.25%、41.54%、5.21%。受疫情的影响，2020年情况发生了巨大的变化。一方面三大业务都出现大幅下

降，同时出入境旅游陷入停滞。从目前公布的前三季度数据推算，相比2019年，2020年全国旅行社的国内旅游营业收入预计下降21%，出境游营业收入预计下降95%，入境游营业收入预计下降97%。从占比看，形成国内游独木支撑的局面。

2. 企业承压陷入亏损

旅行社数量近年来持续增加，即使在疫情后的2020年，也保持了增长趋势。根据文化和旅游部的统计数据，截至2019年12月31日，全国旅行社总数为38943家，比2018年增长8.17%。截至2020年第三季度，增长到了40167家。填报经营数据的旅行社数量也稳定在3万家左右。虽然总体上旅行社的登记数量并没有明显变化，但是有包括门店、分公司在内的大量旅行社经营机构主动注销。百程旅行网和北京中旅退出市场。

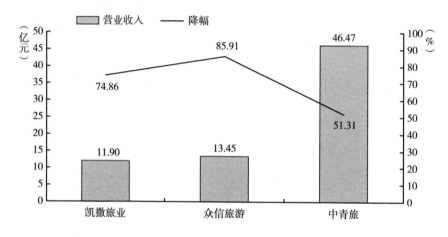

图3　2020年前三季度旅行社上市公司收入

从大型旅行社上市公司看，2020年普遍出现经营问题，收入大幅下降的同时出现亏损。凯撒旅业前三季度营业收入为11.9亿元，同比下降74.86%；归属于上市公司股东的净利润亏损1.93亿元，同比下降189.3%。众信旅游营收约为13.45亿元，同比下降85.91%；净亏损3.13亿元，同比下降372.61%。中青旅前三季度营业收入为46.47亿元，同比下降51.31%；归属于上市公司股东的净利润亏损1.28亿元，同比下降

123.47%。以出境游为主要业务的华程国旅集团 2020 年营业收入同比下降逾 90%。以旅行社业务为主的途牛旅行网，前三季度净收入 3.315 亿元，同比下降 82%，净亏损 4.2 亿元。旅行社以人工成本为主，面对疫情对旅游市场的冲击，不少旅行社通过控制成本的方式继续留存。

3. 从业者收入骤减，人才流失

在国内组团旅游受限、出入境旅游停止的情况下，旅行社从业者也面临着极大的生存问题，收入大幅下降、待业甚至失业和转行。一份针对旅行社从业者的调查问卷发现，2020 年超过 70% 的旅行社从业者，依靠旅游业务获取的平均收入每月不到 2000 元。相当比例的旅行社、导游、门店的从业者处于待业状态，其中部分从业者转行离开旅游行业。

据不完全统计，全国约有 80 万人从事导游及领队职业。突如其来的新冠肺炎疫情，使得旅游业几近停摆。2020 年 3 月，中国旅行社协会导游专业委员会与携程旅游学院合作调查发现，国内导游群体的生存状态堪忧。81% 的被调查者"从事导游工作、目前无业务"，收入预计下降 50% 以上的比例为 70.2%。

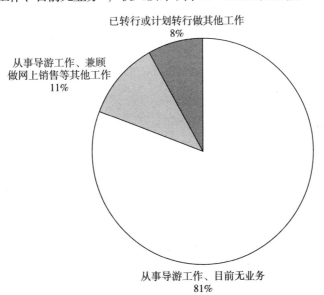

图 4 2020 年国内导游群体生存状态调查统计

资料来源：携程旅游大数据实验室

4.抗疫成为主旋律，旅行社承担社会责任

虽然面临着业务停止、收入锐减的困难局面，但在全国和全球防控新型冠状病毒疫情的特殊时期，旅游业也全力支持抗击疫情。在2020年春节前夕疫情暴发后，旅游企业采取措施迅速为游客办理退订，将全球出境游客召回，尽可能减少退订游客损失，从而避免了数以千万计的游客面临感染和病毒传播的风险。以携程为例，退订订单金额高达310亿元。疫情防控初期，各地导游、领队、门店人纷纷化身防疫物资"搬运工"，想方设法筹集口罩、防护服等送至防疫一线。针对全国导游的调查发现，69%的出境游领队参与全球采购或帮忙带回口罩等医疗物资，支持武汉或其他地区。

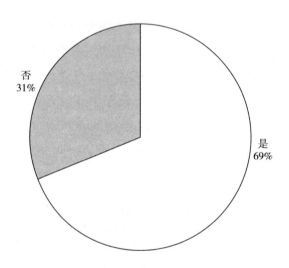

图5 出境游领队参与全球采购医疗物资、
支援武汉抗疫调查统计

旅行社行业在为游客处理订单的同时，还主动投入防疫工作。深圳市旅游协会积极发动当地旅行社，短短几天购买捐赠医用手套27000副、医用和普通口罩近250000个、手术服1000多件、护目镜500多副、防护服5000多件。1月28日至2月7日，华程国旅集团共收到内部捐款1302人次，共采购13万余件医疗物资；在党支部的组织下，迅速成立筹备医疗物资小分队；还利用领队、航空等优势，从欧洲、日本、泰国等地将口罩等海外物资运往武汉。

二　自救与转型

新冠病毒这种大规模、长时间烈性传染病毒，以人与人近距离接触作为传播途径，直接威胁普通人的生命安全。旅游业特别是组团旅游，受到的影响和限制相对更大。旅行社如何应对这种挑战？这种影响和转型是权宜之计还是不可逆的趋势？

（一）旅行社自救：出国转型国内

出国旅行存在诸多限制，往年选择出境游的旅客把目光放回国内。主打出境游的企业纷纷转型国内游市场，但这对于企业和市场来说都不是易事。

7月31日，华程国旅集团国内游产品发布会成功召开。这是第一家公开转型的全国性大型出国旅游服务商。其实，早在2019年3月，华程国旅集团就在北京成功举办品牌升级发布会，为接下来开拓国内市场做准备。集团国内游产品主要分为四大板块——跟团游、私家团、半自助游、自由行。产品开发模式以目的地资源为主，推动交通、住宿、景点、产品体验等向小众化、精细化、特色化方向转型。

出境游服务商能不能够进入国内游，有哪些优劣势？如何突破并少走弯路？以华程为例，重新搭建资源，创新国内产品研发和目的地运营，突破口集中在四个方面：与航司和政府战略合作、建立核心品牌、地接集中采购、直采核心资源。例如，2020年厦门航空北京、深圳至武夷山往返航线开通，研发打造特色旅游产品，便是华程国旅集团与当地政府、文旅机构、航空公司一起推进的"航旅一体化"项目。业务重心转向国内，华程最大的体验就是，国内游才是真正考验旅行社能力的试金石。国内游目前面临的问题将来在出境游市场一样会遇到。消费者对国内目的地已经没有了神秘感，旅游已经从以往的奢侈体验变成了生活刚需，

正在由从传统观光向真正的休闲度假转变，旅游应该更有深度、更能满足个性化需求。

在以内循环为主体的新发展格局下，转战境内成为各旅游企业的重要决策。10月29日，携程集团在成都召开了2020全球合作伙伴大会，发布了"深耕国内、心怀全球"总体战略，并提出了"从内容、产品、供应链和质量四个方向深耕国内旅游市场"等发展目标。

（二）安心游联盟：有组织的旅行是最安全的旅行

2020年前三季度，全国旅行社国内旅游组织7952万人天。而从公开的信息看，全年没有因为团队旅游而感染的案例。这也说明，旅行社专业组织、规范管理、全程服务的旅游行为，能够为游客提供更好的安全和出行保障。有组织的旅行是最安全的旅行。专业的服务提供商依然有不可替代的价值。

在疫情背景下，2020年旅行社升级安全服务和保障，"安心游"成为旅行社行业的关键词。2月携程联合开园景区推出安心游联盟和景区防聚集服务规范；4月跟团游、门票玩乐、周边游、租车、用车五大业务联合推出首个全行业防疫安心游服务保障，让市民放心旅游消费。在跨省游陆续开放后，为了做好防疫工作、有序复工复产，7月中旬，中青旅遨游、上海携程国旅、华程国旅集团、众信旅游、上海春秋、广州广之旅等各地120多家知名旅行社，联合携程旅游平台共同发布《跨省安心跟团游自律公约与倡议书》，对收客、测温、验码、用车、就餐、导游、SOS应急服务、重大灾害保障等进行规范。超过4000家旅行社响应，与携程合作上线安心游服务标准标签和超过10万种相关产品。除了联合供应商、全面向消费者宣传，携程与多个省市文旅部门合作，落地和发布安心游产品。

数据显示，跨省组团旅游恢复后，携程各类跟团安心游产品的出行人数达到数百万，单月超过50万人。省心省力、全程服务的跟团游，依然是旅游者的主流选择。

（三）产品创新：私家团

相比以前几十人的大规模旅游团，疫情后国内游明显的趋势是大团向小团转变。旅行社在产品形态和服务体验上进一步创新，打破了传统旅游团的局限。私家团成为2020年旅行社在产品上自救的典型。与往年这类产品作为补充不同，疫情后私家团迅速成为主力产品类型。不与陌生人拼团、专车专导、行程更灵活更深度、酒店和餐饮品质高、24小时管家服务等特征，构成了私家团与普通跟团游的差异化特征。

看准市场的需求，旅行社行业加大小团类产品的开发力度。以携程平台为例，共有私家团供应商约2000家，跨省游开放以来新增50%的供应商；在线提供约6万种私家团产品，覆盖国内200多个旅游目的地。自跨省游恢复以来，私家团产品数量增长400%以上。携程平台联合旅行社加大私家团的生产与推广力度，建立了相关的产品标准与服务规范，并在旅游板块设立单独的入口，对接国内中高端用户。

由于需求和供给的大规模增长，2020年可以被称为"私家团旅游年"。这一产品类型迅速成为主流的旅行方式。私家团的成功，不只是旅行社行业在疫情后的自救创新，预计还将成为一个长期趋势。

（四）开拓本地周边游市场：本地人游本地

由于疫情和政策的影响，2020年旅游市场以周边游、本地休闲游为主。服务本地人或异地参团游客的本地与周边游产品，成为2020年旅行社开发国内市场的重点。"本地人游本地"流行起来，成为旅游复苏新亮点，也为旅行社复工复产提供了难得的客流。

中国旅游研究院调查数据显示，劳动节假日期间，游客平均出游时间为40小时，出游距离为136公里，自驾出游的游客比例达到64.1%。国庆假日期间，游客平均出游半径为213.0公里，跨省游的比例为29.1%，出行距离300公里以内的占比为83.5%。湖北移动的大数据显示，十一期间本地游、省内游、省外游的比例分别是72%、16%、12%。还有数据显示，

疫情后客单价 200 元以下和 4000 元以上的国内游产品销售同比增长。

2020 年，国内旅行社行业发起了以本市、本省为单位，"本地人游本地"为主题的产品开发与销售推广活动，主要满足周边游两大市场需求：一个是以本地游客为主的自驾游、团队游，另一个是以旅行社接待的外地游客为主的地接团。组团自驾游、房车游、研学旅行、企业拓展，这些产品出现在旅行社周边游产品菜单中。盘活周边民宿、度假村、古村落、休闲基地、特产美食、小众目的地，围绕周末休闲度假需求，推出省内、周边 1 ~ 2 天的短途精品线路，通过优惠吸引游客密集发班。

上海春秋旅游加大本地旅游产品的设计和资源采购，2020 年推出城市"微旅行"产品，引导市民游客感受上海，参与游客已经超过 5 万人次。2020 年 3 月，贵州携程旅游渠道部门开发了贵阳直飞荔波的省内双飞 2 日游产品。产品推向市场不到半小时，就被将近 500 位心急的本地客人率先尝鲜。

自驾游也需要旅行社的专业服务价值。不少旅行社开发一系列周边城市的自驾游产品，与当地酒店和景区合作，针对散客推出订购团体价，有效期长、价格实惠。疫情后国内租车市场率先复苏，8 月，携程租车联合租车公司发布"无忧租"行业标准。国庆长假租车量增长 50%，单日用车突破了 7 万辆，创造历史新纪录。

（五）"航空 + 旅游"，深耕目的地

面对疫情后的重大冲击，为了抱团取暖，"航空 + 旅游 + 目的地"模式得到快速发展，实现多方面优势互补。国内航司纷纷布局国内市场开辟航线，目的地需要客流，对于旅行社来说，也需要加强落实目的地战略，从售卖标准化产品发展到深入目的地运营与服务。

2020 年 4 月，同程集团宣布启动航空与旅行社两大业务板块的整合，成立同程航旅，旗下整合了红土航空、同程国旅和同程旅业三大主体，打造"航空 + 旅业"产业集群。

6 月，北京至武夷山航班正式复航。华程国旅集团与武夷山市政府、武

夷山景区旅游管理服务中心、武夷山文体旅局、厦门航空公司达成战略合作，开展航旅一体化实践，共同致力于武夷山旅游推广。

6月，东方航空发布公告，与海南省交通投资控股有限公司、三亚发展控股有限公司、上海吉祥航空及携程，拟共同在海南设立控股子公司"三亚国际航空有限公司"。当月，位于三亚凤凰国际机场的"携程VIP商务服务中心"营业，并将向4亿携程会员免费开放。

7月，上航旅游集团与遵义机场签订战略合作协议，这是全国性旅游集团与吞吐量百万级以上的民航机场，在当前旅游业受疫情重创特殊时期的创新合作。上航旅游将以"航空＋旅游"的方式设计推广"红色之旅"产品。

这一系列合作背后，除了航空、旅游的整合价值，还有对于目的地的深度布局。以华程为例，其将围绕出发地的产品模式调整为以目的地资源为主。集团与政府、航空公司等的合作，提供"航旅一体化"实践方案，深挖当地旅游资源特色，打造能让游客深度体验、玩过就难忘的旅游产品，合作推广国内旅游目的地。此外，华程还聚焦布局国内几大重点目的地，并在丽江开设了第一家目的地管理公司。

（六）卖货、直播，探索"旅游＋购物""旅游＋生活"

在旅游业务因为疫情受限的情况下，旅行社和从业者转型卖货蔚然成风。旅游是低频消费，但日常生活消费是高频的。购物本来就是旅游的一大要素，旅行社还可以将旅游服务拓展到生活服务，提供目的地特产、免税品、海外商品、农副产品、生活用品等电商服务。

海南免税业务成为2020年旅游行业的一大风口。6月11日，中国国旅正式更名为"中国国免"，在转让旅行社业务后，聚焦免税业务。据统计，下半年海南离岛免税品日均销售额超1.2亿元，同比增长2倍多，全年离岛免税店销售总额超320亿元。

受疫情影响，海外商家与在线旅游平台在跨境模式上的合作空间比之前更大。7月，携程"全球购"平台全新升级业务模式，对海外品牌和商家开

放，提供在线预订平台和跨境直邮服务。日韩、东南亚一些国家的品牌商、免税店等，已经开始与"全球购"合作入驻开店。

旅游特产购物也成为各家 OTA 和旅行社瞄准的领域。6 月，携程推出"万程旅购"项目，把当地原产和必买的特产商品，搬上携程平台销售给用户。此前，携程系三个品牌门店已经上线了"豚厂生活馆"小程序，门店从业者分销生活好物。7 月，驴妈妈旅游网新推出"风旅阁"项目。途牛利用苔客 APP 开展社群营销卖货，诞生了很多业绩突出的金牌店主。

同程则走得更远。在家庭消费的大场景中，同程打出了同程生活、惠出发、咪店三张牌。在疫情暴发后，同程国旅与咪店联手，旗下数千名旅游顾问升级为咪店店主，跨界合作后不但同期消费用户飙升 10 倍以上，而且有效提升了用户黏性和平台收入。

2020 年，直播也成为旅游企业重点发展的新模式。以 3 月从三亚开启的携程集团董事局主席梁建章"BOSS 直播"为标志，各大旅游企业纷纷上马，成为旅游行业遭遇危机中涌现的新亮点。截至 2020 年底，携程直播进行了 118 场，带动携程预售总 GMV 超 40 亿元。马蜂窝用"云旅游"直播方式，把全球当成直播间。景域驴妈妈集团联合目的地直播卖货，举办百位县长直播大会。途牛结合会员日促销，CEO 定期直播圈了大批粉丝。

直播不只是售卖产品、增加收入，对于提升市场和消费者信心、整合供应链资源都极有价值。

（七）转型线上：重新评估"互联网＋旅游"

虽然我国在线旅游在整体市场的渗透率还不高，但是疫情强化了线上的优势，推动了"互联网＋旅游"的进程，包括航空、酒店、景区、目的地等各个旅游领域加快智慧化升级。疫情发生后，在线、实时、无接触的消费方式成为主流，传统的门店服务方式找不到渠道与消费者失联，加上产品陈旧、丰富度差与市场脱节，不少旅行社和门店歇业关停。在线旅游头部企业快速复苏。携程第三季度实现大幅盈利，季度净营业收入为 55 亿元，环比增长 73%，营业利润为 13 亿元，主营业务环比全线大涨，多数的国内主要业务线已经恢复到疫情前水平。同程艺龙第三季度净利润为3.73亿元，盈利能力持续增强。在这一背景下，旅行社行业也加快转型线上，接入互联网旅游平台公司。携程旅游平台的数据显示，2020年疫情后，加入平台和开发上线新产品的国内游旅行社明显增加。提供国内游产品的旅行社迅速增加到4000多家，尤其是根据客户需求的变化，新增了大量私家团、高端游、定制游等新跟团产品。供应商还上线了众多康养、户外、房车、滑雪、越野自驾、旅拍等新兴主题游和小品类产品。携程旅游的市场占有率得到了较大的提升。

数字化变革对传统旅行社来说，不只是获得订单流量、产品与服务的透明规范，也是内部信息化管理系统的再造，包括把传统人工的操作模式、传真电话的预订方式、现金支付方式、服务方式，都通过信息系统与APP来改造。例如，华程国旅集团加快技术革新，自主研发了一个能够即时操作、销售运营全流程覆盖，而且可以开放共享的ERP系统，尽可能减少手动参与和出错的概率。目前该系统在华程内部率先推广开来，希望最终能成为为更多B端企业赋能的B2B开放平台。根据计划，2021年将会关闭所有线下交易，与华程相关的业务往来都要通过这个系统来实现对接，不仅仅是为了提升效率，也是希望能通过强制措施来倒逼更多旅游企业从思维模式上做出真正的改变。

定位旅游新零售的携程线下门店，疫情后也在总部的支撑下快速转型。比如产品转型，总部提供更多更优质的产品资源，门店自由运用，根据每一位客户的需求排列不同的组合。在营销上，总部集合各地门店线上线下一起发力，不局限于线下门店的消费场景，实现全方位触达客户。比如携程旅游会员日，门店单日销售额突破4600万元。

三 寻找新动力：国内大循环与消费升级

危机中也可能孕育着机会。从实际的客户需求和消费大数据来看，最大的变化是休闲度假出行需求进一步扩大，尤其是高端休闲度假的份额将进一

步提升。此前出国游群体纷纷取消国际出行计划进而转投国内市场,他们注重出行过程中的各项体验,这也会给旅行社带来新变化、新机会:小型定制团队游,深度、精品、主题化休闲旅游度假产品,景区与住宿业深度融合,大力发展夜经济将成为行业发展趋势。

(一)城市休闲、乡村度假

2020年,城市休闲和乡村度假已经成为现象级的消费。这跟以前跨省、出国的观光旅游不同,休闲度假主要体现出短距离、高频次、低密度、散客化、一地停留等特征,也跟以前走马观花赶行程和扎堆各大热门景点不是一回事。这对国内游产品供给提出更高要求,应开发与组团观光旅游不同的休闲度假产品。

以房车游为例,根据携程主题游预订数据,2020年房车团的订单量同比增长80%,全国可预订的房车产品达200多条。上汽大通房车平台统计显示,自跨省游恢复后房车需求暴增,部分地区处于一车难求的状态,车辆出租率接近100%。

从网上搜索关注度看,2020年休闲度假关键词有海岛、五星酒店、滑雪、美食、自然探索、户外运动、家庭亲子、避寒避暑、城市休闲、深度体验、度假村等。据统计,2020年冬季,携程主题游的滑雪线路交易额同比增长300%。

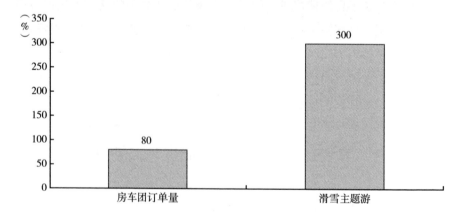

图6 度假新产品交易额增长情况

（二）"小而美"的新时代

跟团游市场并没有消失，而是进化得更加精致。携程数据显示，疫情后旅游者需求呈现小团化特点，以私家团、精致小团为代表的小团比例已经超过50%，"小而美"产品更受欢迎。私家团成为最大的黑马，从8月到11月，游客量同比增长30%。

据统计，2020年国内私家团平均人数为3.14人，三口之家或者夫妻情侣结伴出行的群体增多。精致小团的平均人数也只有10到15个人，相当于2到3个家庭。这意味着从旅游者需求看，小团旅游的阶段已经全面来临。

定制旅游需求也呈现快速恢复的趋势。携程定制平台的数据显示，国庆长假，国内定制旅游需求单同比增长75%。定制供应商全面复工，不少国内旅行社开设定制部门，旺季定制供不应求。

主题游、小品类爆发式发展。相比常规的观光旅游，专注某一兴趣爱好的旅游时代已经到来，特别是在疫情后，这类产品快速成长为客群"刚需"。携程数据显示，国内主题游产品交易规模同比增长50%，市场规模快速扩大。从11月的订单看，滑雪、越野自驾、全球户外名列前三。

（三）消费升级，中高端产品引领增长

国内旅游中高端产品引领增长，低价购物团的模式越来越不可持续。数据显示，2020年通过携程平台预订的国内跟团游订单中，4钻、5钻产品订单占比达到80%。其中5钻产品的占比提升超过10个百分点。从人均消费看，以私家团为例，跨省游恢复以来，出发地参团人均花费超过5000元。

在定制游领域，高端市场也是增长最快的。携程定制平台的"高端定制"板块，国内需求单增速是平均水平的2倍以上。首次推出的单价26.8万元的"环游中国"产品也很快成团。

散客自由行市场也存在这样的趋势。高端酒店热卖，2020年携程直播累计卖出300万间夜酒店，其中5星级酒店占95.3%，酒店平均价格超1704元一晚。

（四）客群的变化与机会

疫情后是什么样的客群在跟随旅行社旅游？从部分线上样本数据可以发现客户群体的特征和趋势。从跟团产品的伴游数据来看，2020 年通过携程报名国内私家团的游客中，60% 是带小孩或几代人同行的家庭游客，家庭亲子出游占比最大（40%）。疫情强化了人们的家庭意识，熟人独立成团的需求巨大，"为中国家庭定制服务"应该成为旅行社的一大方向。第二个群体是 90 后。从报名私家团的人群年龄来看，80 后、90 后比例不相上下，分别是 25%、22%。随着 90 后财力的增长，有望超过 80 后成为最大主力，旅游消费群体趋于年轻化。三是 50 后、60 后共占 26%，提升 4 个百分点。私家团人均消费方面，各个年龄段中 60 后最高，接近 4000 元，其次是 50 后、70 后。有钱有闲的中老年人群消费能力突出，对旅行的安全和舒适性需求进一步升高。

四　2021年的期待和旅行社的未来

（一）旅行社在未来仍将不可或缺

对于数万家旅行社和数十万从业者来说，不堪回首的 2020 年终于结束了。在 2021 年的开始，国内和全球的疫苗开打，是一个振奋人心的消息，也给旅游业带来了希望。人类战胜疾病的潜力是无穷的，对旅行的追求是永远存在的。旅游业一定会回到正常的状态，并在不久的将来比以往任何时候都好。期待 2021 年国内旅游快速复苏、出境游重启，让旅行社和从业者活下去并能恢复精神。期待经历疫情之后，旅行社成为最佳旅行伴侣——面对各种不确定性和风险，旅行社作为专业的旅游服务提供商、服务者，将为游客提供保障，并且解决旅行者全方位的问题。旅游者对旅行社在安全保障上的信任，是这一行业复兴的基石，而这需要旅行社形成最严格的安全标准，唤起旅行者的出行信心，包括旅游从业者和参与者打疫苗，以及与国内外目的地建立安全机制。期待回归旅行的本质，提供有意义的旅行与人生体验。疫情会让人更珍惜生活。旅行不只是吃住行购，更是一种精神上的体验，是人与人的互动，是让自己与家人变得更好的一种方式。因此，旅行社应该在制造美好体验的过程中获得价值。期待回归国内，让旅游者体验中国之美。中国有举世罕见的自然文化遗产、无数令人叹为观止的目的地、全球最好的旅游硬件设施，需要旅行社用心打磨出闪亮的产品，提供全球一流的服务。期待拥抱互联网与新兴技术，中国的技术创新与应用走在全球前列，旅游作为一种有无数场景的现场体验，可以更酷更有趣。期待旅行社为新世代、中国家庭和老年人，定制产品和服务。他们依然还有太多旅游的痛点，国内依然还没有针对这三类人群的旅游产品品牌。期待从业者更有职业荣誉感，更有保障和尊严。

（二）旅行社"活"下去需要更多支持

2020 年旅行社行业得到了文化和旅游部等部委和各级政府的支持，包括退还旅行社质量保证金、减免社保等多种方式。根据目前的严峻形势和旅行社面对的问题，2021 年依然建议政府部门能够重点、有针对性地对旅行社行业给予政策扶持，帮助行业渡过难关。参照行业专家的研究观点，以及国内外部分地区的做法，有以下建议供参考：对因为疫情受政策限制的旅行社给予财政补贴；继续实施社保等税费减免以及金融融资政策；支持旅行社保留业务人员，不裁员，可以针对导游、外语导游等发放在岗补贴；支持旅行社承办公务活动、创办党建培训、组织红色旅游等活动；制订政策以及实施办法，鼓励旅行社承办会议、展览、接待等公务活动，发挥旅行社核心优势拓宽业务；支持职业技能提升和就业，比如实施网约导游、定制师、向导、研学师等新职业的培训认证和就业，许可和鼓励导游人员做"司兼导"，为私家团、小包团提供个性化的旅游服务；发放针对旅行社的专类消费券或精准收客的补贴；开展创新产品、服务的评选认证，给予奖励；帮助旅行社行业率先打疫苗；探索旅行社出境游、入境游的防疫保障机制。

G.7
邮轮旅游：疫情冲击后的高质量发展

高辉娜　邱安琪*

摘　要：　2020年初新冠肺炎疫情暴发，以在封闭空间中娱乐和消费为主的邮轮旅游受到冲击。新冠肺炎疫情对邮轮旅游不仅造成诸如运营困难、资本市场受挫、产业链中断等短期影响，更可能带来市场结构优化、技术变革、游客消费行为变化等长期影响。要立足于政府、行业组织、邮轮企业、游客等维度，做出积极应对，实现其高质量发展。

关键词：　新冠肺炎疫情　邮轮旅游　产业链

邮轮旅游作为一种新兴的旅游业态，近年来逐渐被公众所熟知和喜爱，成为增长速度最快的旅游业态之一。据国际邮轮协会2018年资料，邮轮旅游以年均8.6%的速度增长①。2020年蔓延全球的新型冠状病毒肺炎疫情给邮轮业带来了沉痛打击。需要详细分析新冠肺炎疫情对邮轮旅游产生的短期和长期影响，寻找未来实现高质量发展的可行之路。

一　疫情对邮轮旅游的影响分析

（一）疫情对邮轮旅游的短期影响

新冠肺炎疫情对邮轮旅游的短期影响可分为企业和产业两个层面。

---

* 高辉娜，博士，北京第二外国语学院旅游科学学院旅游管理系主任，硕士生导师，研究方向是旅游与休闲经济发展；邱安琪，北京第二外国语学院旅游科学学院旅游管理专业学生。

1. 企业层面

疫情对邮轮公司的运营管理、资本市场产生巨大冲击。因社会隔离等疫情防控措施需要，全球范围内主要的邮轮公司在 2020 年 3 月基本进入停航状态。2020 年 6 月 20 日国际邮轮协会（CLIA）宣布所有邮轮公司成员自愿暂停航行，禁航令延长至 2020 年 9 月 15 日。不同于其他企业从迅速停产到复工复产，邮轮公司因其特殊性暂无法进入生产经营状态，按了暂停键的邮轮企业受挫严重。

首先，疫情对全球众多邮轮公司的运营管理造成了重重困难。一方面表现在众多国际邮轮公司在疫情期间宣布停航，航线运营陷入困局。随着新冠肺炎疫情全球蔓延，自 2020 年 2 月以来多艘正在航行中的邮轮发现确诊病例，其中部分邮轮上暴发了疫情。在全球邮轮市场中，美国和中国市场因疫情率先进入停航调整阶段。2020 年 3 月鉴于意大利、法国、西班牙等国疫情恶化，欧洲邮轮市场也已停滞。根据国内外相关媒体报道和各家邮轮公司通报，截至 2020 年 5 月，全球发生过疫情的邮轮共计 41 艘，在区域分布上，北美、加勒比海等地相对集中，亚洲也有几艘邮轮受到疫情影响，如"钻石公主号"①。另一方面表现在许多中小型邮轮公司在疫情冲击下宣布破产。据报道，日本神户夜光邮轮公司于 2020 年 3 月 2 日宣布破产，这是首家在新冠肺炎疫情期间申请破产保护的邮轮公司。部分邮轮公司也宣布破产重组，其中包括较有名气的普尔曼邮轮公司。随着疫情不断蔓延，邮轮企业无法正常投入运营，越来越多的邮轮公司将陷入这样的困局中，受威胁的不仅是中小型邮轮公司，大型国际邮轮公司的损失情况也不容乐观。

其次，疫情对邮轮公司的资本市场产生了负面冲击。从两家大型国际邮轮公司的股市状况看，截至 2020 年 3 月 6 日，嘉年华邮轮股价从 2020 年 1 月 17 日 51.44 美元的高点一路暴跌至 2020 年 3 月 18 日的低点，收盘至 9.3 美元。皇家加勒比游轮股价更是从 2020 年 1 月 17 日的 134.54 美元下跌至 22.41 美元。

根据财务报表，皇家加勒比第一季度亏损约 14 亿美元。嘉年华公司于 2020 年 4 月 1 日宣布，已将该公司 6250 万股普通股的承销公开发行价定为

每股 8.00 美元。不论是从股价的暴跌、经济的亏损，还是从邮轮公司卖股价维持现金流的自救方式，都可以看出邮轮业务的冰封给国际邮轮公司的资本市场造成了巨大的冲击。

2. 产业层面

疫情对邮轮产业链产生破坏。疫情的不断蔓延造成邮轮产业链出现全局性中断，进而造成对邮轮经济的供给冲击。疫情对产业链的冲击表现为大面积交付延迟和订单萎缩。此外，不少邮轮公司旗下的邮轮也面临更新换代等问题，邮轮产业形势已不容乐观。

对于邮轮这类非典型流程式生产的产业，其下游的邮轮港口服务、船票销售等环节总体受疫情影响较大。随着疫情不断加重，部分抗压能力差的邮轮公司、港口以及一系列相关产业将面临产业转型或破产危机。邮轮产业链较长，下游的一系列环节像航运保险、物料供应、港口服务、旅行社服务、销售等可能会被"摧毁"，面临存亡危机。核心环节如上游的邮轮制造、配套企业与上游其他环节受疫情影响较小，逐步进入恢复期。2020 年 8 月以来造船业务开始逐渐复工复产。全球最大的邮轮制造商芬坎蒂尼船厂披露了2020 年上半年业绩表现，手持订单量再创新高，包括备选订单在内，船厂手持订单达到 117 艘。受疫情影响，虽然该厂邮轮业务收入上半年下降了13.1%，但手持订单与 2019 年相比增长了约 50 亿欧元①。

（二）疫情对邮轮旅游的长期影响

新冠肺炎疫情属于一种灾害性外生冲击，排除经济本身具有内在的经济结构性问题以及周期性影响，外生冲击不会是长期的。然而，在疫情尚未完全控制住及可能复发背景下，不排除疫情对未来邮轮旅游行业以及消费者自身具有长期性影响。疫情对邮轮旅游的长期影响可以分为优化市场结构、促进邮轮技术研发、改变游客生活生产习惯等几个方面。

---

① 数据来自中国邮轮网。

1. 疫情对邮轮市场结构的影响

疫情的发生有利于加速邮轮产业的优胜劣汰和结构调整。在疫情冲击下，损失惨重的邮轮市场可能会进入下一轮的再分配。新旧邮轮企业和资本经过破产重组整合，会进一步优化市场结构，而它们所进行的科技创新投入，也会改变之前硬件核心的缺陷，给游客带来信心与安心。

2. 疫情对技术创新的影响

疫情冲击会对新业态和新模式的发展产生促进作用，也会使一些新业态和新商业模式更加成熟。与此同时，疫情带来的社会交往环境巨变也将促使数字化、智能化技术创新及应用。邮轮行业对新模式以及数字化创意有更迫切、更广泛的需求，包括造船厂的生产智能化、医疗卫生公共服务、购票在线化需求等，这将促进邮轮行业的数字化转型，有助于促进产业向信息化、智能化方向升级。例如，2020 年 7 月 24 日，皇家加勒比集团宣布，将用 Muster2.0 取代传统邮轮安全演习，这将是一种更快捷、更安全、更适合个人的全新方式。借助 Muster2.0，乘客可以从手机或者平板电脑上获得安全演习的关键要素，包括查看紧急情况下会发生什么，应该去哪里，以及如何正确使用救生衣等。乘客不再需要集中到甲板上参加安全演习，而是根据自己的时间分别前往指定的集合点完成演习，船员将核实乘客是否完成所有步骤并回答问题。依据国际海事法的要求，每个步骤都需要在船离港之前完成，上述技术革新极大地避免了因人员聚集产生的传染病传播风险。

3. 疫情对游客消费行为的影响

根据中国社会科学院旅游研究中心、腾讯文旅产业研究院发布的《新冠肺炎疫情影响下的旅游需求趋势调研报告》，与 2019 年相比，2020 年中国家庭收入预期增长指数是 102.5，较上年下降 26.4%，家庭消费预期指数是 137.5，比 2019 年调查数据下降 10.6%。报告还显示，疫情加重了游客对邮轮旅游安全的担忧。这意味着在未来一段时间内，国内邮轮游客总量可能会呈减少趋势。疫情的暴发对乘坐邮轮的现实游客数量和潜在游客数量产生巨大影响。伴随着 2020 年初"钻石公主号""威士特丹号""至尊公主号"等邮轮疫情报道引发的热议，不少游客对邮轮旅游的安全性提出了质

疑，甚至产生了排斥心理。即使疫情过后，国内游客数量也可能因"心理问题"很难在短时间内恢复到以往同期水平。但是，邮轮旅游在欧美地区（尤其是在北美）发展时间较长，欧美老年游客对邮轮这种旅游方式相当认可，因此在疫情出现后，大多数游客选择了延期旅游而非退费。依此推测，疫情暂时不会改变欧美地区游客邮轮旅游消费行为以及行业发展趋势。

二 未来实现邮轮旅游高质量发展的建议

此次新型冠状病毒肺炎疫情不仅对邮轮公司造成了短期的冲击，还将影响邮轮旅游的长期发展。因此，针对新冠肺炎疫情，采取积极有效的应对措施变得至关重要。

（一）政府层面

1. 继续完善制度，修订邮轮法规

各国政府应联合制定关于此类突发性公共卫生事件的相关法律。2011年世界卫生组织（WHO）出台了《船舶卫生控制指南》，对船舶空气质量及相关传染病防控提出了具体要求④。疫情发生后，不少地区也推出了相应邮轮防疫指南。以欧盟为例，2020年8月，为促进逐步、安全地恢复邮轮运营，欧洲海事安全局（EMSA）和欧洲疾病预防与控制中心（ECDC）共同制定了关于 COVID 19 大流行期间在欧洲逐步安全恢复邮轮运营的指南。但是相关邮轮卫生检疫政策尚未形成制度体系，仍有待进一步完善。一部全面的防疫法规可以给邮轮提供制度上的保障和支持，提高突发公共卫生事件应急响应速度。

2. 强化管控，做好全面监察

面对突发公共卫生安全事件，政府有力的监管能为邮轮旅游提供助力。一方面，增强港口卫生防疫控制，将港口邮轮和邮轮港口公共卫生纳入地方公共卫生安全体系，形成科学、实用的邮轮应急方案。另一方面，建立港口传染病和疫情监测体系，完善游客、船员信息追溯系统。口岸部应利用大数据技术，要求邮轮公司、旅行社提交船员、游客信息，进一步完善可追溯管控工作机制。⑤体系的建立有利于对突发事件信息进行全面的研究和分析，为应急处置工作提供专业指导和技术支持。⑥政府不仅要紧密关注疫情发生时的动态，还要时刻注意疫情后邮轮市场的准入，保障市场积极健康运行，防止疫情反复。

3. 多措并举，加大扶持力度

针对此次疫情，政府应加大对邮轮行业的扶持力度，通过加大财政支出、平衡税收等手段实行积极的财政政策。政府近年来对邮轮公司和旅行社的补贴政策不少，这是需求侧的推动力。未来，政府可以着重于供给侧发力，完善补贴政策，尤其是针对中小企业，要从全局性、系统性的角度协同，强化落实各地政府对邮轮企业的税费减免、贷款展期、经营成本补贴等政策。长期继续通过制度创新和技术创新实现新旧动能转换和经济高质量发展。另外，要抓住关键环节、关键企业、关键问题积极推进复工复产，保证整个产业链的正常运转。同时，船舶港口也是不能忽视的重点。以我国为例，疫情发生前，很多港口已处于亏损状态，由于整个邮轮港口投资非常大，港口亏损情况很明显。加之疫情的到来，我国邮轮全部停航，港口失去停泊费和游客服务费，损失将不可估计。建议加大对邮轮港口的扶持力度，补齐港口防疫的短板，从邮轮旅游的源头制止公共卫生事件的大规模爆发，为游客营造一个安全放心的邮轮旅游环境。

（二）行业组织

1. 配合政府，加强行业标准

促进邮轮旅游行业长远健康发展，标准化规范的提出及完善都是必不可少的一步。从此次疫情发生后各邮轮公司和各邮轮行业组织采取的应对措施中可以看出邮轮业在面对突发事件时缺乏统一的标准，手段单一，应对速度慢，并未形成体系化、标准化的固定范式。因此，要解决这些问题，标准化规范的建立与完善至关重要。疫情期间，国家层面出台了众多文件与指南，旨在进一步指导船舶和船员做好疫情防控工作。行业管理部门需要做的就是

在积极配合政府工作的同时，为政府有效快速完善行业标准提供解决思路与参考，从而便于在紧急事件发生时，迅速有效地按照行业标准进行部署。

2. 紧密联系，携手共渡难关

应对突发公共卫生事件，每家邮轮公司不能独立处置自己的难题，而是应该借助行业组织的力量，紧密联系、互相帮助。从这次疫情不难看出邮轮业在面对突发性疫情时缺乏统一的合作。然而，由于疫情不断加重，各邮轮集团也纷纷建立互助伙伴关系。例如，2020年7月6日，皇家加勒比集团和诺唯真邮轮宣布建立合作伙伴关系，以制定升级版的邮轮卫生和安全标准，应对全球疫情，为安全恢复邮轮运营做好准备。同时期，MSC地中海邮轮也宣布成立"蓝丝带疫情工作组"，助力其恢复安全运营。该工作组由医疗服务、公共健康和卫生、酒店服务、空调及其他船上工程系统、信息技术和后勤等领域的内部专家组成，以确保依据最佳的科学卫生实践，采取适当且有效的措施。此外，MSC还获得了全球医疗保健解决方案提供商 Aspen Medical 的服务，以协助开发新的卫生与安全防疫措施。但是，国家内部小范围的帮助是不够的，需加强地区间和国际上邮轮行业组织的互助性，齐心协力，共同找到应对危机的办法，共同申请相应的政策支持[⑦]。同时，疫情过后的市场恢复也需要业界的共同努力，积极支持行业组织在行业服务标准、市场供需关系等方面发挥互助作用。

（三）邮轮公司

1. 科学决策，增强风险意识

作为邮轮公司的管理经营者，学会及时规避风险很重要。通过对邮轮旅游市场的预判，做出科学的决策。当面对突发公共卫生事件时，需要经营者及时调整市场布局和战略部署。以此次新冠肺炎疫情为例，经营管理者可以通过对风险的预判做出及时的调整来尽量减少损失。从1月邮轮上出现疫情，到3月疫情全球性蔓延，各家邮轮公司陆续发布了停航措施与应急预案，及时将疫情暴发的风险降到最低。随着疫情的不断持续，管理经营者也应时刻关注市场动向，根据实际业务情况，制定疫情时期自身发展战略，为日后通航做准备。其中，早在 2020 年 3 月初，MSC 地中海邮轮就已推出"安心计划"，涵盖安心预购、安心退改、安心出行，为游客带来安心放心的出行之选。后疫情时期，不少地区开始陆续恢复邮轮业务，以希腊邮轮业务为例，希腊旅游部部长表示将在 2020 年 8 月开放邮轮业务。

2. 科学宣传，共享信息资讯

邮轮公司可以通过官网共享资讯。特别是针对重大公共卫生事件，及时、透明的制度很重要。公司须向公众实时反映情况，向外界传递真实信息。对于乘坐邮轮的游客，应在告知事实的情况下，稳定游客情绪，消除其心理负担。一方面，事后加强对从业人员的教育和培训，提高他们对防疫和疾病的专业知识，增强执行能力，在自我防疫的同时指导乘客进行科学防护。另一方面，提示游客登船后积极参加针对性演习演练，提高邮轮事故应急反应能力。同时，协调相关政府部门建立口岸联检单位、卫生健康部门和港口部门、邮轮客船公司联动协作和信息共享机制，配合相关规范处置方案。树立良好的品牌形象，重振消费者信心。

3. 科学制定，创新邮轮产品

邮轮产品是邮轮旅游的核心吸引物，丰富且具有特色的邮轮产品可以为邮轮公司赢得更多的消费者。在疫情严峻的挑战下，各大邮轮公司都在蓄力打造自身特色邮轮线路，致力于技术研究。以 MSC 地中海邮轮为例，2020 年 6 月 22 日，该公司官网宣布确认了 2020 年秋冬季至 2021 年的详细运营计划，自 10 月下旬起，将在加勒比海、地中海、海湾地区、南非、南美和亚洲提供 90 多种不同的行程，行程长度从 2 晚到 24 晚不等，还将于 2021 年 1 月发出第三条环球航线和更为丰富的远洋航线。建议邮轮企业运用新技术手段，打造智能化、数字化环保型邮轮产品，在符合公共卫生安全标准的同时，提升自身软硬实力，形成独具特色的差异化创新产品。

4. 科技防疫，更新邮轮设备

科技防疫需要邮轮在设施上进行全面的改善与更新。一是划分邮轮独立负压隔离区，配备防疫专业设施。从此次防疫可以看出早发现、早隔离是杜绝病毒传播的重要手段。在疫情刚发生时，邮轮隔离区将少数感染游客进行

隔离，可以有效地避免交叉感染，控制疫情的传播。二是改进现有的空调循环系统，使空调系统形成内外并行的双路通风换气方式。同时增加整体净化杀菌过滤功能，这样就可有效地提高空调通风系统的安全性和可靠性。疫情期间，新造邮轮的客舱多采用独立新风智能分散式空调系统，该系统对新风进行独立集中处理，并由定风量阀单独输送至各房间，保证舱室处于正压状态。回风则通过房间中的分散式空调单元进行单独处理，回风口设在房间内部，以保证各房间的回风互不相通，避免病毒在各舱室间相互传播。⑧三是合理设计船体空间布局。邮轮的公共场所和私人客房应减少全封闭的内舱设计，加设安全出入门或应急出入口，这样就可以最大限度保证每个居住舱室的相对独立和整体的绝对开放。

（四）游客层面

1. 自觉防疫，提升保护意识

邮轮游客应全面提升安全意识。在保护自身安全的同时，提升公共安全意识，规范自己的行为。总体上要遵照相关个人防护技术要求，做到按需要佩戴口罩；旅途中尽量避免直接用手触碰公共物品；加强手部卫生，随身携带速干手消毒剂或其他有效的手消毒剂，尽量与他人保持一米以上的社交距离。例如，在邮轮上就餐，首先要选择合理的就餐时间，避免高密度聚集，排队取餐时，减少语言交流，食客间保持一定的安全距离；取餐时，应避免用手直接触碰频繁接触的物品表面；就餐时，选择靠近门窗等通风条件较佳的位置就座，可选择同向而坐，注意避免发生聚集；用餐前注意手部卫生，文明就餐，适时缩短就餐时间，同行人交流适度友好，如遇就餐人员很多时，可要求服务人员打包回客房及适当位置就餐。若邮轮上发生紧急公共卫生事件，游客须自觉服从邮轮防疫人员的安排，做好个人防护，邮轮游客应尽量减少不必要的外出活动。如确有疫情发生，除特殊情况外，邮轮上的游客须停止一切娱乐交际活动，防止交叉感染，自律在房间休息，保持身心健康，按时向邮轮工作人员汇报自身情况。如若身边的家人出现染病状况，应自觉上报，等待安排，做好自我隔离的准备，不得私自行动，听从工作人员指令，按顺序上下船以保证自身安全。如果自身不幸染病，也应尽快联系相关防疫人员，避免与其他游客的直接或间接接触，从源头上防止疫情传播，主动隔离，做好防护。

2. 享受旅行，加强心理建设

在后疫情时期，游客选择邮轮出游的主要目的仍是享受愉悦、畅游美景，通过假期释放自己心理上的焦虑、耗竭、无助、愤怒、恐慌等不良情绪，因此加强心理建设，便是我们共度美好时光的精神支撑。保持个人稳定的情绪状态，尤其是对以家庭出游的群体游客来说，更要及时察觉和调整自己的情绪状态，以个人积极乐观的心态保持整体氛围的活跃。如确有特殊情况发生时，切忌恐慌盲从，要对这一异常事件树立正确认识，短期的恐惧与慌张是可以接受的，应科学地认识和理性地对待突发事件将给自己带来的不利影响，通过可靠的信息源获取科学正确信息，减少接触不良及耸人听闻的传言，凭借自身的知识和判断力过滤掉负面情绪；可以通过网络与家人、朋友交流，相互鼓励、掌握动态、沟通情感、增进支持，维持正常的规律，合理饮食提高免疫力，适量运动降低心理压力。

参考文献

黄雪忠：《新冠肺炎疫情下对邮轮技术推进的思考》，《中国船舶报》2020 年 3 月 25 日。

李思颖：《邮轮不宜一停了之》，《中国交通报》2020 年 2 月 29 日，第 3 版。

谢燮：《邮轮应对突发疫情的路径及对策》，《中国远洋海运》2020 年第 3 期。

叶欣梁：《后疫情时代，中国邮轮经济路在何方》，《中国旅游报》2020 年 7 月 24 日。

张璐璐：《世界邮轮业发展现状》，《世界海运》2010 年第 12 期。

World Health Organization. WHO Guide to Ship Sanitation, 3rded. Geneva：*World Health Organization*, 2011.

G.8
预约旅游引领"互联网＋旅游"发展新格局

赵立松　刘佳昊*

摘　要：　面对全球新冠肺炎疫情的大流行和日益复杂严峻的发展环境，我国旅游行业发展呈现出若干新特征。安全与发展统筹协调成为旅游业复苏的内在要求;游客对存在更多接触的长途游、跟团游持谨慎态度，而将目光转向本地游、周边游。在此背景下，预约旅游快速发展。它一方面是确保行业安全稳定运行的重要抓手，另一方面也是推动旅游业实现数字化转型与高质量发展的有力支点。未来，要通过预约旅游促进旅游业在线化率的提升，推进行业数字化转型;加强景区会员体系建设，利用旅游大数据实现精准营销和流量运营;重视游客在互联网平台上的评论，不断优化产品和服务。

关键词：　预约旅游　互联网＋旅游　发展新格局

一　新冠肺炎疫情对我国旅游业的影响

2020 年新冠肺炎疫情的大流行，给全球经济发展和社会运行带来了

* 赵立松，美团大学美景学院执行院长，主要从事智慧旅游、"互联网＋旅游"研究;刘佳昊，美团研究院副研究员，主要从事平台经济、旅游经济研究。

前所未有的困难和挑战，尤其是对旅游行业的冲击比较明显。疫情引发了全社会对新格局的思考和探索，加速了各行业运行模式的转变甚至重塑。

（一）新冠肺炎疫情对旅游行业产生深远影响

新冠肺炎疫情对中国旅游行业产生了较大影响。一方面是客流下降导致众多旅游企业业务萎缩，现金流面临巨大挑战；另一方面是疫情对游客旅游消费需求产生了影响，消费信心需要一定时间来恢复。

除此之外，还有一些将对整个行业产生更长期、更根本的影响需要我们思考和重视。首先，这次疫情是在移动互联网高度发达的情况下暴发的，信息传递的速度极快，对人的心理也产生较大冲击，从而影响人们的消费决策和经营决策。其次是竞争加剧，新冠肺炎疫情影响的是整个服务业，因此未来旅游业面临的不仅是行业内竞争，更是整个服务业之间的消费者争夺。最后，人们对公共卫生要求显著提高。美团门票相关数据显示，用户最关心的关键词中，关注度增长最快的前三位全部和"预约""防疫"相关。

（二）本地游、周边游需求将大幅增加

受疫情影响，跨国出行、长途异地旅行数量下降，绝大多数消费场景集中在本地和周边，本地游、周边游游客较往年大幅增加。美团数据显示，2020 年与 2019 年相比，跨省游占比降低 5%，省内跨市游占比降低 1%，市内游占比提高 6%。2020 年，在旅游各品类中，按旅游人次规模排前三的是自然风光、主题乐园、水上项目，按旅游人次同比增幅排前三的是特色街区、远足和海滨沙滩。其中，属于本地游的特色街区和周边游的远足增幅最大。

面对疫情带来的变化，许多旅游企业尝试不同方式去获得新的发展，未来也会将业务方向和资源投入的重点更加聚焦于本地游和周边游市场。

表1 2020年人气旅游项目类型

排名	2020年旅游人次规模	2020年旅游人次同比增幅
1	自然风光	特色街区
2	主题乐园	远足
3	水上项目	海滨沙滩
4	动植物园	公园
5	公园	自然风光

资料来源：美团大数据。如无特殊说明，以下表格资料来源均如此，不再赘述。

（三）信息披露要求会更高

游客除了有对旅游目的地是否好玩、是否便利的需求之外，对是否卫生和是否安全的信息披露需求也会加强。与住宿、交通等公共场所类似，景区的公共卫生安全状况是动态变化的，及时的防疫信息披露对恢复游客信心非常重要，信息披露的总体要求会越来越高。

美团与国内51家知名景区联合发布《中国旅游景区防疫自律公约》，倡导景区采用技术创新严格限流管控，推行无接触服务，全国已有超过3100家景区加入。此外，美团还推出了"安心防疫助手"功能，促使"安心玩"景区成为用户首选。数据显示，"安心玩"景区收获流量相比"安心玩"标签上线前一周增长超510%。

（四）营销渠道正在发生变化

疫情影响下，旅游目的地的营销渠道会有比较大的变化。过去很长一段时间，旅行团都是旅游目的地的重要客源，但是受疫情冲击，原本很多规模小、经营能力差、主要依赖关系的旅行社更容易被淘汰，而这部分市场空间未来很可能会被大型旅行社和在线旅游平台取代。

在线旅游平台的竞争力会进一步加强。在线旅游平台在疫情应对、客诉处理方面体现出来的能力是相对优于传统旅行社的，由于游客信心的降低和不安全感的加强，选择更有保障和更有实力的平台将成为一个必然的趋势。

因此，很多依赖传统旅行社的景区和目的地，已经开始探索与在线旅游平台的合作模式，逐步增强与在线平台合作的能力。这将成为其未来保持优势并健康发展的重要因素。

（五）"无预约不出游"将逐渐成为社会新风尚

预约旅游已成为旅游消费的新方式。从 2020 年美团门票的景区预订数据来看，在提前一天以上预订的订单中，提前 1 天、提前 2 天、提前 3 天、提前 4~7 天和提前 7 天以上的景区门票订单均呈现同比增长趋势，分别上升 0.1 个、0.51 个、0.27 个、0.66 个、0.68 个百分点（见图 1）。其中，提前 4~7 天以上预订门票的订单占比上升最快。

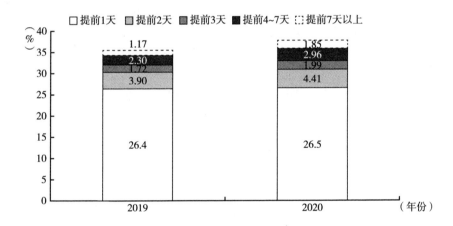

图 1 景区提前预订的订单占比

美团研究院与中国社会科学院财经战略研究院合作开展的国内景区预约旅游便利度研究①发现：总体而言，各地 5A 级景区成为预约政策落实的先行者，其便利度最高，在全行业中发挥着显著的带头作用。疫情发生以来，一级博物馆、4A 级景区也开始推行预约和限流措施，尤其是对以室内场馆

---

① 2020 年美团研究院同中国社会科学院财经战略研究院合作，开展国内景区预约旅游的便利度研究，从信息获取、预约购票、交通、游玩等维度开发了预约旅游便利度指数的测评工具，并对国内 4000 余家 5A 级、4A 级景区和一级博物馆的预约便利度进行了评估。

为主的博物馆，预约措施的需求最为迫切。从区域比较来看，北京市、上海市和陕西省等地的预约旅游便利度在全国名列前茅。相比于预约购票、交通和游玩的便利度，旅游景区信息获取的便利度仍是各地预约便利度评估中的主要短板（见图2）。

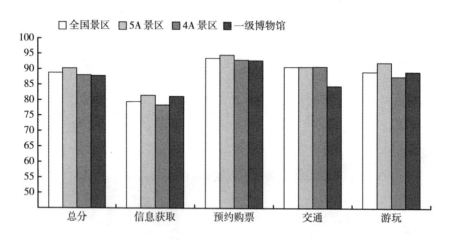

图2　国内主要景区预约旅游便利度评分

二　发展预约旅游的必要性和重要性

预约旅游已成为平衡疫情常态化防治和行业高质量发展的重要方案。从发展现状看，当前我国预约旅游的制度政策进一步完善，旅游景区的线上化率不断提高，电商服务平台对预约旅游的产品与技术支撑也越发完备，预约旅游迎来新的发展契机。

（一）响应政府要求

2019年8月，国家开始倡导推广景区门票预约制度。《国务院办公厅关于进一步激发文化和旅游消费潜力的意见》中，明确提出了"到2022年，5A级国有景区全面实行门票预约制度"。

2020年以来，文化和旅游部会同相关部委多次做出指导旅游景区安全有序开放的工作部署，并把预约旅游作为推动旅游新秩序形成的重要着力点。2020年2月，文化和旅游部下发《旅游景区恢复开放疫情防控措施指南》，要求各地旅游景区继续实施疫情防控，实行实名制购票，有效采取门票预约等手段，科学分流疏导游客，鼓励互联网售票、二维码验票等方式减少人员接触。2020年4月，文化和旅游部会同国家卫健委联合发布《关于做好旅游景区疫情防控和安全有序开放工作的通知》，通知要求，旅游景区要建立完善预约制度，并采取大数据分析等多种新技术手段，推动智慧旅游，做到旅游景区流量管理关口前置。2020年11月18日召开的国务院常务会议确定适应消费升级需求支持"互联网＋旅游"发展的措施，提出将预约旅游作为促进常态化疫情防控下旅游业健康发展的重要措施，进一步明确了"国有旅游景区应于2021年底前全部提供在线预约预订服务"。

（二）满足安全要求

从疫情防控的角度看，疫情期间预约旅游在限制游客流量、防止人群聚集、防范健康风险等方面发挥了至关重要的作用。而在后疫情时代，防控常态化同样要求合理控制景区人流，避免出现人群大面积拥挤和聚集性滞留。因此，预约旅游不仅是应对疫情暴发的"应急之举"，更是旅游业坚持长效防疫的"新常态"。

从安全运行的长期视角来看，发展预约旅游也是旅游业实现安全发展的重要前提。长期以来，景区拥堵问题一直为各界所诟病，极大地影响了游客的游览体验和消费意愿、降低了景区的服务水平和盈利能力。从本质上讲，"先预约后旅游"是一种科学性、计划性的出游方式，通过提前预约，实现游客人数与游览区承载力的合理适配，可有效缓解景区的拥堵难题，改善游览秩序，提升游客体验，保障旅游安全。

（三）实现景区精细化管理

目前，旅游业给游客提供的服务体验环节当中，缺乏相对有效的分析管理和优化工具，而在线预约是实现量化、精细化管理的非常重要的基础

和手段。在将用户信息及用户行为数字化以后，旅游企业就能知道如何让游客的出行环节得到保障，就能设计一个更好的用户体验流程，更好地优化服务环节，将园区内动态变化的信息及时、有效地传递给游客，让游客有合理的预期。所以，预约旅游也有很强的企业经营价值，它将成为旅游企业精细定量和闭环管理的重要抓手，能够促进景区运营线上化、数字化。

需要强调的是，互联网不仅仅是一个渠道，对于景区而言，互联网更是一个连接景区和用户的平台，尤其是在预约旅游发展趋势下的互联网平台将成为旅游业新基建的重要组成部分，成为基础的生产力设施。互联网平台能够帮我们更好地去了解用户的需求，进而支持服务和产品的快速迭代与升级。

三　对发展预约旅游、深化"互联网＋旅游"的建议

目前，我国整体经济环境已发生变化，消费是拉动经济增长的核心动力，而旅游业是我国未来实现消费升级与国内经济大循环的重要抓手。同时，随着移动互联网的迅速普及，旅游用户消费习惯也在发生改变，个性化、移动化和基于位置的定制化成为新趋势，也衍生出新的产品形态。在这个背景下，我们对如何发展预约旅游，继续深化"互联网＋旅游"进程，提出以下对策建议。

（一）进一步完善预约旅游模式，提升旅游在线化率

1. 加大对预约旅游的宣传力度，强化社会认知

当前，预约旅游在我国仍处于兴起和推广阶段，公众对预约旅游的认知提升和习惯养成仍需要一定的过程，无法一蹴而就。因此，国家有必要进一步加大对预约旅游的宣传力度，丰富宣传方式，结合疫情防控常态化的要求，加快预约旅游制度的形成。在推广的过程中，应秉承鼓励与引导的原则，采取多样化的激励措施，例如采用景区门票预约优惠券、园内预约游览

权限升级、景区游览特殊通道、景区纪念品赠予等方式，引导公众参与预约旅游。在重大节日或旅游旺季，也需采取一定强制性的预约措施，实现对旅游地的人流管控与峰值预警，加速全社会预约旅游消费习惯的形成。

2.继续促进旅游业线上线下融合，推进行业数字化转型

预约旅游的发展需要行业数字化技术的承接，提高旅游服务业务的线上化率，是对预约旅游的基础性支撑。在这一过程中，对于接入旅游预约系统和数字管理系统的中小商户或贫困地区旅游景区景点，政府可给予适度财政支持或税收优惠，鼓励行业的数字化。另外可充分发挥本地生活服务电子商务平台的作用，加快对旅游景区等的数字化改造与技术赋能。还应促进平台企业与旅游景区周边餐饮、酒店、娱乐等多类生活服务业态的合作，提高"预约消费"的覆盖范围，以预约旅游为抓手，促进生活服务业全行业的数字化转型。

3.加强预约旅游智慧应用，整合旅游预约大数据资源

除加强景区、博物馆等单体旅游项目的预约能力建设外，还应强化高预约旅游系统同智慧城市系统的联动嵌入，将旅游预约系统纳入全域旅游示范区建设的重点工作中。建议开发和应用全域旅游预约系统与平台，系统联通城市内的旅游休闲服务资源，实现旅游休闲全域数据联动，促进更深度的数据价值挖掘。如基于预约数据，利用 AI 等技术算法一方面为游客优化旅游线路，实现旅游的错峰与分流；另一方面也为景区预判流量峰值，帮助其做好接待准备。更智能的城市旅游预约系统，将成为加速城市智慧旅游建设的重要引擎，进而实现城市公共服务的提质增效。

（二）利用互联网平台加强游客生命周期管理

过去，旅游是相对低频的行为，旅游企业对游客生命周期管理的重视程度都不高。但这次疫情发生之后，整个旅游行业的恢复大多遵循"先本地后异地"的基本规律，景区对本地游客精细化管理将成为后疫情时代竞争的一个重要能力。越来越多的景区开始关注和重视针对游客的生命周期管理，以提高自己在疫后的快速应对和复苏能力。而通过互联网平台，我们可

以很便捷、精细、定量地分析游客消费决策过程，很清楚地知道什么样的内容受用户欢迎，什么样的产品用户更关注。

如图3所示，一个游客的生命周期大致分为几个部分：无意向－弱意向－强意向－预订－体验－评价。

从无意向到弱意向的过渡，依赖于流量的辐射。在疫情之后，所有场景争抢的都是用户的时间，所以要在用户高频的生活场景中不断地做渗透，在一个无意向用户的碎片时间和各种生活场景中做干预和触达。比如日常去商场逛街看到的商场大屏广告；比如美团在大量外卖用户日常购买美食的时候推荐一份榜单，一定有用户在用餐时段愿意点开看相关内容。这就是通过高频生活场景的流量做用户触达。

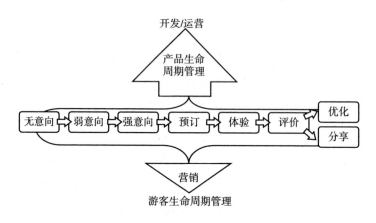

图3　产品/游客生命周期管理

如果一个用户已经有弱意向，就要继续给他加强感知，这就是从弱意向到强意向的过程，也是给用户心智做建设过程，可传递品牌价值和品牌特色。比如故宫，每当北京下雪，故宫的雪景就遍布各大社交网站和媒体，"下雪了，去故宫拍照好看"就可以作为给用户尤其是年轻群体的种草内容。增加对品牌的诠释，是对用户心智影响的根本，这就要对用户的行为喜好进行分析，再对触达的内容做针对性提炼，将景区的品牌价值和特色多次触达用户，加强用户感知。

强意向用户如果多次浏览都不购买，那只有一个理由，就是价格还不够让用户有冲动。促销一般都是用来短期拉动销量的核心工具，但是疫后有很多不稳定因素，比如疫情的反弹让出游的时间变得充满不确定性，因此，给低价产品配置一个开放的使用周期，对用户的购买决策来说能起到很大的杠杆效应。

用户的生命周期还有一个重要的环节，就是从体验到评价。在通常情况下，消费者会在两个极端情况下主动评价：要么体验特别差，要么体验特别好。他们会围绕服务质量、价格优势和项目品质来发布自己的看法。这些用户评价数据都将成为数字化营销的重要抓手。

在传统模式下，完成整个意向转化过程的可能是媒体或旅行社，但是从体验到评价、分享的过程，传统手段普遍效率很低、效果很差，且不可追踪和无法沉淀。互联网平台效率更高、可以监控，而且这些数据、行为都是可以被沉淀下来的。

因此，一方面我们可以通过用户分享、网红打卡等方式进行传播，起到种草的作用，让更多人知道景区的服务、项目和价格方面的优势；另一方面，对于已经购买过门票的用户，我们可以通过其他游客对景区内餐饮和二次销售内容的分享，带动景区内其他相关项目消费。这样一来，在该用户的生命周期管理中，就起到了收益最大化的效果。

目前景区的游客评价管理依旧存在很多痛点问题。比如信息提取难度大，评价内容庞杂、表达方式多样、难以有效地分层分类定位具体问题等。而互联网平台在这方面可以助力景区做好评价管理，比如美团的景评系统提供了高效、便捷的评论管理工具，通过聚焦景区核心服务问题，辅助景区进行服务质量优化，帮助景区做好评价管理，并根据游客的评价反馈来优化产品提升服务水平，提高游客满意度。

（三）从预约到会员，打造旅游景区营销新能力

只有通过预约旅游，将游客用户线上化、数字化，打造线上线下一体化的会员体系，才能真正实现完整的游客生命周期管理。然而散客化、个

性化、网络化的旅游市场特点决定了标准化的旅行服务无法满足更碎片化、更多元的消费需求①。因此，在用户运营方面，景区还有很多痛点，比如如何吸引游客，如何提高消费者认知，如何使消费者消费更多，如何使消费者复购等。

所以，景区应加强和在线旅游平台的合作，比如在互联网平台搭建旗舰店，强化景区品牌形象；通过视频、图文九宫格展示，推荐相关门票、酒店等产品，做好景区内容运营；通过用户浏览、购买、出行前、行中、行后各个场景进行数据沉淀，运用数据分析，构建用户画像，做好精准营销。

首先，景区可与在线旅游平台共同研发并推荐包含景区里其他服务的套餐产品，如"门票 + 餐饮""门票 + 酒店""门票 + 购物"等，多业态产品聚合展示将为游客提供更丰富、更多元的消费选择，而在线旅游平台赋能景区的多业态运营能力很关键，不同产品的"串联组合 + 精准客群"的匹配，是做高客单价的保证。其次，通过满减优惠、会员积分抵现等多种方式，将线上客流导入线下，带动景区的二次消费，最终提高景区的收入规模。最后，景区通过互联网平台打造自己的会员粉丝经济，在提升景区品牌价值的同时，也让更多用户享受到更优惠、更多元的消费体验。例如东方明珠电视塔在美团上开设景区旗舰店，实现了线上线下会员打通以及会员积分抵现功能，体现出互联网平台对传统景区的助力。

总而言之，做好预约旅游不仅是疫情防控的需要，也有助于传统景区的数字化、智能化升级。在疫情带来的新变化下，旅游企业应不断开拓创新，通过预约旅游不断深化"互联网 + 旅游"新模式。尽管国际旅游业仍受疫情影响严重，但国内旅游业尤其是在线旅游的发展前景仍相对乐观，支撑我国旅游经济发展的市场基本面没有改变，大众对于品质化、多元化旅游产品的需求依然旺盛，线上化、数字化进程的加快也为我国旅游业的发展注入了动力，我国旅游业仍会保持长期增长的态势。

---

① 品橙旅游：《牵手美团，会员旗舰店为景区纾困》，2020。

参考文献

品橙旅游:《牵手美团,会员旗舰店为景区纾困》,2020。

岳鸿飞、刘佳昊:《我国预约旅游的发展特征和发展对策》《文化和旅游智库要报》,2020。

张铭阳:《美团"安心防疫助手"上线,让全国 3100 多家安心玩景区防疫安全"看得见"》,中国科学网,2020 年 3 月 20 日。

G.9
会奖旅游业数字化转型实践探索

—— 以浙江为例

白　鸥*

摘　要：　新冠疫情对会奖旅游业造成重大影响，包括短期冲击巨大、
流动性减弱、长期业务不确定性增加、会奖旅游企业应对重
大公共卫生事件能力短板凸显等。疫情防控常态化加速了会
奖旅游业数字化转型的步伐。会奖旅游业数字化转型面临众
多挑战，表现在会奖旅游企业缺乏数字化转型所需能力，传
统行业供应链无法适应数字化转型新需求，政府扶持政策缺
乏精准性，行业监管体制亟待重构。本文在对浙江省会奖旅
游业进行问卷调查和实地调研的基础上，研究总结了浙江会
奖旅游业在数字化转型道路上的探索与实践，具体包括利用
技术红利布局规划企业数字化能力，开拓会奖旅游行业数字
化转型的新模式和新路径，加强政府的战略谋划和行业监管
体制的重构。

关键词：　疫情影响　数字化转型　会奖旅游业　浙江省

---

* 白鸥，博士，浙江农林大学旅游与健康学院副教授，硕士生导师，研究方向为服务创新、创新治理。

一　新冠肺炎疫情对会奖旅游业的影响

（一）短期冲击巨大，波及范围广

2020 年初至今，新型冠状病毒肺炎疫情对会奖旅游业造成了巨大影响。大量会奖旅游企业在短期内遭遇现金流中断甚至倒闭的危机。根据国际展览业协会（UFI）发布的数据，新冠肺炎疫情导致全球会展行业收入损失超过 230 亿欧元。中国会展经济研究会 2020 年一项对会奖旅游企业的调查结果显示，会奖旅游企业损失严重，超过 66% 的被调查企业 2020 年预计损失超过 100 万元，45.64% 的会奖旅游企业的营收较上年预计减少 50% 以上（见表 1）。

表 1　新冠肺炎疫情影响下会奖旅游企业预计损失

2020 年预计损失（万元）	会奖旅游企业数量（家）	会奖旅游企业占比（%）
≥100	197	66.15
50~100	50	16.92
≤50	51	16.93
较 2019 年营收预计减少百分比（%）	会奖旅游企业数量（家）	会奖旅游企业占比（%）
≥50	136	45.64
40	62	20.81
30	60	20.13
20	27	9.06
10	13	4.36

资料来源：中国会展经济研究会，《当前应出台扶持会展业应对疫情的专项政策措施》，http：//www.cces2006.org/index.php/home/index/detail/id/13186，2020 年 3 月 23 日。

根据杭州市会议展览业协会 2020 年 2 月上旬开展的新冠肺炎疫情对杭州市会奖旅游企业的影响调查结果，预计营业额损失超过 100 万元的企业占比高达 70.91%（见图 1）。

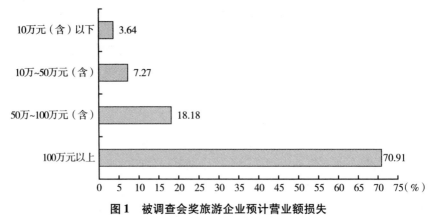

图1　被调查会奖旅游企业预计营业额损失

资料来源：杭州市会议展览业协会，《新型冠状病毒肺炎疫情对杭州市会展企业的影响调查报告》，2020年2月10日。

（二）会展项目延期或取消，现金流中断

受新冠肺炎疫情影响，会展活动的取消与延期导致企业营收锐减，但租金、人员工资、税费等经营费用支出未减，大量会奖旅游企业特别是中小企业面临现金流中断的危机。2020年上半年杭州国际博览中心34个展览、100多个会议受影响，白马湖国际会展中心和杭州创意设计中心CBOX在2月和3月共有11个会议和展览项目延期。根据杭州市会议展览业协会的影响调查结果，企业所受影响主要表现在项目停办、营收下降、现金流紧张等方面（见表2）。

表2　被调查会奖旅游企业所受影响

疫情对企业的影响	占比（%）
1. 会展项目无法开展或规模缩减，项目延期举办，业务量断层式下降	75
2. 因会展项目延期或停办，会奖旅游企业、酒店、场馆等损失及生产成本增加，外地员工无法按时复工	89
3. 境外展因签证、航班等原因，给参展商及会展执行方造成严重损失	56
4. 受业务影响，营收下降，企业现金流紧张，办公租金、人员工资、银行还贷等压力大	67
5. 场馆、酒店处于停业或半停业状态，产生日常经营成本损失	81

资料来源：杭州市会议展览业协会，《新型冠状病毒肺炎疫情对杭州市会奖旅游企业的影响调查报告》，2020年2月10日。

（三）流动性减弱，长期市场不确定性增加

流动和聚集是会奖旅游业的生命线，新冠肺炎疫情限制了国内外人员流动、货物运输、出国参展、海外观众邀请等活动。大型会奖活动（例如人数在100人以上的活动）举办恢复缓慢，很多会奖企业被迫将原有的线下活动转至线上。

与此同时，会展场馆由于档期调整，部分场馆在下半年面临项目"扎堆"的窘境。场馆要解决超负荷运转、布展撤展时间临时调整、观众组织困难、人员安全保障难度增加而导致的各类运营问题。在疫情防控常态化的情况下，相比活动和会议项目，展览项目因涉及场地等因素，复苏时间会更长。另外，因疫情异军突起的新消费领域例如直播、云推介、VR展示等短期内需求激增，增加了市场的不确定性。数字化运营导致会奖项目平均运营成本增加、产业竞争格局变化、行业重塑步伐加快。这些因素都增加了会奖旅游业发展的长期不确定性。

（四）政府扶持政策难以惠及中小会奖旅游企业

虽然政府及其有关部门出台了各类应对疫情的金融、财政、税收等优惠政策，但是会奖旅游企业受惠程度不均衡。受到政策与实际需求不匹配、资金有限、资金发放周期性等因素的影响，政策难以惠及中小会奖旅游企业。根据中国会展经济研究会2020年3月的调查，扶持政策受惠情况呈现结构性不平衡态势，例如近87%的会奖旅游企业没有享受租金减免的政策（见表3）。

表3　现有扶持政策及会奖旅游企业受惠情况

单位：家，%

扶持政策	扶持政策受惠情况	会奖旅游企业数量	会奖旅游企业占比
返还上年度缴纳的失业保险金	受惠企业	101	33.89
	未受惠企业	197	66.11
延长缴纳社会保险金时限，延迟时限内不收取滞纳金	受惠企业	200	67.11
	未受惠企业	98	32.89

续表

扶持政策	扶持政策受惠情况		会奖旅游企业数量	会奖旅游企业占比
下调最低标准缴存住房公积金的费率	受惠企业		73	24.50
	未受惠企业		225	75.50
企业用工补贴	受惠企业		60	20.13
	未受惠企业		238	79.87
停征或减免部分行政事业性收费	受惠企业		61	20.47
	未受惠企业		237	79.53
减免、延期或调整应缴税费	受惠企业		127	42.62
	未受惠企业		171	57.38
欠费不停供	受惠企业		99	33.22
	未受惠企业		199	66.78
下调贷款利率	受惠企业		60	20.13
	未受惠企业		238	79.87
保费、保单延期	受惠企业		80	26.85
	未受惠企业		218	73.15
财政贴息	受惠企业		55	18.46
	未受惠企业		243	81.54
减免企业租金	受惠企业	1~2个月	27	9.06
		2~3个月	10	3.36
		3~6个月	2	0.67
	未受惠企业		259	86.91
展位费减免、补贴	受惠企业		25	8.39
	未受惠企业		273	91.61

资料来源：中国会展经济研究会，《新冠疫情期间地方扶持企业政策实施落实情况问卷调查统计分析报告》，http：//www.cces2006.org/index.php/home/index/detail/id/13189，2020年3月23日。

（五）会奖旅游企业应对重大公共卫生事件能力短板凸显

面对新冠肺炎疫情的影响，一些经营项目单一或季节性特别强的中小会奖旅游企业已出现经营中断问题。企业亟须应对员工士气下降、员工大量离职、员工招聘受阻等危机。更重要的是，尽管疫情催生了大量的"云会议""云活动"等在线业务，大量的会奖旅游企业只是疲于应付，缺乏前瞻性的数字化转型规划与应对危机的能力。主要的能力短板在于缺乏对数字化商业模式的重新认识与定位，企业仍在尝试开拓线上业务的新空间、探索新的盈利模式以及人员在线管理的新方法。杭州市会议展览业协会的影响调查结果显示，面对疫情"大考"只有少数企业能够实现真正的"上线"，利用技术上的先发优势弥补线下活动取消的损失（见表4）。

表4 被调查会奖旅游企业应对疫情措施

单位：%

企业应对疫情措施	占比
1. 开拓新市场,挖掘新业务,资源重新整合	98
2. 制度计划,修炼内功,组织员工学习提升,开展线上会展项目	90
3. 调整预算,精减成本,调整产品,明确企业定位及发展方向	56
4. 融入新技术、新科技,改善传统会展交易服务渠道,利用技术上的先发优势更好服务会展业	8
5. 进行内部培训,优化人员结构,进行企业经营方向性调整,多元化发展	76
6. 做好客户维护,帮助客户共渡难关,推出促销方案	35

资料来源：杭州市会议展览业协会，《新型冠状病毒肺炎疫情对杭州市会奖旅游企业的影响调查报告》，2020年2月10日。

二 会奖旅游业数字化转型的挑战

（一）会奖旅游企业缺乏数字化转型所需能力

在疫情防控常态化的情境下，数字化转型有利于会奖旅游企业降低运营成本，增加营收。根据浙江省会展行业协会的调查，80%以上的会奖旅游企业将数字化转型作为公司的战略核心。然而，数字化转型要求会奖旅游企业补齐数字化能力的短板。

首先，会奖旅游企业缺乏数字化转型所需的经济实力、技术水平和抗风险能力。数字化转型需要大量的数字化相关的资金投入。据 IDC（2018年）预测，2019～2022年数字化转型相关 IT 支出将超过 1 万亿美元，到 2022 年

中国 GDP 的 65% 将与数据有关。

其次，会奖旅游企业难以从"以技术为中心"向"以数据为中心"转移。新一代数字技术能助力会奖旅游企业建立以云化平台为支撑、数据共享为核心、智能应用为特色的基本架构。会奖旅游企业不能局限于单个业务环节的上线或配合线下活动的在线直播，而是需要向全要素、全流程、全链条的数字化重构升级。"以数据为中心"要求会奖旅游企业以数据资源带动资金流、人才流、物资流，促进数据驱动的决策和服务创新，实现更低成本、更高质量的会展服务交付。

最后，会奖旅游企业主要侧重某一业务的数字化，缺乏全流程的数字化深度渗透。疫情期间，由于人流物流受限、活动项目锐减、航空差旅暂停等因素，会奖旅游企业生存困境加剧，在一定程度上加速了会奖旅游企业的线上数字化突围。然而这一突围局限于单一业务，例如 2020 西湖论剑·网络安全线上峰会构建了"云上展览"，通过视频、图片、文字等方式，将参展商虚拟为城市空间元素。这一模式并没有将虚拟展示与其他运营环节链接起来。如何打通全要素、全环节、全流程数据链仍然是会奖旅游企业亟须突破的难点。数字化转型要求会奖旅游企业整合产品与服务、硬件与软件、应用与平台，促进产业链各环节及不同产业链的跨界融合，搭建形成开放合作的价值共创生态圈，从而更精准地定义用户需求、更大范围地动态配置资源、更高效地提供个性化服务。

（二）传统的行业供应链无法适应数字化转型新需求

会奖旅游业数字化转型的另一个重要层面就是行业供应链条和协作格局的数字化。相对于传统经济而言，数字化具有以下三个方面的作用，一是数字化提供了新的业态和新的协作解决方案。然而，受到线下商业模式巨大惯性的影响，会奖旅游业缺乏数字化所需的与线下截然不同的独立商业模式。线上会展作为应对疫情风险的一种创新尝试，主办方在举办过程中遇到了技术、运营等不同层面的问题，缺乏可实现的商业盈利模式。例如，一旦线上展会实现 365 天在线服务，传统的一次性线下展位收费是否应该让位于新的付费模式。会奖旅游业的数字化转型不仅依靠单纯的业务变革和技术解决方案，更需要组织和商业模式变革相结合。

二是数字化转型重构了供应链。后疫情时代会展供应链发生重大改变，数字化更加注重精准营销，如会议分销、展会分销。会展活动的利润来源也在发生变化。作为产业链上不可或缺的场馆方，也在谋求创新模式。例如杭州国际博览中心开始探索产品多元化发展以及智能场馆的打造，不再只是场地出租，而是转向制定场馆产品，将场馆的小生态发展成大生态。

三是数字化转型要求会奖旅游业实现关键要素的共享复用。关键要素可能包括流量、算法及其所依赖的专业人才、计算能力、数据等，会奖旅游业需要在不同的应用场景实践中探索如何共享关键要素。数字化会展需要脱离线下场景思维，"上线"不仅是为了配合线下而在线上开展直播和互动活动，如何常态化在线、如何匹配专门的运营团队、如何共享计算能力和数据是会奖旅游业要解决的关键问题。

（三）政府扶持政策效果有限，行业监管体制亟待重构

疫情防控常态化不仅加速了会奖旅游业数字化转型的步伐，也推动了政府出台各类扶持政策。在这次抗疫复苏过程中，会奖行业的扶持政策并没有取得应有的效果。会奖旅游业的数字化转型意味着决策权从人移交给"数据和算法"，政府在出台行业政策时需要利用好行业数据和数据算法，提升扶持政策的精准性，解决扶持政策无法惠及中小企业的问题。同时尝试通过与海量数据源公司合作建立服务平台，从而有效支持中小会奖旅游企业数字化转型。政府扶持政策创新应该贯穿会奖旅游业数字化转型的全过程，二者相辅相成，相互促进。

数字化转型改变了会奖旅游业现有的商业逻辑和运行方式，形成了新的业务领域、商业模式和复杂的数字生态系统，现行的监管体制、竞争政策、扶持政策等难以适用，行业监管与数据治理等新问题的解决还需要一段时间。目前，会奖旅游业数字化和智能化水平处于初级阶段，在数据搜集、数据资源权属、数据资产定价、数据流动和交易规则、个人数据保护、政府数

据开放、数据安全等方面尚缺乏成体系的政府规制，由此引发不公平竞争、企业数据保护难、用户数据隐私保护难等问题。只有在行业监管和政府政策上充分创新，为新业务、新业态的发展留出空间，提升行业监管和扶持政策的适用性和精准性，才能深入推进会奖旅游业数字化进程。

三 浙江会奖旅游业数字化转型的实践探索

2020 年 6~8 月，研究团队对浙江省会奖旅游业进行问卷调查和实地调研，共回收 137 份有效企业问卷，访谈 12 家重点企业和政府主管部门。调查结果表明，在疫情防控常态化的情境下，浙江会奖旅游业在数字化转型的道路上进行了卓有成效的探索与实践，在企业数字化能力提升、行业数字化转型新路径开拓、政府监管体制重构等方面提供了浙江样本。

（一）利用技术红利布局规划企业数字化能力

新冠肺炎疫情催生了会奖旅游业资源结构和市场交易模式的改变，加快了会奖旅游企业数字化转型的步伐。浙江会奖旅游企业敏感地感知到这一变化，提早布局规划企业数字化能力，注重数字化转型的阶段性，先易后难地推进数字化转型。调查结果显示（见图 2），会奖旅游业希望通过数字化转型解决的问题目前主要聚焦在加强与供应商/合作伙伴的深度即时沟通、将线下活动搬到线上以及提高员工办公效率等方面。优先进行的数字化转型业务场景包括市场营销、视觉展示等。在应对不确定的经营环境，数据帮助决策和利用数字化平台共享人力资源等方面仍然处于初级阶段。下一步会逐步进入投资更大、难度更高的共性环节数字化，例如业务流程、人力资源和财务管理等环节，推动相关业务系统向云平台迁移。通过提升企业的数字化能力，在降本增效提升用户体验的同时打造企业战略上的反脆弱能力。

调查结果显示（见图 3），会奖旅游企业认为自身数字化转型优势主要在于公司一把手重视、信息化基础以及高层运营管理能力。事实上，数字化转型对于企业的创新能力要求很高，会奖旅游企业亟须弥补在创新能力和创

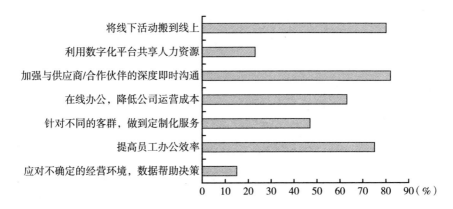

图2 会奖旅游业希望通过数字化转型解决的问题

新文化方面的不足。与此同时，调查也发现企业仍然缺乏数字化所需的资金实力，数字化技术人才紧缺，运营中缺少数据支撑，数字化文化建设水平较低。

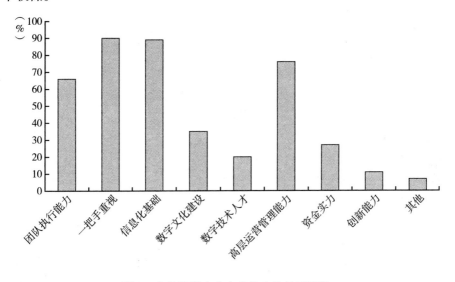

图3 会奖旅游企业自身数字化转型优势

（二）开拓浙江会奖旅游业数字化转型的新模式和新路径

随着数字化技术迭代周期的缩短以及受疫情的影响，浙江会奖旅游业数

字化转型的新模式不断涌现，呈现纵深推进、亮点纷呈的态势。一是拓展业务领域，向疫情后新兴领域拓展。新冠肺炎疫情催生了消费分级和个性化的多元需求，浙江会奖旅游业立足未来业务拓展，密切关注疫情过后可能出现的商业形态，随时把握新的市场机会，及时调整产品结构、营销策略和运营模式。大量新兴领域与会展行业深度融合发展为规模型会展，如电竞游戏、线上娱乐、在线办公、线上教育、医疗卫生、时尚文创、智慧城市、健康养老等。杭州黄龙饭店从2020年3月10日起向市场推出"云共享厅"全新会议活动新模式，主推"云场景＋云技术＋流量"一键式服务，为客户带来更便捷的"云共享厅"全套服务。饭店可为客户搭建专业化的会议直播间，提供各种适用的产品或服务场景。饭店率先推出"疫情需求服务"，包括在线上平台推出面包配送、中式定食外送、全城衣物洗涤和配送、办公场所"清洁＋消毒"套餐等服务，并有序恢复传统酒店产品，包括"安心无接触"客房产品、餐饮堂食等。

二是重塑数字化商业模式，摒弃线下商业模式的简单上线。浙江在"创新在线数字展览模式"方面走在全国前列，通过搭建"浙江数字服务贸易云展会"平台，实现线上展示、洽谈、撮合、交易，帮助服务贸易企业采用数字化手段开展精准营销，开拓国际市场，促进数字化服务出口。这一创新入选国务院深化服务贸易创新发展试点的"最佳实践案例"。杭州西湖国际博览有限公司以线上直播平台为媒介，举办了包括"白马会客厅"、"乐成长，话未来"、"设计江南在线论坛"三季主题直播，通过不断提升硬件设备以及大数据和新媒体团队对直播的认知与运用能力，直播水平不断提高。公司推出的"西博云直播产品"，通过专业级的视频会议、在线直播、连线交流、互动沟通等方式实现内容与受众链接，可满足展示宣传、信息传递、用户互动、数据分析等方面的需求，突破沟通交流的时间、空间限制。公司在杭州白马湖国际会展中心推出会展场馆"云会议"服务，在2020年4月底前都免收"云会议"主演播室场地费，赋能品牌实现线上升级。

三是建立基于数字化生态系统的运营模式。新冠肺炎疫情推动行业从线性的产业链向生态系统转变，浙江会奖旅游业积极探索上下游紧密关联的、基于数据化的商业生态系统，彼此共生共荣，达成价值共创，实现共同成长。例如，浙江米奥兰特商务会展股份有限公司推出的创新数字展览得到市场认可，推出 TradeChina 数字展览，承办首个中国—拉美（墨西哥）国际贸易数字展览会。TradeChina 数字展览搭载网展贸 MAX 核心技术，依托外贸大数据和精准配对功能，提供全年在线的数字资讯、数字展厅、在线商洽、在线大数据挖掘等服务，在保留线下展会核心环节商业价值的同时，在线重塑海外展会，为疫情之下的外贸企业提供突围解决方案。基于数字化生态系统，会奖旅游企业与利益相关者共享技术、资源和能力，实现以产业生态构建为核心的价值创造机制、模式和路径变革。

（三）加强政府的战略谋划和行业监管体制的重构

后疫情时代，浙江省各级政府面对会奖旅游业数字化转型提出的新问题和新挑战，避免以旧思维管理新模式，没有简单套用旧制度，而是积极探索政府的战略引领和监管体制重构。一是在政策举措上强化综合性政策支持。在疫情大考下，浙江省各级政府在第一时间响应，相继出台多项措施、政策帮助会奖旅游业统筹做好疫情常态化防控和复工复产工作，缓解中小企业的资金压力，帮助企业恢复生产经营。2020 年 1 月 27 日，浙江省人民政府办公厅发布《关于延迟企业复工和学校开学的通知》，明确指出切实用好"视频会议"和"掌上办公"。2020 年 2 月 10 日，中共杭州市委、杭州市人民政府印发《关于严格做好疫情防控帮助企业复工复产的若干政策》，在执行中央和省委、省政府出台的惠企政策的基础上，结合杭州实际制定政策，降低企业融资成本、免收企业担保费用、临时性降低医保费率、降低企业住房公积金缴存比例、减免企业房租、补贴商贸服务企业。杭州市商务局会展处重点围绕排摸调研、统筹服务、脱贫帮扶等内容，以"杭州会展在行动"作为工作主线。

二是通过敏捷监管为新业态发展留足空间。会奖旅游业的数字化转型与传统的线下运营模式有很大的不同，监管不能套用老办法。浙江省量身

定制敏捷监管模式，营造宽松开放的营商环境，助力会奖旅游业应对疫情防控常态化带来的挑战。浙江发布了"一大关键动力、两大基础支撑、三大重点领域"构成的六大数字化转型重点任务，提出数字经济"一号工程"，聚焦数字产业化和产业数字化，促进"互联网＋"、大数据、人工智能同实体经济深度融合，推动城市、教育、医疗、交通、文旅、就业、扶贫、养老、公共安全和乡村服务等十大应用场景数字化转型。在发展战略、税收减免、信贷支持、资金配套等层面，出台专门的激励政策，助力会奖旅游企业加大数字技术的投资力度。对企业当年数字化投入部分，引导金融机构提高信用贷款和中长期贷款额度予以重点支持，并及时兑现落实相应的激励政策。

三是政府、行业协会、企业、学术界共同参与实现行业监管体制重构。会奖旅游业数字化转型面临的新问题和新挑战需要多方协商应对，应发挥政府、平台、协会、媒体等各方优势，形成多方参与的治理格局。监管部门与平台企业合作，发挥其数据统计、技术迭代等方面的优势，提升监管效率。例如国际投资贸易洽谈会与阿里巴巴集团合作，打造国际投资促进智慧新门户。该平台通过"数字基建"赋能，实现政府、客商、项目、资本的高效对接，链接线下与线上，建设云展厅、云会客厅、云路演、云研讨、云签约，展示政府投资软硬环境、招商推介活动、项目对接等数字空间。值得指出的是，浙江省会展业各类协会在对接政府与企业方面发挥了重要作用，在疫情防控、研究分析、助力企业有序复工复产、发挥桥梁纽带等方面做了大量工作。1月27日，杭州市会议展览业协会发布《致全体会员的倡议书》，提出全体会员要主动响应政府号召，倡导会展企业主动调整、勤于思考、修炼内功、共同迎接挑战，谋划促进行业健康持续发展，并联合杭州会奖公益基金自主发起抗击新型冠状病毒感染的肺炎疫情专项募捐行动。1月28日起，浙江省国际会议展览业协会每日统计收集省内各地市会展协会、会展办、场馆、酒店、企业等工作情况及信息，形成《浙江省会展协会、场馆、酒店和企业防疫情况每日报告》。2月2日，杭州市会展协会和白马湖国际会展产业联盟联合推出中国会展人西湖沙龙直播"白马会客厅"，邀请业界专家一起探讨会展行业未来的发展思路，这也是会奖旅游业第一个直播形式的在线沙龙活动。3 月 21 日，杭州市会展协会推出主题海报创意策划活动，开展"开会观展到杭州"的宣传活动。浙江会奖旅游业形成了多方参与的协同治理体系，不断提升政策精准支持和引领能力，为业界提供前瞻指引。

参考文献

杭州市会议展览业协会：《新型冠状病毒肺炎疫情对杭州市会展企业的影响调查报告》，2020 年 2 月 10 日。

林舜杰：《展览的商业形态将发生重大变化》，http://chainwishes.com/zhanhuihuodongzixun/874.html，2020 年 7 月 16 日。

马骏等：《数字化转型与制度变革》，中国发展出版社，2020。

新华社：《中国将首次完全以网络形式举办广交会》，http://www.gov.cn/zhengce/2020-04/07/content_5500040.htm，2020 年 4 月 7 日。

中国会展经济研究会：《当前应出台扶持会展业应对疫情的专项政策措施》，http://www.cces2006.org/index.php/home/index/detail/id/13186，2020 年 3 月 23 日。

中国会展经济研究会：《新冠疫情期间地方扶持企业政策实施落实情况问卷调查统计分析报告》，http://www.cces2006.org/index.php/home/index/detail/id/13189，2020 年 3 月 23 日。

资源管理与区域平衡

Resource Management and Regional Balance

G.10

国家公园设立中的社会影响
评价实践研究

——基于利益相关者的框架分析

曹 赫 王迎迎 杨 婧 张谊佳 张玉钧*

摘 要： 2015年至今，中国已经建立了10个国家公园试点，第一批国家公园即将正式挂牌设立，以国家公园为主体的自然保护地体系将逐步形成。国家公园覆盖面积广、所涉及的利益相关者数量多且关系复杂，利益协调是国家公园发展成功与否的关键。因此，国家公园候选程序要求在科学考察及符合性认定报告、设立方案的基础上进行社会影响评价，旨在对国家公园设立的潜在风险及社会效益进行分析研究，为设立方案

* 曹赫，北京乐活生态旅游景区规划设计事务所执行所长；王迎迎，北京乐活生态旅游景区规划设计事务所工程师；杨婧，北京乐活生态旅游景区规划设计事务所工程师；张谊佳，国家林业和草原局林产工业规划设计院高级工程师；张玉钧，北京林业大学园林学院教授、博导，北京林业大学国家公园研究中心主任。

的编制及后续执行提供依据。本文以拟建呼伦贝尔国家公园为研究案例，通过实地调研结果，以利益相关者分析为基础，分析国家公园设立对评价区域的社会经济影响、潜在的社会风险及社会效益，针对国家公园设立提出社会管理方案建议。

关键词： 国家公园　社会影响评价　利益相关者　呼伦贝尔国家公园

一　研究背景

2017 年 9 月，中共中央办公厅、国务院办公厅印发《建立国家公园体制总体方案》，明确了国家公园的定义及定位。国家公园是指由国家批准设立并主导管理，边界清晰，以保护具有国家代表性的大面积自然生态系统为主要目的，实现自然资源科学保护和合理利用的特定陆地或海洋区域。其首要功能是重要自然生态系统的原真性、完整性保护，同时兼具科研、教育、游憩等综合功能。国家公园是我国自然保护地最重要的类型之一，属于全国主体功能区规划中的禁止开发区域，纳入全国生态保护红线区域管控范围，实行最严格的保护①。

2019 年 6 月，中共中央办公厅、国务院办公厅印发了《关于建立以国家公园为主体的自然保护地体系的指导意见》，进一步明确了国家公园的定义及其在自然保护地体系中的主体地位。国家公园是指以保护具有国家代表性的自然生态系统为主要目的，实现自然资源科学保护和合理利用的特定陆域或海域，是我国自然生态系统中最重要、自然景观最独特、自然遗产最精华、生物多样性最富集的部分，保护范围大，生态过程完整，具有全球价值、国家象征，国民认同度高。该指导意见确立了国家公园的主体地位，我

---

① 《建立国家公园体制总体方案》，http：//www. gov. cn/zhengce/2017 - 09/26/content _ 5227713. htm，2017 年 9 月 26 日。

国将逐步形成以国家公园为主体、自然保护区为基础、各类自然公园为补充的自然保护地分类系统①。

现阶段的国家公园设立需要以候选区为单位,编制科学考察及符合性认定报告、设立方案及社会影响评价报告。作为国家公园进入候选程序的重要组件之一,国家公园社会影响评价报告可以用来分析并评估国家公园设立带来的社会风险及效益,提出切实可行的社会管理方案建议,为设立方案的制定及后续总体规划和专项规划提供参考。

二 国家公园社会影响评价

(一)国家公园设立中的社会影响因素分析

根据《建立国家公园体制总体方案》和国家公园试点建设经验②,总结构成社会影响的因素,包括国家公园的范围、管控分区及管控措施、管理体制机制、生态旅游及国家公园品牌。其中,范围、管控分区及管控措施是构成社会影响的最直接、最敏感因素,管理体制机制、生态旅游发展及国家公园品牌是间接及可控因素。

表1 国家公园设立中的社会影响因素分析

序号	影响因素	影响情况说明
1	范围	国家公园属于全国主体功能区规划中的禁止开发区域,纳入全国生态保护红线区域管控范围,实行最严格的保护
2	管控分区及管控措施	国家公园划分为核心保护区和一般控制区 除满足国家特殊战略需要的有关活动外,核心保护区原则上禁止人为活动;一般控制区原则上禁止开发性、生产性建设活动,仅允许以下对生态功能不造成破坏的有限人为活动

① 中共中央办公厅、国务院办公厅:《关于建立以国家公园为主体的自然保护地体系的指导意见》,http://www.gov.cn/zhengce/2019−06/26/content_5403497.htm。

② 苏杨:《规划、划界、分区,利益如何划分?——解读〈建立国家公园体制总体方案〉之六》,《中国发展观察》2018年第17期,第42~47页。

序号	影响因素	影响情况说明
3	管理体制机制	建立统一管理机构,国家公园建立后,在相同区域一律不再保留或设立其他自然保护地类型 建立社区共管机制,健全生态保护补偿制度,完善社会参与机制等
4	生态旅游发展	国家公园坚持全民共享,着眼于提升生态系统服务功能,开展自然环境教育,为公众提供亲近自然、体验自然、了解自然的游憩机会
5	国家公园品牌	品牌带动效应

(二)评价范围

由于国家公园功能的外溢性,国家公园设立的影响范围涉及国家公园范围内及周边区域,因此应将国家公园及其周边区域作为社会影响评价范围。

(三)评价流程

结合投资项目社会评价的主要内容和方法,总结出设立国家公园的社会影响评价步骤主要包括社会调查、社会分析、社会风险分析与防范、社会效益可持续分析及社会管理方案建议[1]。

(四)评价因子及内容

在范围划设与社会经济相关指标的基础上,结合以往包括国家公园试点在内的各类自然保护地建设经验[2],本研究共选取国家公园设立社会影响评价一级因子五个,分别为利益相关者、社区、经济、社会风险、社会效

---

[1] 中国国际工程咨询公司:《中国投资项目社会评价指南》,中国计划出版社,2004;高玉英、靳文欣:《投资项目社会评价的主要内容和方法》,《内蒙古科技与经济》2005年第28期。

[2] 刘增力、孙乔昀、曹赫、涂翔宇:《基于自然保护地整合优化的国家公园边界探讨——以拟建青海湖国家公园为例》,《风景园林》2020年第3期。

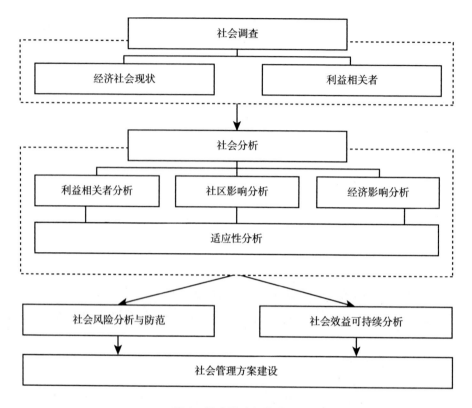

图1 社会影响评价流程

益，在一级因子的基础上选取23个二级因子及其评价内容。根据评价结果，分析构成潜在社会风险和社会效益的因素，并分析风险及效益的具体表现。

表2 设立国家公园的社会影响评价因子及评价内容

一级因子	二级因子		评价内容
利益相关者	1	利益相关者对国家公园设立的诉求及期望	根据实地调研、座谈、访谈及问卷调查对各利益相关者进行逐一分析
	2	国家公园建设对利益相关者的影响	用对比分析法分析正负面影响,用专家打分法分析影响程度及影响权重,对利益相关者进行损益性评价
	3	利益相关者对国家公园建设的影响	支持态度、阻断可能性

续表

一级因子		二级因子	评价内容
社区	4	居民生活环境	道路、医疗卫生、惠民工程
	5	生产方式	形式、内容、规模等的变化
	6	就业	渠道、岗位数量变化
	7	收入	收入来源、收入构成、收入多少的变化
	8	人口流动	国家公园内外的城镇化率、人口季节性流动
	9	少数民族文化	文化保护、传承、展示
经济	10	产业经济	三次产业的留退情况、规模变化、产值变化、人员变化、税收变化
	11	产业结构	三次产业产值比例变化趋势
	12	产业布局	国家公园内外产业布局差异、关联度
社会风险	13	引发社会风险的因素	管控措施及执行
	14	潜在社会风险	直接风险、次生风险
	15	影响程度	高、中、低
	16	影响时间	近期、中远期、远期、常态化、仅固定时期
	17	影响范围	面积大小、对象多少
社会效益	18	保护管理效力	管理体制、工作效率、问题解决、人员保障
	19	人居环境及文化保护	设施建设、文化保护与传承、地方识别度
	20	社区发展	生计、意识
	21	生态旅游发展	体验度、带动效应、产品升级、发展规范性
	22	产业及经济发展	资源消耗性产业生态化转型、生态产品提质、公园内外产业联动、发展机会
	23	全民共享	游憩机会、素养与关注度、民族自豪感

（五）评价方法

国家公园范围广、面积大、涉及利益相关主体多且层级关系复杂，应协同使用专家打分法、层次分析法、对比分析法、定量分析法、定性分析法、参与式分析法等多种方法进行社会影响分析评价。其中，利益相关者分析是社会经济分析的基础，也是后续社会风险分析、社会效益可持续分析、社会管理方案的重要参照。

1. 国家公园利益相关者定义及分类

国家公园的利益相关者是指直接或间接参与国家公园保护与利用活动、

其行为影响国家公园保护的利益或其利益受到国家公园保护利用影响的所有个体或群体。根据利益相关者研究理论和国内外国家公园研究经验①，国家公园的利益相关者共分为 10 个大类，分别是当地政府、现有保护地管理机构、国家公园内社区居民、国家公园内企业、访客、国家公园周边社区居民、国家公园周边企业、科研机构、非政府组织、社会公众。利益相关者评价包括重要性评价和损益性评价两方面内容。

2. 国家公园利益相关者重要性评价

从利益相关者的利益合法性、利益重要性和利益紧迫性三个维度对国家公园的利益相关者进行重要性分级②。利益合法性是指某一利益主体在多大程度上具有法律和道义上的或者特定的对于国家公园的索取权；利益重要性指某一利益主体在多大程度上具有影响国家公园决策的能力和相应的手段；利益紧迫性是指某一利益主体的诉求多大程度上能立即引起国家公园管理部门的关注。采用专家打分法，就利益相关者分别对利益合法性、利益重要性和利益紧迫性方面进行打分，分值区间为 [1，9]，最终得出均值并排序，将利益相关者划分为核心利益相关者、紧密利益相关者、外围利益相关者三类，对核心利益相关者进行着重分析。核心利益相关者的界定标准：总分高于满分的一半（13.5 分），且至少两个维度均值高于单项满分的一半（4.5分）。紧密利益相关者界定标准：总分在 13.5~9 分区间，且至少一个维度高于单项满分的一半（4.5 分）。外围利益相关者界定标准：总分低于满分的 1/3（9 分）③。

3. 国家公园利益相关者损益性评价

针对国家公园建设对利益相关者的损益程度，将利益相关者分为受损型利益相关者、平衡型利益相关者和受益型利益相关者。针对受损型利益相关

① 毕莹竹、李丽娟、张玉钧：《中国国家公园利益相关者价值共创 DART 模型构建》，《中国园林》2019 年第 7 期，第 97~101 页。

② 贾生华、陈宏辉：《利益相关者的界定方法述评》，《外国经济与管理》2002 年第 5 期，第13~18 页。

③ 刘伟玮、李爽、付梦娣等：《基于利益相关者理论的国家公园协调机制研究》，《生态经济》2019 年第 12 期，第 90~95 页。

者，应对负面影响产生的潜在风险进行预判及防范；针对受益型利益相关者，应对效益进行增强；针对平衡型利益相关者，应同时制定风险防范及效益增强措施，探索正负面平衡点及效益最大化措施。采用专家打分法及层次分析法对各利益相关者正、负面影响的大小和权重进行赋值，正负面影响分值区间为[0，100]，权重根据影响程度赋予，每个利益相关者的权重之和为1。

（1）各利益相关者单一正面或负面影响分值根据影响程度进行评分：低度影响，$0 < Ni \leqslant 30$；中度影响，$30 < Ni \leqslant 70$；高度影响，$70 < Ni \leqslant 100$。

（2）利益相关者定性评价。各利益相关者的正面或负面影响总得分：根据各利益相关者正负面影响得分，按国家公园建设对各利益相关者的损益做出评估结论。正面影响减负面影响小于 - 10 为受损型利益相关者，大于等于 - 10 且小于等于 10 为平衡型利益相关者，大于 10 为受益型利益相关者。

4. 不同利益相关者与国家公园的适应性评价

利益相关者与国家公园的互适性由两方面决定，包括国家公园对利益相关者的适应性和利益相关者对国家公园的适应性，任何单方面适应均不能说明利益相关者与国家公园的建设相互适应。单向适应根据适应程度分为4个层次，即：A - 直接适应；B - 转变后适应；C - 部分（有条件）适应；D - 完全不适应。二者的互适性取双向最低层次。对于转变后适应的利益相关者（B），应注重转变期的过渡、引导及长期和次生风险防范；对于部分（或有条件）适应的利益相关者（C），应针对其不适应部分或适应条件制定相应风险防范措施；对于完全不适应的利益相关者（D），应防范其退出后的短期风险。

利益相关者对国家公园的适应性，即国家公园建设后各利益相关者的权责、生产生活工作状态、收益、体验度等不降低或提高，不改变或改变可接受、可适应，利益相关者对国家公园建设持支持态度。

国家公园对核心利益相关者的适应性，即国家公园相关建设内容制定充分考虑各利益相关者诉求，具体体现为管控措施、管理体制、补偿机制、技术支持和发展引导、文化保护与传承等，国家公园建设对利益相关者持包容态度。

三 案例分析：呼伦贝尔国家公园社会影响评价

（一）调研概述

拟建的呼伦贝尔国家公园位于全国唯一的中俄蒙三国交界边境地区，属于我国典型的少数民族分布区和重要牧区，总面积464.04万公顷，其中核心保护区面积165.82万公顷，占总面积的35.73%。

社会影响评价将国家公园涉及的呼伦贝尔市新巴尔虎右旗、新巴尔虎左旗、陈巴尔虎旗、鄂温克族自治旗、额尔古纳市及满洲里市的扎赉诺尔区①作为调研及评价区域。笔者在评价区域涉及的旗市及代表性乡镇进行座谈，选取典型社区、重点企业、已运营的景区进行实地调研，对关键人进行访谈和问卷调查，了解不同对象对国家公园建设的感知、诉求及期望。此次调查共发放问卷1427份，其中居民问卷800份、企业问卷47份、游客问卷580份；正常回收问卷共1355份，其中居民问卷760份（回收率95.00%）、企业问卷45份（回收率95.74%）、游客问卷550份（回收率94.83%）；有效问卷共计1334份，其中居民问卷747份（有效率98.29%）、企业问卷44份（有效率97.78%）、游客问卷543份（有效率98.73%）。

表3 实地调研对象类型、内容、选取特征及举例

类型	内容		选取特征	举例
典型社区	采取村委会集中与入户调查相结合的方式，了解人口聚集程度、结构现状、生活生产及收入情况	1	聚集规模较大	新巴尔虎左旗阿木古郎镇
		2	有重点产业经营，经营模式具有代表和示范性	陈巴尔虎旗东乌珠尔苏木、陈巴尔虎旗陶海镇
		3	旅游业较发达	满洲里市二卡村
		4	产业单一，整体经济发展较落后	新巴尔虎左旗甘珠尔苏木、新巴尔虎右旗巴彦乌拉社区
		5	目前已存在保护与发展的矛盾冲突且尚未有效解决（如：在自然保护区内的乡镇或村、具有边防功能的村镇）	陈巴尔虎旗西乌珠尔苏木、新巴尔虎右旗宝格德乌尔苏木
		6	少数民族聚集	鄂温克旗辉苏木、新巴尔虎左旗吉布胡郎图苏木

① 扎赉诺尔区属呼伦贝尔市，由满洲里市代管。

续表

类型	内容		选取特征	举例
重点企业	经营现状、生产规模、生产资料、人员情况、经营问题、未来发展计划等	1	成一定规模的农林牧渔生产企业	陈巴尔虎旗胡列也吐渔场
		2	经济或社会效益较好的工业企业	内蒙古蓝海矿泉水公司、新巴尔右旗布达图奶制品加工厂
		3	经营项目与国家公园管理要求不一致的企业	新巴尔虎右旗荣达矿业、扎赉诺尔煤业有限公司
景区	资源依托、发展定位、设施修建情况、产品与国家公园契合度、游客人数	1	知名的成熟景区	满洲里国门景区
		2	初具规模和效益的已建景区	陈巴尔虎旗呼和诺尔景区、鄂温克旗红花尔基森林公园、新巴尔虎左旗嵯岗牧场巴尔虎蒙古部落
		3	有可利用潜力的未建设景区	二卡湿地公园

（二）利益相关者分析

1. 利益相关者诉求及期望

通过分析总结各利益相关者的诉求及期望，整理出 15 个关键要素，分别为事权划分、城乡建设、经济发展、旅游发展、地区稳定、补偿方案、生态产品增值、人员去向、解决现有问题及矛盾、正常生产及生活、生计收入保障、职工、发展引导、体验度及其他。不同类型的利益相关者的诉求及期望差异性明显，但旅游发展、地区稳定、生态产品增值、正常生产及生活受关注度较高。

2. 国家公园建设对利益相关者影响分析

通过对比分析法分析国家公园设立前后对利益相关者正面及负面的影响，并对影响进行分类。分析结果显示，正面影响共计 13 类，负面影响共计 9 类。其中，当地政府、国家公园内社区居民、国家公园内企业、访客的正面及负面影响类别较多。负面影响主要集中在工程项目落地受阻、企业或项目退出、社区矛盾激化风险、自主性受限、收益降低几个方面，正面影响相对负面影响来说更具有广泛性。对于利益相关者诉求及期望正面影响一致

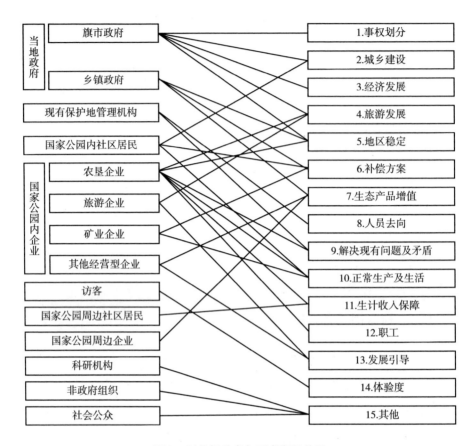

图2 利益相关者与诉求期望关系

的，应考虑增强措施；与负面影响一致的，应考虑风险防范措施。

3. 利益相关者对国家公园建设的影响

利益相关者对国家公园建设的影响可以从其对国家公园建设的支持态度以及阻断项目的可能性两方面进行分析。

根据对各级政府的座谈、不同经营企业和保护地管理机构的访谈以及对社区居民的问卷调查，当地政府和现有保护地管理机构对国家公园的建设态度积极，并主动配合项目的实施推进；对社区居民的问卷调查中，98.29%的居民支持国家公园的建设，其中21%以上的居民完全支持，少数居民不希望生产生活状态改变，对后续生活保障有顾虑；大部分旅游企业认为应该建

正面影响

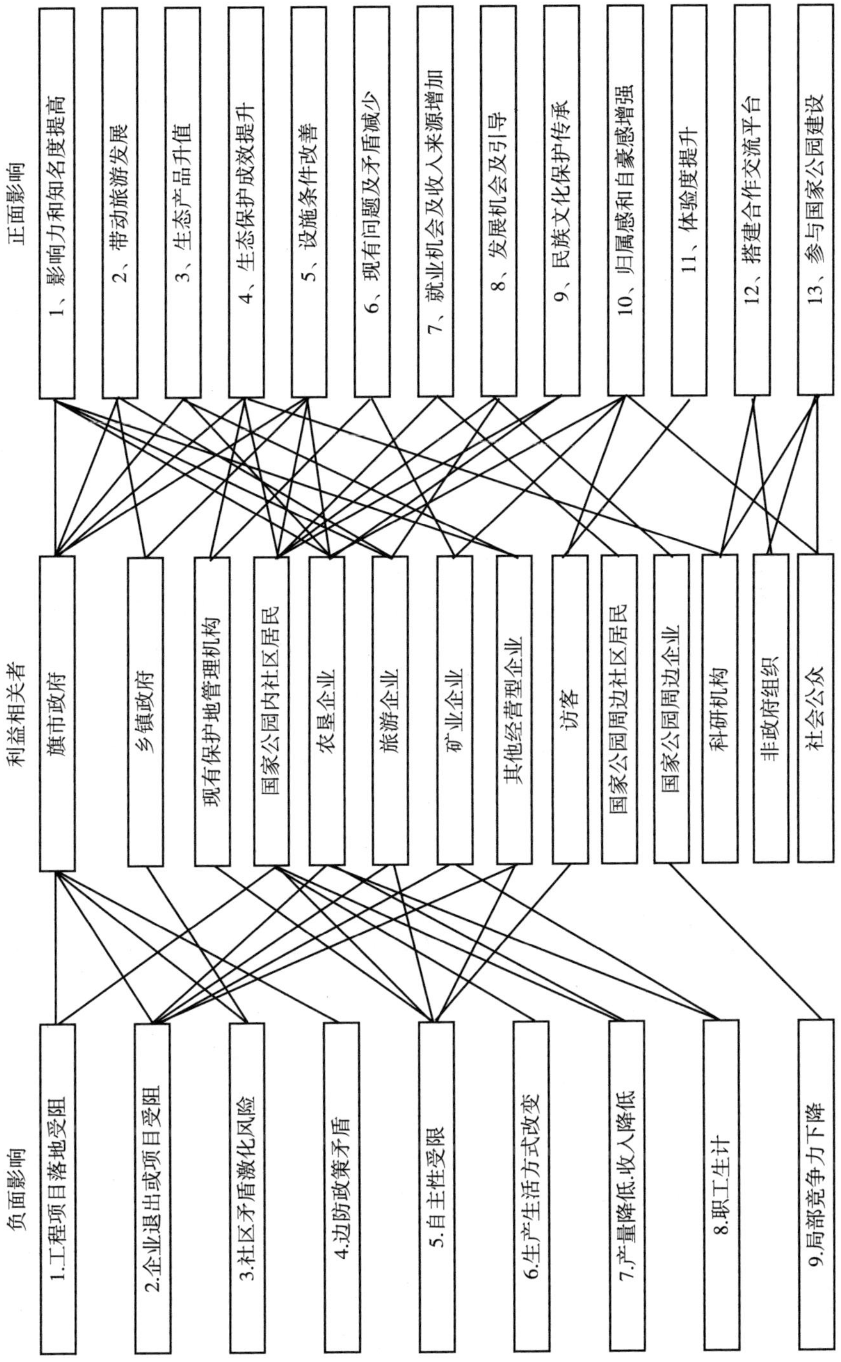

1、影响力和知名度提高
2、带动旅游发展
3、生态产品升值
4、生态保护成效提升
5、设施条件改善
6、现有问题及矛盾减少
7、就业机会及收入来源增加
8、发展机会及引导
9、民族文化保护传承
10、归属感和自豪感增强
11、体验度提升
12、搭建合作交流平台
13、参与国家公园建设

利益相关者

旗市政府
乡镇政府
现有保护地管理机构
国家公园内社区居民
农垦企业
旅游企业
矿业企业
其他经营型企业
访客
国家公园周边社区居民
国家公园周边企业
科研机构
非政府组织
社会公众

负面影响

1.工程项目落地受阻
2.企业退出或项目受阻
3.社区矛盾激化风险
4.边防政策矛盾
5.自主性受限
6.生产生活方式改变
7.产量降低、收入降低
8.职工生计
9.局部竞争力下降

图3 国家公园建设对利益相关者的正面、负面影响

163

设国家公园，使呼伦贝尔优质自然资源得到更完善保护；少部分企业担心国家公园的管控措施影响企业后续发展，但也支持国家公园的建设；极少部分农垦及矿业企业认为企业发展与国家公园的管控措施存在矛盾冲突，不支持国家公园建设。因此，除农垦企业和矿业企业不支持国家公园建设外，其余利益相关者在一定条件下或完全支持国家公园的建设，支持条件为不改变现有生产或生活状态、不降低现有收入、得到合理补偿等。通过对紧密利益相关者和外围利益相关者态度的预判，预计其对国家公园建设的态度是积极的，结合国家公园建设对利益相关者的负面影响及利益相关者的诉求及期望，通过促进正面影响、降低负面影响的一系列措施，可以极大降低其阻断项目的可能性。

4. 利益相关者重要性评价

根据利益相关者的诉求和期望，以及利益相关者重要性调查问卷针对利益相关者在利益合法性、利益重要性和利益紧迫性三方面的专家打分结果，最终确定呼伦贝尔国家公园核心利益相关者9个，分别为旗市政府、乡镇政府、现有保护地管理机构、国家公园内社区居民、农垦企业、旅游企业、矿业企业、其他经营型企业、访客；紧密利益相关者3个，分别为国家公园周边社区居民、国家公园周边企业、科研机构；外围利益相关者2个，分别为非政府组织和社会公众。

5. 利益相关者损益性评价

国家公园内矿业企业为损害型利益相关者，无正面影响，存在矿权退出、经济损失等高度负面影响以及职工再就业压力大等低度负面影响，得分为 -47.25 分。农垦企业损益参半，为平衡型利益相关者，存在产品附加值提升、营销渠道畅通等高度正面影响；存在核心保护区农田逐步退耕、禁止农药和化肥使用导致产量产值下降等中度或低度负面影响，得分为 -9.5 分。受益型利益相关者共11个，占利益相关者类别总数的78.57%，其中，科研机构分值达74.9分，是得分最高的受益群体；乡镇政府、现有保护地管理机构、国家公园周边社区居民、非政府组织分值均在29~50分区间，是中受益群体；旗市政府、国家公园内社区居民、旅游企业、其他经营型企业、访客、国家公园周边企业、社会公众分值均在 10~29 分区间，是低受益群体。

6. 利益相关者与国家公园互适性评价

根据各利益相关者对国家公园建设支持程度、不改变或改变可接受、不降低或提高等适应指标评定，现有自然保护地管理机构、访客对国家公园表现为完全适应（A）；旗市政府、乡镇政府、国家公园内社区居民、农垦企业、旅游企业、其他经营型企业对国家公园表现为转变后适应（B）；矿业企业对国家公园建设表现为完全不适应（D）。

国家公园建设过程中需就不同利益相关者的顾虑因素和国家公园内不同管控措施，从包容的角度制定健全的管理体制机制，划分明晰事权，探索科学合理的补偿机制，进行发展引导和营销宣传。经评定，国家公园对现有保护地管理机构、旗市政府、乡镇政府、国家公园内社区居民、农垦企业、旅游企业、其他经营型企业、访客表现为完全适应（A）；国家公园对矿业企业表现为完全不适应（D）。

根据利益相关者对国家公园适应性、国家公园对利益相关者适应性的分析及对紧密利益相关者和外围利益相关者的预测，得出双方互适性程度：现有保护地管理机构、访客、科研机构、非政府组织、社会公众与国家公园的建设完全互相适应（A）；旗市政府、乡镇政府、旅游企业、国家公园内社区居民、国家公园内企业、国家公园周边社区居民、国家公园周边企业，转变思想态度和运营模式后与国家公园的建设相互适应（B）；矿业企业全部退出，与国家公园建设完全不适应（D），退出企业会根据相关政策给予一定补偿。其中，考虑国家公园建设对国家公园周边社区居民心理落差的影响、对周边同质企业的负面影响和对其他企业的正面影响，预测双方互适程度为（B）（转变后适应）；其他紧密利益相关者和外围利益相关者预计与国家公园的建设完全适应（A）。

（三）社会影响分析

根据呼伦贝尔国家公园的管控措施和统筹规划建设，公园建设总体上有

利于社会发展和民生改善，有助于改善内外社区居民生活环境、提高公共服务水平，推动特色现代化社区建设，但道路等重大基础建设工程落地困难度增加。国家公园实行严格的草畜平衡，将转变并统筹社区居民生产方式和生产理念。社区共管、特许经营、生态补偿等措施将增加就业渠道及岗位数量，提升生计能力，优化社区居民收入结构，进而提高收入及收入稳定性。核心保护区逐步实施生态移民、一般控制区控制人口数量，将极大程度控制常住人口数量、促进常住人口正向流动并促进周边社区及城镇发展。随着游憩活动和特许经营不断完善，以及国家公园内外产业链条互动频繁，国家公园周边社区将出现季节性人口聚集或反向流动。国家公园的建设将开展文化遗产保护、文化传承教育及生态游憩活动，转变传统观光游览方式，加强少数民族风俗和生态体验的深度融合，最大程度展示、弘扬及传承少数民族文化。

（四）经济影响分析

呼伦贝尔国家公园会促使农牧产业向集约化、品质化、共享化的生产模式转变，第一产业规模化生产受到制约，部分物质生态产品单位面积产量及总产量下降，但由于国家公园品牌的持续影响，产品知名度和附加值提升，单位产值存在较大提升空间，同时可以节约有机产品基地认证资金和产品营销费用。国家公园的设立将打通国家公园内生产、外加工的产业链条，有利于公园外部加工企业做国家公园生态产品的精深加工，提高产品质量，丰富产品结构，提升冻干保鲜等生产技术水平，与国家公园共同进行生态产品的品牌营造。国家公园将促进旅游产业转型升级、影响力和知名度整体提升、周边旅游业统筹差异化发展。国家公园建设将促进产业结构和产业布局调整优化，同时促进国家公园内外产业差异化布局及联动发展。

（五）社会风险分析

针对利益相关者不理解、不认同、不满意、不支持的事项以及社会经济影响,结合当地情况和有关经验,分析日后可能引发不稳定事件的情形,识别出矿权退出,基本农田转为一般农田,生态移民,禁牧,草畜平衡,控制设施修建,土地征占或流转,特许经营,限制草原采集,限制游览区域、体验项目和游客数量等 10 个易引发社会风险的国家公园建设因素。

　　社会风险等级的确定包括影响程度、影响时间和影响范围三个方面。影响程度根据上文各利益相关者负面影响程度得出。影响时间根据社会风险可能发生的时间远近分为仅在采取管控措施期间、近期、中远期、远期、常态化五个等级。影响范围根据实际情况判断得出,包括禁牧区域、禁牧区外、一般控制区、全境等。结合潜在社会风险的数量、影响程度、影响时间和影响范围综合定性评定风险等级,分为低、较低、中、较高、高五个等级。风险评价结果显示,矿权退出、基本农田转为一般农田、生态移民、禁牧为较高风险;草畜平衡、控制设施修建、土地征占或流转为中等风险;特许经营为较低风险;限制草原采集,限制游览区域、体验项目和游客数量为低风险。

表 4　引发社会风险的呼伦贝尔国家公园设立因素及其潜在社会风险分析

风险等级	序号	引发社会风险的因素	潜在社会风险
较高风险	1	矿权退出	企业前期投入和利润持续性受损;企业职工失业,后续生活无法保障;政府相应税收减少
	2	基本农田转为一般农田	永久基本农田转为一般农田后难以实现占补平衡;限制性管控措施造成减产,企业和职工收入降低;易造成戍边人口流出,不利于边防稳定
	3	生态移民	丧失原有家园,对新的生活环境不适应;失去原有生产空间或生计依托,面临生产方式的转变,没有生计能力;户籍人口远大于常住人口,政策启动后会有段时间的大量人员回流,使费用增加;戍边地区,不利于边防维稳;牧区易引发矛盾,同时使部分地区的少数民族文化传承受阻
	4	禁牧	牧民自有草场无法使用,生产资料丧失,失去主要收入来源;可持续生计无法保障;原住牧民不配合,容易造成社会管理不畅等矛盾;牧民对补助依赖度过高,丧失劳动主动性和积极性,引发次生家庭和社会问题

续表

风险等级	序号	引发社会风险的因素	潜在社会风险
中风险	5	草畜平衡	牧业产量降低,牧民收入减少,生活水平下降;牧民不知道补助的具体原因,潜意识认为发补助理所应当,使补助仅为政策手段而非保护手段,造成草畜平衡执行落地及监管困难;牧民收益率降低,把草场外包,造成草地流转,承包者本着商业利益最大化原则不执行草畜平衡政策;同时由于承包手续及流程不健全,导致次生社会纠纷
	6	控制设施修建	重大基础工程项目避让或报批程序烦琐,落地困难;与国家公园不符的已规划或拟规划项目难以部署落地,造成政府和第三方利益受损;社区基础性生产生活设施新建或翻新受限,生活质量提升困难,造成国家公园内外或不同管控分区内外生活水平差异逐渐加大,激化社区矛盾;企业发展受限,止步不前或濒临淘汰
	7	土地征占或流转	居民不配合,引发社会矛盾;居民丧失生产空间,后续可持续生活和生计无法保障;一次性补助花完后,没有后续收入来源,引发次生家庭和社会问题;如果为租赁土地,社区居民对补助依赖度过高,丧失劳动主动性和积极性,引发次生家庭和社会问题
较低风险	8	特许经营	禁止有害农药使用,农林产品产量降低,利润率降低,收入降低,难以维持经营和人员开支;现有经营企业的经营方式、管理措施进行转变,可能会造成原有投资、人员投入浪费和生产不适;现有自主经营户需改变经营习惯,易产生不适或矛盾
低风险	9	限制草原采集	生计受限,收入减少;产品产量降低,市场价格提高
	10	限制游览区域、体验项目和游客数量	游客总数受限,相关企业收入减少;游客游览的随机性和自主性降低

（六）社会效益可持续分析

综合利益相关者分析、社会影响分析、经济影响分析,呼伦贝尔国家公园建设将带来产业及经济发展、生态游憩发展、保护管理效力、人居环境及文化保护、社区发展、全民共享六大方面的社会效益,具体有 16 种表现。综合分析构成社会效益的影响因素包括健全管理体制、营销及宣传教育、生态和谐社区建设、文化保护及展示、统筹规划布局及实施、社区参与及共管机制、培训机制、产业发展引导、特许经营机制、国家公园品牌效应、多方参与机制、解说体系构建、人才政策13项。根据社会效益表现和影响因素之间的相关性分析，同一影响因素可以构成多项社会效益，而同一社会效益的可持续性由多项影响因素共同促成。只有保证构成社会效益的影响因素可持续且有效实施，社会效益才能可持续地充分发挥，而社会效益的可持续也是降低社会风险的重要内在因素。

四　结论及建议

总体上，呼伦贝尔国家公园建设项目利大于弊，如何在保护的前提下降低国家公园建设的风险、保证社会效益的可持续、协调不同利益相关者的利益是需要考虑的重要问题。根据上述影响分析，针对呼伦贝尔国家公园建设提出以下建议。

（1）为地方政府留出发展、管理和收益空间。明确各级地方政府与各级国家公园管理机构权责划分，拟定权责清单，探索协同管理和多方参与机制。把旅游特许经营权优先划分给所在地政府，为其预留发展和收益空间。

（2）协同管理关联区域。对于国家公园的入口社区、内部天窗的关联区域、国境道路交通、范围内人为划入的农田及矿权，应建立国家公园管理局、地方政府相关部门协同管理机制，制定"呼伦贝尔国家公园关联区域说明及管理办法"，进行人口管控、道路管控、景观保护与认同、设施修建、产业发展等方面的专项研究。

（3）保障人员及管理可持续。制定人才引进政策、人才职业发展及晋升机制、人才和人员流动机制、新老技术人员传帮带机制，保障人才供给和稳定，缓解现有人员年龄结构老化的问题，保障行业技术传承，进而保障管理的可持续。

（4）制定多样化的生态补偿及利益分配机制。应考虑社会形态、有产业发展现状及方向、收入、自然资源利用形式、生计可持续等多重因素研究制定"呼伦贝尔国家公园生态补偿方案""呼伦贝尔国家公园生态补偿实施

影响因素

健全管理体制	
营销及宣传教育	
生态和谐社区建设	
文化保护及发展示	
统筹规划布局及实施	
社区参与及共管机制	
培训机制	
产业发展引导	
特许经营机制	
国家公园品牌效应	
多方参与共建机制	
解说体系构建	
人才政策	

社会效益表现

1. 事权划分及合作联动机制更明确，工作效率大大提高，缓解或解决现存管理矛盾和问题

1. 基础及服务设施、保障体系更加健全，居住条件、人居环境和资源利用方式提升
2. 作为国家公园国家代表性的重要组成部分，少数民族文化得以更好地保护和传承
3. 统筹规划布局，设施修建，以利于可视性文化保护及景观保护，保护并增强地方识别度

1. 就业岗位增加，收入得到保障或提高
2. 获得发展引导和技术支持，生产模式得到优化
3. 参与国家公园建设，综合素质提升，形成保护发展及共识，作为国家公园内社区居民的自豪感增强

1. 完善旅游设施、路线及服务，提高游客体验度
2. 提高生态旅游知名度，带动周边旅游及相关产业发展
3. 促进生态旅游产品升级
4. 规范旅游企业及个体经营活动

1. 促进收业生态化转型和高质量发展，优化生产经营模式
2. 生态产品类型更丰富，产品质量及价值提高，销售渠道及经济收益有保障
3. 优化国家公园内外产业布局，促进外部产业及服务型企业及业态发展

1. 科普宣教系统更健全，提高公众对国家公园保护成果，游憩机会增加，国家公园的关注度
2. 全民共建国家公园，共享国家公园保护成果及呼伦贝尔国家公园自豪感和使命感

社会效益类型

一、保护管理效力

二、人居环境及文化保护

三、社区发展

四、生态旅游发展

五、产业及经济发展

六、全民共享

图4　国家公园社会效益及其影响因素相关性

和管理办法",探索出资金补偿之外的岗位、政策等多种补偿措施,确保补偿政策、机制、资金宣传和落实到位。

(5)生态空间与生产空间融合发展。统筹生态畜牧业、生态旅游业发展,探索合作经营和特许分类经营模式,制定"呼伦贝尔国家公园生态产品认证管理办法",用引导产业发展模式促进生态保护,同时制定国家公园内外产业联动机制及展开差异化布局,促进产业互动互补及产业链条延伸。

(6)多途径回馈社区,提高保护和管理效力。通过社区参与、共管共建让牧区、农区居民积极参与国家公园建设及管理。通过完善人口、关联社区的公共服务设施及政策引导居民自愿向国家公园外转移,实现人口自然衰减;通过引导生产模式、保障可持续生计、提高收入稳定性、转变身份、提高社会认同感等形式回馈社区,让社区居民成为呼伦贝尔国家公园的保护者、管理者、受益者。提升社区居民保护意识和责任,达成保护和发展共识。

(7)加大宣传推介和品牌营造力度。围绕呼伦贝尔国家公园的生态、生态产品、文化、游憩四大品牌,挖掘品牌特点,保证品牌质量和持久性,细化四大品牌下的子品牌,完善品牌构成体系,形成品牌合力。制定"呼伦贝尔国家公园品牌营造实施方案",统筹搭建品牌营销渠道和营销网络,建立品牌管理反馈机制,逐渐提升品牌知名度及认可度,促进产业发展,进而强化国家公园正面影响。

(8)定期监测及评估,动态调整管理方案。针对管理目标动态制定监测指标,实施持续定期监测,定期编制监测评估报告,针对报告内容和结论对社会管理方案进行完善、细化和适应性动态调整。

参考文献

毕莹竹、李丽娟、张玉钧:《中国国家公园利益相关者价值共创 DART 模型构建》,《中国园林》2019 年第 7 期。

高玉英、靳文欣:《投资项目社会评价的主要内容和方法》,《内蒙古科技与经济》2005 年第 28 期。

贾生华、陈宏辉:《利益相关者的界定方法述评》,《外国经济与管理》2002 年第 5 期。

刘增力、孙乔昀、曹赫、涂翔宇:《基于自然保护地整合优化的国家公园边界探讨——以拟建青海湖国家公园为例》,《风景园林》2020 年第 3 期。

刘伟玮、李爽、付梦娣等:《基于利益相关者理论的国家公园协调机制研究》,《生态经济》2019 年第 12 期。

苏杨:《规划、划界、分区,利益如何划分?——解读〈建立国家公园体制总体方案〉之六》,《中国发展观察》2018 年第 17 期。

中共中央办公厅、国务院办公厅:《建立国家公园体制总体方案》,http://www.gov.cn/zhengce/2017-09/26/content_5227713.htm,2017 年 9 月 26 日。

中共中央办公厅、国务院办公厅:《关于建立以国家公园为主体的自然保护地体系的指导意见》,http://www.gov.cn/zhengce/2019-06/26/content_5403497.htm,2019 年 6 月 26 日。

中国国际工程咨询公司:《中国投资项目社会评价指南》,中国计划出版社,2004。

G.11
世界地质公园的旅游开发与专业提升

高舜礼*

摘　要： 世界地质公园诞生至今20年，我国已成为数量第一的世界
　　　　 地质公园大国。这些经批准设立的世界地质公园，普遍加
　　　　 强了地质遗产保护，推动了地质科普教育，加快旅游产业
　　　　 发展。由于占地面积广阔、发展时间还不长，世界地质公
　　　　 园的旅游业发展也存在明显的薄弱环节，需要在多方面加
　　　　 以专业化提升，进一步强化地质遗产保护，切实提升旅游
　　　　 开发的专业性，大力推进全域性的旅游管理，充分挖掘科
　　　　 普教育的功能，广泛吸纳社区和百姓参与。

关键词： 世界地质公园　全域旅游　科普教育

世界地质公园是以其地质科学意义、珍奇秀丽和独特的地质景观为主，并融合自然景观与人文景观的自然公园，是具有独特魅力的顶级旅游吸引物。它由联合国教科文组织策划实施，自2000年开始评选，目标是选出超过500个值得保存的地质景观并加强保护。

自世界地质公园诞生至今的20年里，我国无论是在世界地质公园事业发展，还是在世界地质公园作用的综合发挥上，都取得了较好的成绩。从旅游业发展的视角看，大致有四个方面的成绩。

一是促进了地质遗产保护事业。我国拥有41处世界地质公园，数量居

＊ 高舜礼，中国旅游报社前社长、总编辑，中国社会科学院旅游研究中心特约研究员。

于各国之首（全球只有近40个国家有世界地质公园），每个公园占地面积都很大，动辄横跨几个县甚至地市，有的还跨了省。各地获得世界地质公园称号后，按照公园保护和管理的规则，加强了对违法违规现象的治理，公园内的乱采乱挖现象明显少多了，旅游也实行了承载限量和参观预约制，使地质遗产保护得到明显加强。

二是推动了地质和生态科普教育。建立世界地质公园以后，开展地质科普成为理所当然的义务。各地普遍建立了与地质相关的科普馆、展览馆、博物馆。随着旅游业的飞速发展，特别是全域旅游、生态旅游、研学旅游的加快发展，地质和生态科普普遍开展起来，世界地质公园成为广大游客科普学习的课堂，保护自然环境、可持续发展的理念日益普及。

三是发展壮大了旅游产业。世界地质公园资源禀赋很高，具有很高的知名度、很强的观赏性和科普性，因此，辅之以专业的旅游基础设施配套以后，公园范围内的核心地带大多获评了5A级旅游景区，成为一个地区的金名片，拥有数百万至数千万人的年接待量。还有的世界地质公园被评为4A级、3A级旅游景区，赢得了大量的参观游览客源，旅游产出和宣传效益明显提升，旅游业的发展又反哺了对世界地质公园宗旨的服务。

四是富裕了社区和百姓。世界地质公园发展旅游以后，很多村民以诸多方式参与核心景区的旅游服务、餐饮、农副产品售卖、非遗传承，还有的依托地质公园参与了乡村旅游、研学旅游，不仅通过接待服务实现了脱贫致富，而且思想、眼界和精神面貌也有了很大提升。

世界地质公园设立的时间还不长、占地面积又普遍很广阔，因此，对其保护和开发利用的水平不宜过高评估。从更好发挥旅游功效的角度来说，既有不断扩大旅游发展辐射面和提升发展质量的必要，也有努力保护地质资源、积极履行可持续发展原则的义务。只有妥善处理好这两者的关系，世界地质公园事业才能更加健康地发展，并努力创造出中国的特色。

一　进一步强化地质遗产保护

保护好地质遗产，是世界地质公园进行旅游开发的基础。除了加强自然灾害的防治，还要注意地质遗产在利用上的保护，只有旅游开发适宜、适度和适量，尤其是在道路修建和旅游设施配置方面，才能实现世界地质公园的可持续发展。

一是树立保护优先理念。客流量较大是中国的现实国情，旺季和热点都是游人暴增、摩肩接踵、人满为患，适当地增加道路、设施和提高景区承载量是必要的，但不宜以国情为由、以便利游客为词，大搞旅游基础设施建设，而放任对地质遗产的破坏，甚至为了追求"高大上""惊险奇"，动辄就"逢山开路、遇水搭桥"，修筑对地质遗产"伤筋动骨"的永久设施和巨型建筑。要按照世界地质公园操作指南，充分借鉴国际先进做法，坚持可持续发展原则，坚持整体的地质遗产观，坚持环境友好理念，尽量不搞大开发大建设，少数大体量的服务设施应建在景区以外。

二是适度配置旅游设施。公路、桥梁、登山道、凉亭、休憩区、停车场、公厕等旅游基础设施的配置，应充分借鉴发达国家的经验，在开发建设上坚持"避重就轻"、以实用为主。景区以内道路的硬化、攀登栏杆的架设、标识牌子的树立，应坚持对地貌地质最小伤害原则，尽量做到科学和适量。要限制某些类型的旅游设施或项目的建设，如索道、悬崖栈道、玻璃桥、溜索等，设置必要的前置性审批程序。一些争取提升景区等级的地方，应防止无限度地提升基础设施的规模和档次，避免对地质遗产造成损害。

三是加强珍稀地质遗迹保护。要打破传统景区偏重景观性地貌的惯性，提高对珍稀性和代表性地质遗迹的重视程度，既要采取切实有效的保护措施，加大保护的力度，也要重视旅游的开发和利用，通过加强对珍稀资源的专业释读，努力将其开发为科普和研学旅游的拳头产品、旅行社重点推介的内容，通过利用提升人们对地址遗产的保护意识。

四是控制景区游客承载量。可通过科学测定景区的最佳容量、最大承载

量，实行旅游旺季限流和预约制，保持园区内最合适的客流量。这一措施在新冠肺炎疫情期间，已在全国普遍得以推行，对保护地质遗产也应是可行之策。同时，积极倡导文明旅游，严禁损毁、攀爬、刻画等行为，让游客与地质遗产友好相处。

五是禁止地质材料交易。这是世界地质公园管理规则的明确要求。地质公园的相应管理机构也应采取有效措施，禁止当地和周边设立观赏石、收藏石的交易市场，禁止出售化石、矿石、抛光岩石、装饰性岩石，阻止各种类型的地质材料交易行为。

二 切实提升旅游开发的专业性

目前我国世界地质公园的旅游开发，除了少量的 5A 级、4A 级景区外，大部分还处在有待提升的发展阶段，不少正处在有待开发的资源状态。从旅游发展的专业要求来看，未来旅游开发和发展的提档升级，很重要的是打破观光旅游产品占比过大的格局，努力开发对应市场需要的多元化产品。

一是做好旅游发展规划。在世界地质公园功能分区的基础上，要根据资源特征和旅游市场需求趋势，进一步编制好旅游产业发展规划，明确旅游发展目标、思路、重点和保障。已编制好的旅游发展规划，要根据形势发展、市场变化和理念更新，及时做好修编、调整、补充和提升，为旅游开发提供总体安排和路线指引。

二是完善旅游产品结构。世界地质公园地域辽阔，蕴含着丰富而多样的旅游资源，可以开发多样化的旅游产品。除了开发景观性、观光性产品以外，还应围绕打造地质旅游特色品牌，结合当地经济社会文化资源、非物质文化遗产，大力开发科普旅游、生态旅游、研学旅游、乡村旅游、度假旅游等，进一步丰富地质公园的内涵。

三是引导开展深度旅游。旅游消费的深度化开展，既有赖于开发留住游客的深度产品，如休闲度假、保健养生、长寿康养、研学科考等，也需要进行旅游消费方式的引领，避免深度产品被简化或观光化。如有的海滨休闲度假产品，就被简化为"看日出、洗海澡、吃海鲜"的一二日游。要做好地质公园的旅游消费引领，搞好专业性讲解和配套性服务，是深度旅游开展的必备要件。

四是做好全域性配套保障。旅游产业的发展，不仅是开发景区和搞好接待，而是要为游客提供到达旅游目的地之后的一切活动和生活保障。按照传统的观光旅游发展思路，起码要"行游住食购娱"六要素都搞好，而对于休闲度假、研学科考、康养长寿等专项旅游产品，则又有一些不同的专业要求。此外，还要有市场秩序、社会治安等方面的保障。

三　大力推进全域性的旅游管理

目前，世界地质公园的旅游管理水平参差不齐，等级较高的旅游景区、星级酒店处于管理水平之巅，其他多数的旅游要素还有待提升水平。一处世界地质公园之内，绝大多数只有 1 家 5A 级景区，几家四五星级酒店，其他的几十家景区和住宿设施则都是中档偏下的。由于旅游管理涉及范围较广，除此以外，还包括开发、运营、管理、服务等方面。

一是建立权威性的决策保障机制。世界地质公园大多地域辽阔，如湘西世界地质公园总面积 2710 平方公里，从南到北纵跨湘西州 7 个县市；雷琼世界地质公园跨了广东和海南两省，仅海口火山群部分就超过 100 平方公里，包含 2 个镇 80 多个自然村、3 万多人口。若公园范围内没有一个权威的管理决策机构，那是不可想象的。目前来看，一些地质公园存在多头管理、职能交叉、权责模糊的现象，影响了对地质公园各项事务的管理。无论是设立一级政府，还是组建管委会，都应该能够对园区内的地质保护、社会事务、各项建设、旅游发展等进行权威决策和统一管理。

二是实行有效运作的园区体制。要重视和解决地质公园内普遍存在的职能部门之间的权责交叉问题，尽快理顺园区的领导和管理体制。不论是设立管委会直管，还是设立旅游局、文化旅游集团，都应该制定一套可操作的规定详明的目标考核责任制，使其认真履责、高效运作、专业管理，防止机构

臃肿、相互扯皮、效率低下。

三是构建全覆盖的旅游管理网络。随着全域旅游的发展，游客行踪日益分散和自由，建立覆盖旅游行程的监管网络十分必要，包括行程途中、景区内外、市内休闲、市场秩序等，都应纳入旅游监管的范围。对于游客遇到的困难和对旅游服务的投诉，当地主管部门应及时予以受理，打击强买强卖、欺客宰客、缺斤短两，切实维护广大游客合法权益。

四是综合配套的旅游要素。除了住宿、餐饮、游览等核心要素应达标以外，其他一些服务设施、服务项目、综合服务也应到位，如步行道、停车场、旅游厕所、游客服务中心、电瓶车、旅游标识、指示牌、垃圾箱，避免出现某个环节的短板或缺陷。

五是标准化的旅游企业服务。旅游管理是否有效和到位，最终都体现在旅游服务上。应首先抓好各项旅游服务标准的贯彻落实，能够达标的都应尽量达标，而不是"相当于"几 A 级、几星级，做好各岗位人员的业务培训，推动旅游服务专业化、标准化、人性化。做到了这几点，旅游服务也就做好了。

四 充分挖掘科普教育功能

我国世界地质公园的科普教育大多明显偏弱，有的还因此而受到过黄牌警告。地质公园应创新自己的讲解和游览方式，以明显区别于观光性的景区景点。

一是把典型的地质地貌纳入重要景观。引导游客由单纯地走马观花、浮光掠影，转向深入了解地球的历史、地球的变化、地球之美。导游要围绕地质遗产和地质科学，做好专业性的释读、讲解和科普，实现导游讲解从象形和民间传说角度的转型，引领游客和民众学会欣赏和体验，激发自下而上的保护地球的意识和行动。

二是增加必要的科普影像放映。按照联合国教科文组织要求，人们应了解地质过程、地质灾害、气候变化、可持续利用地球资源的必要性、生命进化及原住居民权能的增强。对这些比较好的和集约化的反映方式，就是有关的科普影像资料。应该委托专业机构进行资料收集和研究，拍摄和编辑相应的科普影像资料。

三是充分发挥地质博物馆作用。要借鉴国外的做法和经验，根据游客的年龄、职业和兴趣，积极改进地质博物馆的展陈，做好陈列说明和讲解，设计针对中小学生的研学"作业"，让博物馆变得生动、有趣、有看点，能够引人入胜，成为全民地质科学教育的开放课堂。

四是完善标识与讲解系统。我国的 41 家世界地质公园，这方面的工作任务普遍较重。一方面是要从讲解抓起，要从象形性的观光式解说，向地理科学的地质成因释读转变，同时游步道和景观的标识说明，也要做到同步改进；另一方面是做好科普宣传的解释系统，要求出版解释性的科普刊物，用通俗的语言解释地质现象。

五是做好对社区百姓的宣传教育。地质公园所包含的信息量大而广泛，包括地质学、地理学、生物学，还有当地诸多的人文科学。只有从研究者到地方官员，从相关部门到当地百姓，都对地质公园的价值有所了解和认识，人们才能主动加入保护和可持续发展队伍中。因此，以多种方式做好对社区民众的宣传教育非常必要。

五 广泛吸纳社区和百姓参与

联合国教科文组织要求从一开始就采取自下而上的方法（又称"社区主导型"办法），吸纳社区和当地百姓作为关键利益攸关方参与管理，以做好地质公园的维护和保护。目前，从我国各地的发展实践看，我们对这一原则的贯彻有自身特点，可在此基础上做进一步探索。

一是做好现有体制下的利益分享。多数地方为了管理和经营方便，采取的是把居民搬迁出去、把景区封闭起来的做法，当地社区百姓的收益主要来自旅游发展的溢出效应，如黄山对汤口镇和周边乡村的辐射带动，还有景区以转移支付等方式给予的补偿，如定点扶贫、安排就业等。这一类的利益分

享还应继续扩大。

二是探索社区居民共享的发展模式。如广东丹霞山景区内，当地居民盖房开设民宿，逐步利用地质公园资源开展研学旅游接待，创造了社区居民参与共享的发展模式，对一些地方具有借鉴意义。当然，社区居民参与旅游发展成果共享，方式和途径可以有很多，应在发展实践中不断加以探索。

三是依托核心景区发展乡村旅游。这是当地居民依托地质公园参与旅游发展的一种方式，可通过发展农家乐、开办民宿、经营餐饮服务、销售农副产品等，从地质公园的保护与可持续发展中获益。

四是推动全域范围融合发展。在世界地质公园的范围内，将地质资源的保护与可持续利用与所在市县和乡村的旅游发展规划、乡村振兴规划、脱贫致富规划、生态环保规划等相衔接，把惯性化损坏地质资源的现象，如乱采山石、乱挖土方、乱砍林木等，引导到科学有续地利用地质资源，发展生态环保和文化旅游产业，以更好地造福当地人民。

G.12

长城国家文化公园建设的若干思考

董耀会*

摘　要： 长城国家文化公园建设既是国家文化战略，同时也是以文旅、农旅融合为导向的区域发展新战略。长城国家文化公园建设要坚持保护优先、强化传承，文化引领、彰显特色，总体设计、统筹谋划统筹规划，积极稳妥，改革创新，因地制宜、分类指导等五条基本原则，抓好管控保护、主题展示、文旅融合、传统利用四大主体功能区建设。要构建中央统筹、省负总责、分级管理分段负责的工作机制，完善《长城保护条例》，编制"长城国家文化公园建设保护规划"，制定一系列配套规章制度，指导全国的长城国家文化公园建设。在重点建设四大主体功能区之外，还要建设包括保护传承工程、文化研究挖掘工程、环境配套工程、文旅融合工程、数字在线工程在内的五大工程。

关键词： 长城　国家文化公园　文旅融合

2019 年 7 月 24 日中央全面深化改革委员会第九次会议审议通过了《长城、大运河、长征国家文化公园建设方案》（以下简称《方案》）。2019 年 9 月 30 日，《方案》由中共中央办公厅、国务院办公厅印发。

---

* 董耀会，中国长城学会副会长，中国社会科学院旅游研究中心特约研究员，河北地质大学长城研究院院长，燕山大学中国长城文化研究与传播中心主任、教授。

长城国家文化公园建设既是国家文化战略，同时也是以文旅、农旅融合为导向的区域发展新战略。长城国家文化公园建设的背景是发掘好、利用好丰富的长城文化、丰富的长城文物和文化资源。我们需要了解中央的指导思想、基本原则和主要目标，还要了解长城国家文化公园建设的国家规划、管理机制和国家重点工程安排等，这样，在推动长城文旅发展的过程中，就可以对国家文化公园建设的时间表、路线图有一个明确的把握。

一 长城国家文化公园建设的指导思想

中央关于长城等国家文化公园建设的指导思想是什么？我们如何认识和把握国家文化公园建设的指导思想？《方案》里提得非常明确，就是要全面贯彻党的十九大精神，以长城、大运河、长征沿线一系列主题明确、内涵清晰、影响突出的文物和文化资源作为主干，生动呈现我们中华文化的独特价值理念和鲜明特色，促进我们科学保护、世代传承、合理利用，积极拓展思路、创新方法、完善机制，做大做强中华文化的重要标志。这就是国家文化公园建设的指导思想，学习中央文件首先要理解这一点。

中央为了加强对国家文化公园建设的领导，专门成立了长城、大运河、长征三大文化公园建设领导小组。领导小组负责全方面的工作，领导小组下设办公室负责具体工作。其中，长征文化公园建设由中宣部和文旅部两部委牵头，大运河文化公园建设由国家发改委和文旅部牵头，长城文化公园建设由文旅部和国家发改委两部委牵头。目前，长城国家文化公园各省的规划编制工作都已经完成。总的来说，各项工作的开展还比较顺利。

《方案》首先强调一定要处理好长城传承保护与合理利用之间的关系。保护和利用这两个方面既要兼顾，又要有侧重。长城国家文化公园的四大主体功能区，第一个就是管控保护区；实施的五大工程，第一项也是保护工程。保护工程肯定是动作最快的，现在国家已经开始安排重大修缮保护项目。

长城国家文化公园既要严防不恰当开发和过度商业化，又要鼓励各级政府和企业对长城文化旅游资源进行开发。不但要开发，还要培育一批有竞争力的长城文旅企业。强调利用、强调开发，就是要让文物说话，让历史活化，让文化走入人们的生活。发展中华优秀传统文化不能只靠说，要走出一条创造性转化、创新型发展的路子，只有这样才能把传承和发展先进文化等一系列中央精神落到实处。

二　长城国家文化公园建设的基本原则

第一个原则是保护。在长城国家文化公园建设过程中必须要落实保护第一的原则，严格落实保护为主、抢救第一、合理利用、加强管理的文物工作方针，这是《文物保护法》规定的。长城国家文化公园建设就是要真实、完整保护，传承文物和非物质文化遗产，突出活化传承和合理利用，与人民群众精神文化生活深度融合、开放共享。在保护的基础上，强化对中华民族优秀文化的传承，这是第一个原则。

第二个原则是文化引领，彰显特色。《方案》明确提及，要坚持社会主义先进文化发展方向，深入挖掘文物和文化资源精神内涵，充分体现中华民族伟大的创造精神、奋斗精神、团结精神和梦想精神，焕发新时代风采。长城国家文化公园建设要能够充分体现中华民族的创造精神。我们祖先在当时的条件下，修建万里长城以构建长城内外的和平，就是中华民族创造精神的体现。长城国家文化公园建设要在这方面进行深入挖掘和展示。

第三个原则是总体设计，统筹规划。中央要求，建设要坚持规划先行，突出顶层设计，统筹考虑资源禀赋、人文历史区位特点和公众需求，注重跨地区、跨部门协调，有效衔接法律法规、制度规范，发挥文物和文化资源的综合效应。长城国家文化公园建设正在做建设保护规划，文旅部在做全国的建设保护规划，各个相关省份也都在做分省的建设保护规划，这些工作都是在落实《方案》中规划先行、做好顶层设计的要求。

第四个原则是积极稳妥，改革创新。中央要求，要突出问题意识，强化全球视野，树立中国高度，具备时代眼光，破除深层次制约和矛盾，既着眼

长远又立足当前，既尽力而为又量力而行，务求符合基层的实际，得到群众认可，经得起时间检验，打造民族性、世界性兼容的文化名片。我们要深入思考和认识中央的要求，将长城国家文化公园建设作为一项历史使命和任务完成好。

第五个原则是因地制宜，分类指导。中央要求，要充分考虑地域广泛性、文化多样性和资源差异性，实行差别化的政策措施，有主有次，分级管理以地方为主，最大限度调动各方积极性，实现共建共赢。除了春秋战国时期一些诸侯国相互防御的长城之外，中国历代长城都是修建在北方农牧交错地带，从东北、华北到西北，长城沿线各省区市的自然和人文差异较大，强调因地制宜、分类指导，就要采取差别化对待，不能一刀切，更不能一哄而上。

三 长城国家文化公园建设的主要目标

《方案》对长城国家文化公园建设的时间目标做出了明确规定，那就是计划用4年左右时间，到2023年底基本完成。河北省是长城国家文化公园建设的试点省，要求在2021年底基本完成。基本完成指的是长城沿线文物和文化资源保护传承利用、协调推进局面要初步形成，建立一个权责明确、运营高效、监督规范的管理模式，并形成一批可复制推广的经验，为全面推进国家文化公园建设创造良好条件。

长城国家文化公园建设的范围也规定得非常清晰。长城涉及北京、天津、河北、山西、内蒙古、辽宁、吉林、黑龙江、山东、河南、陕西、甘肃、青海、宁夏、新疆15个省区市，这些地方全部在长城国家文化公园建设的范围内。长城国家文化公园不仅包括明长城，战国、秦、汉、北魏、北齐、隋、唐、五代、宋、西夏、辽、金等朝代具备长城特征的防御体系也包括在内。

关于长城国家文化公园的功能区建设，《方案》要求结合国土空间规划，建设四大主体功能区，各功能区要根据各地文物和文化资源的整体布局、禀赋差异、人居环境、自然条件、配套设施等情况进行规划设计。

第一个主体功能区是管控保护区。管控保护区是为长城及相关文物本体保护而设置的，应该和长城保护规划确定的文物保护单位的保护范围相一致，或者说只能比文物保护单位的保护范围更大而不能更小。管控保护区不仅要对长城文物的本体进行保护，还要对长城所在地的周边环境实施严格保护和管控。

第二个主体功能区是主题展示区，包括核心展示园、集中展示带、特色展示点等展示空间。核心展示园是对人们开放的空间，是人们参观、游览的地方，所以要求地理位置和交通条件都相对便利。各地在安排核心展示园的时候，首先要选择开放的游览景区，因为这些景区的地理位置都很好，交通上也相对便利。有了核心展示园，再安排集中展示带。长城作为线性文化遗产，集中展示带也非常重要。要把长城文化带上相应的省市县级文物资源，汇集成文化载体密集的文化展示带，将这条线上与长城相关的文物资源串联起来，形成一条长城历史文化的集中展示带。特色展示点主要是一些有特殊文化意义或者体验价值，但是布局又较为分散的长城相关文物点。特色展示点或是体量不够大，或是远离核心展示园和集中展示带，却很有特殊的文化意义。

第三个主体功能区是文旅融合区。文旅融合区主要是利用长城文物和文化资源的外溢辐射效应，推动长城区域的经济发展。这是长城国家文化公园建设文旅深度融合发展的主体功能区。文旅融合重要的是做出业态，推出文旅项目、文旅产品，发展文旅企业，推动旅游产业的发展。

第四个主体功能区是传统利用区。城乡居民传统的生活、生产区域，通过合理保存传统的文化生态，适度发展文化旅游，发展特色生态产业。在这个区域，要适当控制大规模的生产经营活动，逐步疏导和撤出那些不符合国家文化公园建设规划要求的设施和项目。传统利用区是一代代人在这个地区从事生产生活活动形成的一个特色传统区域。对传统利用区，首先要保护特色，在此基础上适度发展文化旅游或特色生态产业。

长城国家文化公园建设，要坚持保护优先、强化传承，文化引领、彰显

特色，总体设计、统筹规划，积极稳妥、改革创新，因地制宜、分类指导原则，主要目标任务是管控保护、主题展示、文旅融合、传统利用四大主体功能区建设。《方案》部署的各项建设任务是否落到实处，主要是看四大主体功能区建设是否能够很好地完成。

四　长城国家文化公园建设的管理体制问题

规划是解决长城国家文化公园怎么建的问题，那么长城国家文化公园由谁来建？这方面《方案》也做出了明确规定，那就是要充分发挥地方党委和政府的主体作用。长城国家文化公园的建设要完善相应的管理体制，构建中央统筹、省负总责、分级管理分段负责的工作机制。

这样的安排体现的是责任分工的制度。中央统筹就是中央各部委负责统筹，像中宣部、文旅部、国家发改委等部门都属于统筹的领导机构。省负总责就是有长城的各个省区市的党委、政府对自己管辖范围内的长城国家文化公园建设负总责。分级管理分段负责就是要求各市县基层党委、政府负责按照顶层设计的要求做好具体的组织实施工作。国家在政策、资金等方面为长城国家文化公园建设创造条件，长城沿线各省区市的党委和政府承担主体责任，负责加强资源整合和统筹协调，各基层政府具体抓好落实。

《方案》强调，做好长城国家文化公园建设首要任务是加强组织领导。中央已成立国家文化公园建设工作领导小组，中宣部部长和宣教局局长分别担任领导小组组长和办公室主任。中共中央宣传部、国家发展改革委、文化和旅游部、国家文物局等相关中央机构，也分别成立了长城、大运河、长征国家文化公园建设领导小组和办公室。在各部委的统筹领导下，还要分别设立三大国家文化公园建设专家咨询委员会，为这项工作的开展提供决策参谋和政策咨询。

长城国家文化公园建设是由文旅部和国家发改委两个部委联合牵头的，领导小组办公室设在文旅部。办公室的具体工作由文旅部资源开发司负责，资源开发司的领导作为办公室专职副主任，负责长城国家文化公园建设工作的协调和统筹，实际上就是由文旅部负责，现在文旅部已经成立专班。国家层面上的领导机构已经建立起来并开展工作。长城沿线各省区市相应成立了领导机构，有些地级市也成立了领导机构。国家文化公园建设的管理体制，就是要形成从中央到地方齐抓共管的局面，协调推进各项工作。

五　长城国家文化公园建设的规划编制

长城国家文化公园建设，要推动长城的保护、传承和利用三个方面的协调发展，这个理念是《方案》明确要求的。要通过修订完善《长城保护条例》和编制"长城国家文化公园建设保护规划"，并制定一系列配套规章制度，指导全国的长城国家文化公园建设。有长城的相关省份，已经对辖区内的长城文物和文化资源进行了系统的梳理，基本完成了各自的编制规划工作。中央有关部门根据各省区市的建议再抓紧制定全国的长城国家文化公园建设保护规划。

长城国家文化公园的建设保护规划，要对有长城的15个省各自的规划建议进行梳理，按照多规合一的要求，结合国家的国土空间规划开展编制工作。长城国家文化公园建设保护规划完成之后，15个省各自要在已经完成的前期规划建议的基础上进行修订完善，制定出各自的长城国家文化公园建设保护规划，为长城文化遗产和文化资源保护、传承、利用工作奠定基础。

国家层面规划完成之后，还要广泛征求各省区市和各部委的意见，然后再进一步修改完善，经国家文化公园建设领导小组审议后报中央批准实施。文旅部除了要做长城国家文化公园建设保护规划，还要做长城国家文化公园的文旅融合发展专项规划。

六　长城国家文化公园建设的国家重点工程问题

长城国家文化公园建设要集中力量，实施一批标志性的工程。《方案》明确规定，在重点建设管控保护、主题展示、文旅融合、传统利用四大主体

功能区之外，还要建设五大工程，包括保护传承工程、文化研究挖掘工程、环境配套工程、文旅融合工程和数字在线工程。这五大工程都是长城国家文化公园建设的基础工程。

（一）保护传承工程

首先要针对长城保护实施重大修缮保护项目。长城保护传承工程要坚持最小干预原则，要对有损毁可能的长城文物遗址遗存进行抢救性保护。长城保护要做预防性、主动性的保护，通过保护措施排除文物本体的病害，使其"延年益寿"。要把长城倒塌的风险控制住，这就是预防性、主动性保护措施。长城的保护除了一些点的保护，今后还要考虑集中连片保护的问题。保护除了加大抢险加固力度，还要防范不恰当的开发和过度的商业化，这方面要加大政府的管控力度。

（二）文化研究挖掘工程

长城国家文化公园是爱国主义教育基地，各地建了不少的博物馆、纪念馆、陈列馆、展览馆等展示场馆作为教育培训基地、社会实践基地。它们都属于推进长城保护传承工程的建设，都需要有具体内容的支撑，这就要求我们加强对长城历史文化的研究和对地域文化的挖掘。长城国家文化公园要因地制宜开展宣传教育活动，让长城文化融入群众的生活之中。

（三）环境配套工程

这项工程是要修复遭到不同程度破坏的国土空间。空间环境固然要利用大自然生态系统的自然修复能力，也要有主动的干预。比如水土流失的治理，就属于污染防治项目。环境配套工程还包括改善交通。国家的顶层规划就包括长城旅游公路规划，要打通断头路，较大幅度改善旅游公路的条件。

（四）文旅融合工程

严禁过度开发和过度的商业化，不是不做开发利用。文旅融合工程就是要强调利用，要推进长城及相关的优质文化旅游资源的一体化开发利用，打造一批长城文旅融合发展示范区，培育一批有竞争力的长城文旅企业。好的产品是好的企业做出来的，长城周边以塞上风光为特色发展生态文化产品，要靠有竞争力的长城文旅企业来投资运营。长城国家文化公园建设也很需要文旅融合产品设计，《方案》明确规定鼓励发展深度文化体验游和中小学研学旅行，这就是在讲文化旅游产品。开发长城文化旅游，培育长城文化旅游商品，目的是扩大文化消费的供给。在长城沿线推出连线成片的参观游览经典线路，满足旅游市场的消费需要。

（五）数字在线工程

突出在线工程就是要加强数字基础设施。数字基础设施建设，是实现主题展示的重要手段。四大功能区要实现无线网络的全部覆盖，实现5G移动通信网络的全覆盖，要充分利用现有的技术条件、现有的设施和数字资源。另外，长城国家文化公园官网，也要不断丰富和完善，真正做到对长城文物和文化资源进行数字化展示。中央建设数字在线工程是为了打造永不落幕的网上空间，要依托国家数据共享交换平台体系，建设完善长城文物和文化资源数字化管理平台。

长城国家文化公园建设现在处于顶层设计阶段，处于制定规划阶段，下一步就是项目实施和推进阶段。在国家顶层设计和省一级的规划完成之后，要研究论证一些长城国家文化公园建设项目，国家要形成长城文化公园建设的国家级项目库，各省区市也要形成长城文化公园建设的项目库。这些项目的建设，将会得到国家发改委、国家开发银行等的支持。《方案》提出，在国家文化公园建设过程中，国家将在政策、资金等方面提供支持。

G.13
以旅游助推黄河流域生态保护
和高质量发展[*]

史瑞应　孟　雷　马卉君[**]

摘　要：　黄河是中华民族的母亲河。自黄河流域生态保护和高质量发展战略提出以来，黄河流域在我国经济社会发展和生态安全方面的重要地位更加凸显。黄河流域高质量发展兼具重要性与复杂性，旅游助推生态保护和高质量发展具有现实可行性。展望未来，黄河旅游发展应从加强流域整体性规划入手，破除发展障碍，夯实生态基础，建设黄河文化旅游带。

关键词：　旅游　黄河流域　生态保护　高质量发展

2019年9月，习近平总书记就黄河流域生态保护和高质量发展发表重要讲话；2020年8月，中共中央政治局审议《黄河流域生态保护和高质量发展规划纲要》，提出要把黄河流域生态保护和高质量发展作为事关中华民族伟大复兴的千秋大计；2020年11月，《中共中央关于制定国民经济和社会发展第十四个五年规划和二〇三五年远景目标的建议》明确提出，"十四五"时期要推动黄河流域生态保护和高质量发展，做好区域协调发展。旅

---

　*　感谢中国社会科学院旅游研究中心主任宋瑞研究员对本文的指导。

**　史瑞应，博士，中国社会科学院财经战略研究院博士后，研究方向为体育旅游；孟雷，博士，清华大学公共管理学院博士后，研究方向公共政策与发展；马卉君，博士，太原理工大学讲师，研究方向为体育人文社会学。

游业是文化特征突出、综合带动性强的环境友好型产业，黄河流域发展旅游有着得天独厚的资源禀赋和社会条件，如何发挥旅游业的引领带动作用，并有效推进黄河流域生态保护和高质量发展成为重要命题。

一 黄河流域生态保护和高质量发展的
重要性与复杂性

黄河发源于青海省巴颜喀拉山脉，流经青海、四川、甘肃、宁夏、内蒙古、陕西、山西、河南、山东等九个省区。黄河流域从西到东横跨青藏高原、内蒙古高原、黄土高原和黄淮海平原四个地貌单元，是中华文明的发祥地，在我国经济社会发展和生态安全方面具有十分重要的地位。

（一）黄河流域的重要性

1. 文化文物富集

黄河孕育了中华文明，在我国5000多年文明史上，黄河流域有3000多年是全国政治、经济、文化中心。中国历史上的"七大古都"，在黄河流域及邻近地区的有安阳、西安、洛阳、开封四座。黄河孕育了河湟文化、河洛文化、关中文化、齐鲁文化等灿烂辉煌的历史文化，积累了丰富的文化遗产。在文化遗产存量方面，黄河流域是国家级文物保护单位最为集中的地区，共有2000余处，还拥有世界文化遗产11处、传统村落678处、国家级非物质文化遗产800多项。

2. 生态廊道与屏障

黄河流经我国东中西部，横跨三大地质阶梯，用水系联系起中华生态腹地，发挥着生态廊道与屏障的作用。黄河流域是连接青藏高原、黄土高原、华北平原的生态廊道，拥有三江源、祁连山等多个国家公园和国家重点生态功能区。在我国"两屏三带"生态安全战略布局中，青藏高原生态屏障、黄土高原－川滇生态屏障、北方防沙带等均位于或穿越黄河流域，黄河流域的生态状况关系华北、东北、西北乃至全国的生态安全。

3. 社会经济发展

黄河横贯东中西连接沿海和内陆，流域内干流河道全长 5464 千米，流域面积 79.5 万平方公里。2018 年底，流域总人口 4.2 亿人，占全国的 30.3%。流域地区生产总值 23.9 万亿元，占全国的 26.5%，广阔的流域面积和经济发展潜力使得黄河流域成为我国社会发展重要的承载区。黄河上游青海、甘肃、宁夏等省份承载着生态安全屏障建设、环境保护与改善、落实西部大开发战略等社会发展使命。内蒙古、山西、陕西、河南等黄河中游省份承载着创新发展动力、推进接替产业形成、落实国家中部崛起战略的使命。黄河下游的山东省承载着半岛蓝色经济区的发展任务。与此同时，"一带一路"沿线重点城市兰州、西安、郑州都在黄河流域，在对外开放格局中也发挥着重要作用。

（二）黄河流域高质量发展面临的挑战

1. 经济发展不均衡

黄河流域地理上呈西高东低分布，而社会经济发展则呈现西低东高格局。从区域平衡角度看，黄河上游青甘宁地区有众多革命老区与少数民族聚居地区，这些地区多为欠发达地区，经济发展明显落后于中下游地区。从城市发展角度看，沿黄城市形成差异明显的三个阶梯：第一阶梯为人均 GDP 达到 10000 美元以上的城市，如银川、乌海、包头、郑州、济南、淄博、东营，此类城市已逐步进入后工业化社会；第二阶梯为人均 GDP7500～10000 美元的城市，如西宁、兰州、石嘴山、三门峡、洛阳、焦作、滨州，此类城市已基本超过国家平均经济发展水平；第三阶梯的城市低于全国平均水平，如白银、吴忠、新乡、开封、濮阳、菏泽、聊城、德州等[①]。黄河流域发展不均衡问题非常突出。

2. 自然资源问题多

黄河流域生态环境脆弱，面临难通航、水缺乏、生态难保护等诸多问

---

① 宋瑞、金准、吴金梅：《"一带一路"与黄河旅游》，社会科学文献出版社，2017。

题。首先，黄河水道不通航。黄河上游内蒙古、宁夏、陕西段每年凌汛期间大面积封河，无法通航；下游因水土流失河道淤积成为地上悬河，少有支流汇入，未形成河网。黄河没有航运之利。其次，黄河存在水缺乏的问题。黄河水资源开发利用率高达80%以上，枯水年甚至高达85%以上，远超一般河流开发利用警戒水平①。水资源过度开发对黄河流域生态环境造成显著影响。近30年间黄河鱼类资源数量减少约一半，本土珍稀保护鱼类资源减少六成。最后，黄河生态保护难度大。黄河流域是重要的生物多样性保护地、水源涵养地、冰川冻土保护地，同时也是我国一次能源（煤炭）与二次能源（电力）最主要的生产基地与供应基地，黄河上游及主要支流各类水库、水电站对流域水资源与生态安全构成威胁。

3. 整体协调性不强

长期以来，黄河流域的9个省级行政区形成了分河段的治理机制，而且这种治理格局从早期的针对黄河流域本身的治理逐步发展到经济、生态保护、社会发展等方面。从社会经济整体发展来看，黄河流域经济空间开发缺乏整体性，开发轴线实力弱，缺乏强大的经济增长核心区且整体协调性不强。分散化的治理模式加大了利益协调的难度，阻碍了全流域的协调发展；分段治理的科层化现象也使得市场与社会组织等治理主体的能力尚未得到有效发挥。

二 以旅游助推黄河流域生态保护和高质量发展的可行性

大河流域的综合治理和整体发展是一个世界性的命题，而旅游在流域可持续发展和资源多元化利用中的重要作用得到了普遍重视。莱茵河、多瑙河、密西西比河等诸多大河流域的综合治理中，旅游均发挥了至关重要的作

---

① 生态环境部黄河流域生态环境监督管理局：《黄河生态环境规划》，https://huanghejg.mee.gov.cn/xxgk/hhlyjxbzhgk/hhzrgk/。

用。高质量发展的核心要义是将生态保护和经济社会发展协调起来，发展旅游正可成为落实高质量发展战略的重要抓手。

（一）旅游可兼顾黄河高质量发展需求

旅游可兼顾生态、经济、文化和社会等多方面的发展。旅游产业具有资源节约和环境友好的特点，在做好科学规划、适度开发、有效管理的前提下，发展旅游可推动落实黄河流域的污染治理和绿化建设。发展旅游可促进黄河流域生产要素流动、扩大税收并促进流域经济发展。旅游是黄河文物资源活化利用的重要途径，可依托历史故事和文化符号，借助 AR、VR 等技术，创造各种旅游体验，使传统文化焕发当代活力。黄河是中华民族伟大复兴的血脉所在，旅游能弘扬中华文化，促进流域社会和谐。

（二）旅游能充分利用黄河市场与交通优势

黄河自上而下依次流经兰州—西宁城市群、宁夏沿黄城市群、呼包鄂榆城市群、关中平原城市群、山西中部城市群、中原城市群、山东半岛城市群等七大城市群[①]。旅游的发展能够充分发挥这些城市群的作用，促进区域产业结构优化与转型。在原有"四纵四横"主骨架的基础上，以"八纵八横"主通道为骨架、通过区域连接线衔接、以城际铁路为补充的高速铁路网已基本形成，为打通黄河沿线旅游通道、压缩黄河沿线旅游空间距离提供了良好条件。未来空铁路立体交通网络的完善，将打通黄河东西横向大通道。

（三）旅游能作为黄河高质量发展之先导产业

旅游发展不仅可以促进直接关联产业的发育，还可带动基础设施的改善和属地居民生产生活方式的转变。在客流增长的同时，旅游发展可实现物流、信息流、资金流的有效聚合，从而带动黄河流域各省区、城市之间

---

① 盛广耀：《黄河流域城市群高质量发展的基本逻辑与推进策略》，《中州学刊》2020 年第 7 期，第 21~27 页。

全方位、立体式、多领域的合作。发展黄河旅游，有助于突破"条块分割"的行政界限，促进流域不同省区、城市之间在经济、技术、环境等方面的合作。旅游是黄河流域高质量发展必不可少的催化剂和凝聚剂，巩固并发挥旅游产业的先导地位，对实现黄河流域生态保护和高质量发展具有重要意义。

三　如何通过旅游助推黄河流域生态保护和高质量发展

黄河旅游的发展具有坚实的资源基础和社会条件，旅游助推黄河流域高质量发展现实可行。黄河旅游发展应从规划流域大格局入手，以扩大内需为主要目标，以塑造品牌为工作重点，破除发展障碍，夯实生态基础，建设黄河文化旅游带，助力黄河流域生态保护和高质量发展新格局的形成。

（一）规划先行，重塑旅游发展大格局

1. 优化顶层设计

习近平总书记指出要打造具有国际影响力的黄河文化旅游带。黄河文化旅游带内各地资源禀赋迥异、特色鲜明，打造黄河文化旅游带需要站位流域整体，在整合优势资源的基础上，做好项目依托和产品支撑，不断激发内生动力，重视对外开放。

一是要依托跨区域重大项目的龙头作用，促进流域整体联动发展。建设郑汴洛全域旅游示范区、落实黄河国家文化公园建设规划、打造黄河国家遗产廊道、建设大河绿道景观带，用跨区域重大旅游项目带动沿线省份在发展规划、资源开发、设施建设、服务供给方面的互联互通，发挥从东到西联动一体的效应。

二是依托多元旅游产品的支撑，扩大市场影响力。已有的中国大黄河旅游十大精品线路分别以沿黄流域的文明之旅、古都之旅、寻根之旅、红色之旅、美食之旅、名胜之旅、风光之旅、峡谷之旅、湿地之旅、度假之旅十个

主题编排设计，但深究产品内容还是以观光旅游产品和文化旅游产品为主，不能满足当前旅游市场的新需求。应在此基础上下功夫，在名胜之旅、风光之旅、峡谷之旅、湿地之旅四个系列中着力利用自然资源开展徒步、露营、登山、攀岩等旅游项目，开发探险旅游产品。在文明之旅、古都之旅、寻根之旅、红色之旅四个系列中发展节事旅游产品、研学旅游产品，深挖文化旅游的更多潜在融合产品。在美食之旅、度假之旅系列中发展康养旅游产品。

三是在整体规划的同时要做好专项规划，加快编制生态保护专项规划、自然资源保护与利用专项规划、文物资源保护和利用规划、文化和旅游发展专项规划，对文化旅游带内的资源进行有针对性的保护和开发，激活内生动力。

四是加强国际交流和营销。黄河文化旅游带横跨九省区，承东启西、衔接内外，既要提升国内影响力，也要塑造国际影响力。对内应建立"9+4"工作机制，联合文化旅游部、财政部、商务部、中宣部在沿黄九省区建立发展协作机制，在对外宣传、品牌推广、招商引资等方面加强协同合作，扩大国内影响力。对外发挥"一带一路"重要节点城市的对外展示作用，兰州、西宁等城市主要面向中亚、西亚国家展示民族文化与风情，郑州、西安、济南、青岛等主要面向蒙古、俄罗斯、日本、韩国等国家探索国际旅游交流合作新路径。

2. 建立旅游试点

按行政区划管理带来的积弊，阻碍黄河流域区域协作发展格局的形成，旅游恰逢其时地为重塑发展大格局开辟新思路。黄河旅游协作机制基础薄弱，应秉承"易处着手，先行示范"的理念，依托旅游产品、旅游服务等领域的已有基础，先建立合作试点，再扩展到缺乏合作基础的领域，由易到难递进式推进黄河旅游文化带建设。

旅游试点的建立应着重培育业务层面的协作能力。例如：以"好客山东"旅游系列产品和"郑汴洛全域旅游示范区"为基础，建设旅游产品与服务合作试点，推广"鲁豫大环游"，通过跨区域资源共享提高旅游产品和服务的供给能力与合作能力；鼓励推进"鲁豫旅游"一导通、一票通、一卡通等，推进无障碍旅游合作，在旅游试点实现"站站相通、景景互联"，为推进黄河旅游文化带其他领域的合作树立标杆。

（二）创新引领，驱动内需消费大动脉

1. 创新发展理念

黄河旅游的发展要依托广阔的内需市场，全方位驱动内生需求，创新黄河旅游发展理念对扩大消费拉动内循环具有重要意义。坚持以"双＋"思想和"三个转化"为引领，讲好黄河故事。落实"旅游＋"理念，充分发挥旅游业的拉动、融合、催化和集成作用。大力发展"旅游＋文化、农业、健康"等融合类旅游产品，通过丰富业态和扩大产品供给拉动消费需求。落实"＋旅游"理念，积极推动一二三产业与旅游融合发展，为相关产业和领域发展提供旅游平台，通过延长旅游产业链，培育衍生旅游产品拓展潜在消费市场。充分发挥黄河流域的文化资源禀赋优势，做好"三个转化"——将文物资源转化为旅游资源，将旅游资源转化为旅游产品，将旅游产品转化为旅游品牌，努力讲好黄河风光故事、文化故事、遗产故事，依托黄河文化旅游带建设，打造品牌效应，开发全新内需增量市场，驱动消费内循环。

2. 创新市场主体

创新旅游市场主体对于丰富旅游产品供给，满足多样化旅游消费需求有着重要影响。应鼓励发展会展旅游集团、景观房地产企业、旅游装备制造业等新兴市场主体。可以通过产业间合作促进旅游与房地产、旅游与工业的融合发展，进而丰富商务旅游、会展旅游和工业旅游产品市场。鼓励培育乡村旅馆、黄河民宿、农场餐厅等特色旅游市场主体，此类市场主体是旅游资本市场多元化的产物。该类市场主体的兴起在增强黄河旅游产品特色化、地域化，避免旅游产品同质化方面作用较大。大力培育线上旅游平台的发展，该类市场主体是在网络科技与旅游融合背景下产生的，其发育使得旅游营销进入线上化的全新时代。线上平台在旅游营销时一改传统旅游营销模式时效性差、覆盖面窄、展示性弱的缺点，依托视频、图片、评论"三管齐下"的

新型营销形式将旅游产品生动形象地呈现在消费者面前，在满足多样化旅游消费需求的同时，扩大营销受众范围。

（三）文化为魂，打造文化旅游强品牌

1. 做好保护与弘扬

黄河文化是中华文明的重要组成部分①，做好黄河文化保护与弘扬对延续历史文脉、坚定文化自信、增强文旅品牌内涵具有重要作用。应创新黄河流域文化遗产保护的工作机制，提高科技进步对弘扬黄河文化的促进作用。

一是要创新黄河流域文化遗产保护的工作机制。改变以往的文化遗产保护自治现象，加强沿黄省份之间的合作和协调，为区域特色文化遗产在全流域旅游发展大格局中找到合适的位置。鼓励多元主体参与黄河文化遗产的保护和申遗工作，鼓励政府机构、旅游行业协会、旅游企业在文化保护政策制定和规划统筹、文旅项目建设和宣传推介等工作领域形成合力，为文化遗产、历史遗迹得到更好的保护和留存破除障碍。

二是要提高科技进步对弘扬黄河文化的促进作用。在科技弘扬层面，将互联网、虚拟现实、人工智能等技术融入文化遗产保护与活化开发当中，利用高科技弘扬黄河文化故事。做好黄河沿线文化主地标的打造，以"中华源""民族根""黄河魂"为理念，选择最具文化影响力的核心地带，融合灯光布景、水幕艺术、全息投影等现代科技打造"黄河之门""黄河之中""黄河之源"等标志性景观和景观群，突出文化象征意义和时代特征，使黄河文化主地标成为黄河文化旅游带的核心产品。

2. 打造黄河文旅品牌

黄河流域既有壮美秀丽的自然景观，又有悠久淳朴的人文风情，上中下游旅游资源特色优势迥异，奠定了黄河打造个性化、多元化、整体化文旅品牌的基础。打造黄河文旅品牌，应做好上中下游的发展定位，实施品牌协同

---

① 习近平：《在黄河流域生态保护和高质量发展座谈会上的讲话》，《实践》（思想理论版）2019年第11期，第5~9页。

战略。

一是要精准定位上中下游的发展特色，突出黄河文化旅游的个性化和多元化。发挥黄河上游自然风光壮丽、生态保护区众多的资源特点，在注重生态保护与生态涵养的基础上，开发自然风光游和生态旅游。发挥黄河中下游文物古迹丰富、遗产民俗众多的资源特点，在增强人文景观观赏性和体验性的基础上，依托便利的交通与市场发展文化旅游。

二是要做好品牌开发、市场营销、公共服务的协同，突出黄河文化旅游的整体化。鼓励黄河流域不同省份开发特色旅游项目，依托政府机构、旅游企业、黄河旅游联盟等沿黄旅游发展机构的力量，推进项目互联、节会互动、市场共享、资源共用，将特色旅游项目串联起来，形成聚合效应，打造"黄河文化旅游带"品牌形象。建立联合营销模式，鼓励文化、旅游、宣传、外事等部门在招商引资、对外宣传的过程中，共同推介黄河旅游品牌。鼓励建设线上旅游协同发展平台，落实旅游官网、驿站信息共享。

（四）强化保障，破除旅游发展障碍

1. 强化金融保障

旅游产业具有前期投入大、回报周期长、季节波动性大的特点，要构建黄河旅游文化带并促进其发展，首先要解决"钱袋子"的发展障碍。应以旅游金融为突破口，积极推进旅游资产证券化，完善旅游投融资体系。

在推动旅游资产证券化的过程中，应着力做好政府的角色定位。要在旅游资产证券化业务过程中去行政色彩，各级政府做好服务和公共管理工作，不再作为招商引资的主体出现，只有如此才能使企业或资源经营主体自主决策。为防止对黄河旅游资源的破坏性开发和过度开发，政府应该对旅游资产证券化后的开发设置一定的门槛，对从事景区开发企业的专业化水准、资金实力、经营理念、从业经历、环保和可持续发展意识等进行资质审核。要注意在开发思路上加以引导，注重旅游资产开发的生态效益和社会效益，在景区规划和开发要求上加以明确，在关键环节上加以监控，使投资者在获取合理回报的同时，不让黄河旅游资源无谓地受到破坏。

在完善旅游投融资体系的过程中，应引导各级财政资金、金融资本加大旅游产业投入，尤其要鼓励民间资本投资旅游产业。放宽民间资本的市场准入，支持民间资本组建专业化的旅游景区经营管理企业，向民间资本开放服务业、酒店业等领域，切实保障其经营管理权益。鼓励发展私募股权投资基金和风险投资基金，引导各种金融机构、风险投资机构、基金为创新创业型中小旅游企业提供股权融资、门票质押、旅游资产证券化等服务。

2. 落实土地供应

黄河流域面积虽广，但流域内旅游业发展用地问题依然存在，黄河沿线的大量田地、林地、生态保护用地均不适合大规模旅游开发。黄河沿线的城市群发展迅速，很多城市的发展规划中已无过多闲置用地可供大规模旅游开发，因此落实旅游业发展用地供给，是对黄河流域旅游业稳定、健康、高质量发展的重要保障。在编制土地利用总体规划、城乡规划、环境保护规划时充分做好与旅游发展规划的衔接，及时安排新增旅游项目用地计划指标。在符合黄河生态环境保护要求和相关规划的前提下，鼓励使用黄河沿线荒山、荒地、荒滩开发旅游项目。多方式供应建设用地，鼓励以长期租赁、先租后让、租让结合等方式供应旅游项目建设用地。充分利用乡村振兴与"三权分置"带来的土地红利，允许农村集体经济组织依法使用建设用地自办或以土地使用权入股、联营等方式与其他单位和个人共同举办住宿、餐饮、停车场等旅游接待服务企业。

（五）生态为本，共促高质量发展新局面

1. 关注生态红线

旅游开发对自然保护区的影响程度与经营者管理水平息息相关。应引进世界先进经验，改进旅游管理技术和方法。采用先进的环境监测仪器和科学的检测手段，测算并制定自然保护区最佳环境容量。开发节能设备，减少能源供给对自然生态造成的不良影响。鼓励减少或限制机动交通工具，充分利用当地自然资源，提倡用畜力、风力、漂流等代步方式。推广露营等极简化住宿模式，提供以地域产品为主的绿色食品，使用方便卫生可降解的秸秆

餐具。

合理规划生态保护区旅游布局。旅游开发时应遵循"开发与保护并举、相隔但不分离"的理念，从生态学角度对旅游环境容量、旅游场所规模和旅游设施设备数量等进行评估和测算，力求在色彩用料、风格造型方面与自然景观实现浑然一体的效果。对生态保护区旅游规划区内人工设施和设备进行严格监管，尽量减少设施设备数量。根据我国实际情况对自然保护区的核心区、缓冲区、实验区进行针对性规划，核心区是自然保护区最重要的区域，应严守生态红线避免一切人工开发。缓冲区是核心区和实验区的过渡地带，应避免大规模开发，严格控制游客人数，严格贯彻"仅留下脚印，只带走照片"的旅游理念。在试验区可以建立游览、康养、休闲、商务等功能分区，充分利用自然保护区特色，达到隔而不离的开发效果。

2. 重视污染防治

旅游产业虽被誉为绿色无烟产业，但随着黄河旅游规模的日渐扩大，旅游发展不可避免地对动植物、水源、土壤、大气等自然环境造成污染，在高质量发展背景下应摒弃以往产业发展"先污染后治理"的错误思想，重视旅游污染防治。应以促进旅游资源循环利用、维持高质量可持续发展为宗旨，以经济、社会和生态协调为原则，以污染防治为着力点，建立环境反哺机制。具体而言，政府可通过征收营业税、资源占用费等手段来实现旅游环境保护。建立专项反哺基金，由专业管理部门进行投资管理，由审计部门进行使用监督。设立严格的资金回流和效益评估办法，在使用前、使用中和使用后组织专家和相关机构对反哺基金的使用效益进行评估。

参考文献

宋瑞、金准、吴金梅：《"一带一路"与黄河旅游》，社会科学文献出版社，2017。

生态环境部黄河流域生态环境监督管理局：《黄河生态环境规划》，https：//huanghejg. mee. gov. cn/xxgk/hhlyjxbzhgk/hhzrgk/。

盛广耀：《黄河流域城市群高质量发展的基本逻辑与推进策略》，《中州学刊》2020

年第 7 期。

水利部黄河水利委员会：《探寻历史深处的黄河古都》，http：//www. yrcc. gov. cn/
hhwh/dhsj/whyz/201903/t20190319_ 200353. html。

王凯：《黄河流域生态保护和高质量发展的初步认识》，https：//mp. weixin. qq.
com/s/tKLVOiDLSTAD9jBTp_ Xa2g。

习近平：《在黄河流域生态保护和高质量发展座谈会上的讲话》，《实践》（思想理
论版）2019 年第 11 期。

G.14
旅游改善区域发展不平衡的模式和方向

——由浙江山海协作工程引发的思考

王莹 孙阳杨*

摘 要： 新形势下，我国依然面临着区域发展不平衡的严重挑战，旅游作为产业扶贫的重要方式，需要面对新技术应用、绿色发展带来的契机，在助力区域协调发展中做出新的探索与贡献。山海协作工程是浙江省统筹区域发展的重大战略举措，其中旅游在促进生产要素逆向流动、培育欠发达地区优势产业方面发挥了积极的作用，为认识旅游改善区域发展不平衡的价值提供了案例，也为深入探讨市场化运作下可持续旅游扶贫提供了思考。

关键词： 区域发展不平衡 旅游扶贫 山海协作工程 浙江省

一 旅游改善区域不平衡状况的背景与进展

区域发展不平衡一直以来是困扰我国经济社会可持续发展的主要问题，不仅我国东中西部地区存在发展梯度差距，江苏、广东、浙江等一些经济发达省内部也存在着明显的发展不平衡现象，且在我国经济结构转型、技术进步、全球化等多种因素的影响下呈现出不断加强的趋势。党的十九大报告明

---

* 王莹，浙江工商大学旅游与城乡规划学院教授，硕士生导师，研究方向为区域旅游开发与规划、旅游目的地管理；孙阳杨，浙江工商大学旅游与城乡规划学院硕士研究生。

确指出，我国当前的社会主要矛盾已经转化为"人民日益增长的美好生活需要和不平衡不充分的发展之间的矛盾"，解决区域发展不平衡问题已成为主要任务。

旅游引发的人口短时空间流动，以及由此带来的供－需变化、对经济社会环境的影响，是改善区域发展不平衡的着力点，2011年中共中央、国务院印发的《中国农村扶贫开发纲要（2011－2020年）》中，正式将旅游扶贫作为增强内生动力的产业扶贫方式。2017年中央提出的乡村振兴战略中，发展旅游成为实施乡村振兴战略重要路径。在各地实施的区域协调发展战略中，辽宁省通过开发辽西旅游大环线推进扶贫振兴，江苏省将创新苏北5市旅游协作机制、推进生态旅游发展作为苏北经济振兴的重要方式，广东省提出以旅游促进经济增长方式的改变、以文化实现旅游高质量发展来振兴粤东西北，旅游在改善区域发展不平衡中的价值得到充分体现。首先是有效缓解要素非均衡流动。欠发达地区利用自然景观、传统艺术、特色文化等优势开发乡村旅游、红色旅游、民俗旅游等，通过模式、业态与产品创新吸引游客，由此促进人才、技术、资本、土地等生产要素逆向流动。其次是提升劳动力素质与发展能力。旅游的根本动因是追求从感观到文化、意识上的差异，在旅游活动过程中，投资经营者、旅游者与社区居民产生思想的碰撞、技术的交流、文化的认同，增强知识溢出效应，提升欠发达地区居民整体素质。再次是树立文化自信，激活增长动能。通过以文塑旅、以旅彰文，实现优秀传统文化的经济价值、社会价值与传播价值。游客的到来创造了新的需求，更增强了欠发达地区地方经济活力与对未来的信心。最后是促进区域公共服务平衡发展。以全域旅游的发展思维促进区域内资源的统筹利用、产业的融合发展，同时通过旅游公共服务的社区共享，促进欠发达地区公共服务的配套与完善，改善生活生产环境与投资环境。

然而，改善区域发展不平衡是一个长期而艰巨的工作，旅游在持续发挥扶贫作用中面临着以下三个方面的突破。一是如何实现旅游发展富民和强县兼顾，进一步增强旅游发展带来的综合效应，培育当地优势产业，做大做强产业链；二是如何实现由点的结对帮扶到线与面的全面参透，尊重旅游经济规律，突破行政壁垒，探索双向平等互动共赢的发展模式；三是如何实现由文化传播到与文化价值激活并重的转变，探索旅游对生态、文化价值的实现机制，使欠发达地区获得可持续的发展动力。

二 浙江省山海协作工程的探索与启示

（一）浙江省山海协作工程的推进与旅游实践

浙江省内区域发展不平衡一直以来较为突出，以"清大线"为界，东北侧是繁华的杭嘉湖绍平原和甬台温地区，经济社会发达；西南侧是深藏在绵延丘陵中的丽水、衢州、杭州的建德和淳安、温州的苍南等县市，发展相对落后①。面对区域发展的不平衡性，2001 年浙江省委、省政府在全省扶贫暨欠发达地区工作会议中提出山海协作工程，2002 年出台《关于实施山海协作工程帮助省内欠发达地区加快发展的意见》，山海协作工程正式实施。

浙江省山海协作工程自实施之日起，其目标任务、组织管理、协作内容与平台建设就处于不断的创新与拓展之中，结合五年计划与帮扶模式可大致划分为 4 个阶段。在这一过程中，浙江旅游发展始终与山海协作工程同频共振，在改善区域发展不平衡中深化旅游实践。第一阶段（2002～2005 年）为政府强劲推进阶段，架构山海协作组织体系，形成以"结对子"为重点，多层次、多渠道、多领域开展合作与交流的山海协作格。在进行由"输血"到"造血"并重的探索中，旅游是践行者，欠发达地区乡村观光旅游、古村落文化旅游得到较快发展。第二阶段（2006～2010 年）为政府主导下的产业转移阶段，明确要求遵循市场规律、以项目合作为中心促进发达地区产业向欠发达地区梯度转移、推进欠发达地区的剩余劳动力向发达地区合理流动。在政府鼓励下，发达地区旅游业服务企业与欠发达地区开展合作，投资

---

① "清大线"为连接浙江临安清凉峰镇和苍南大渔镇的分割线。

生态、红色旅游产品开发，欠发达地区农家乐也得到快速发展，促进群众增收和公共服务均衡发展。第三阶段（2011～2015年）由政府主导向市场化运作转变，强化资金管理、职能分工、专题合作，建设省级、市级山海协作产业园，欠发达地区优势产业培育得到重视。提倡依托传统文化和生态资源优势，优先发展生态旅游业，支持将旅游及相关产业培育成支柱产业，实现生产性服务业与生活性服务业并重。第四阶段（2015年至今）为市场机制下的产业转移与优势产业培育阶段，结对双方关系发生改变，均成为主动关系和互动的双向关系。通过建立完善的产业数字信息库，实现市场机制下的产业转移和对接，欠发达地区构建以"旅游＋农业、康养"等生态经济为主的现代产业体系，建设省级山海协作生态旅游文化产业示范区，提升了欠发达地区的竞争优势。

（二）旅游在缓解区域发展不平衡过程中的贡献与价值

浙江省山海协作工程旨在促进区域协调发展，让发达地区得到发展、欠发达地区得到跨越式发展，在"造血帮扶、双向互动、合作共赢"等具有浙江特色的区域协调发展新路子探索中，旅游从单纯项目建设，到"旅游＋"产业链创新，到促进文化自信与社区治理，全面整合浙江欠发达地区的生态优势，推进社区营造，旅游综合效益与溢出效应不断增加，充分发挥了"造血"功能，成为欠发达地区经济社会发展的新引擎。旅游的价值主要体现在三个方面。

一是提升山海协作工程合作平台的产业发展、区域开放、绿色发展能级，旅游使欠发达地区不再只是被动承接发达地区的产业转移，而是以"旅游＋"打造的优势产业推动欠发达地区实现由资源到资本再到能力的重大转变，让欠发达地区能够以优势产业直接对接区域战略和长三角一体化、浙皖闽赣协作区、"一带一路"倡议等国家级战略，提升对外开放能级，并通过健康养生、休闲度假、文化创意等旅游产品开发，建设绿色生态旅游产业集聚区，培育生态文明，提升绿色发展能级。

二是有助于山海协作工程直接渗透乡村基层。乡村扶贫是山海协作工程结对双方的工作重点，通过乡村旅游的发展，加速乡村地区生产要素的流入，提升乡村文化、生态隐形资源的市场价值，均衡城乡公共服务和基础设施配套建设，促进青年返乡创业，缓解乡村养老问题，缓和乡村社会矛盾，带动乡村经济社会文化的发展。

三是提供新的区域交流合作平台。利用旅游产业的流动性、融合性、整合性特征，构建以旅游发展逻辑为主体的区域联系网络，拓展区域协调发展合作内容，推动旅游综合服务、产业信息共享。

2003 年到 2019 年的统计数据表明，丽水市、衢州市旅游总收入增长速度基本高于浙江省平均水平（2004 年衢州市除外）；丽水市自 2007 年起、衢州市自 2009 年起旅游对全市地区生产总值的贡献高于浙江省平均水平，旅游在缓解区域发展不平衡过程中作用显著。

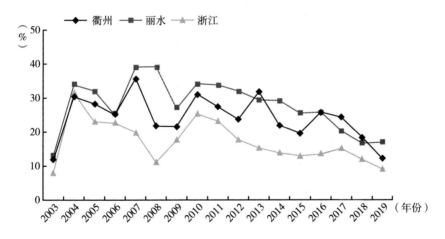

图 1　2003～2019 年丽水市、衢州市及浙江省旅游总收入增长速度

（三）浙江省山海协作工程的相关启示

1. 在全面融入区域发展战略中彰显旅游价值

山海协作工程实施近 20 年来，浙江经济社会发生显著变化，欠发达地区交通条件持续改善，科技对产业发展产生深刻影响，生产要素的制约性、生态保护的紧迫性等均发生了变化，欠发达地区同样出现了土地、能源供应

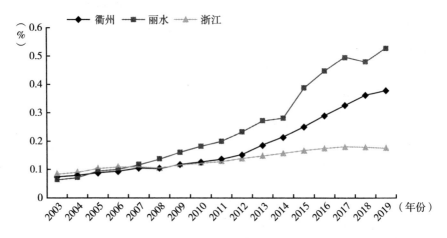

图2　2003～2019年丽水市、衢州市及浙江省旅游对地区生产总值贡献

紧张等问题。山海协作工程围绕浙江发展战略不断调整目标与任务，旅游则在促进区域协调发展中彰显出巨大的优势。

第一，围绕区域发展战略增强旅游引擎功能。"大花园建设"是浙江区域协调发展的重大举措，建设的核心就是丽水、衢州等欠发达地区。围绕这一战略决策，旅游的结对帮扶重在促进生态旅游、康养旅游、乡村旅游的发展，深化了"两山理论"的实践，探索了生态、文化价值的实现机制。

第二，助力突破产业发展瓶颈，彰显旅游推动作用。浙江特色小镇创建是突破产业发展瓶颈的重要举措，旨在促进浙江省战略性产业和传统产业的发展，强调"产业、社区、文化、旅游"四位一体创建模式，通过将3A级及以上景区创建作为浙江特色小镇命名的前置条件，深化产业旅游开发、小镇文化挖掘、品牌形象塑造与传播的实践探索，对欠发达地区传统产业振兴具有更为积极的意义。

第三，配合美丽乡村建设发挥旅游综合效应。浙江旅游"百千万"工程与乡村旅游集聚区建设①，创新了欠发达地区农旅产业链，促进乡村公共设施

---

① "百千万"工程：到2021年，创建一百个A级景区城、一千个A级景区镇、一万个A级景区村。

建设与公共卫生条件的改善，助推就地就业与乡村干部年轻化，提升农民的文明程度与知识技术更新能力，实现由家庭到集体收入的增加，提升基层组织号召力与治理能力。

第四，结合文化基因解码提升旅游对文化价值的转化作用。通过解码每一种文化形态，找到文化存在的内在基因，以文塑旅、以旅彰文，发挥旅游在促进传统文化的传承、传播与经济价值转化中的作用，增进欠发达地区的文化自信与发展动能。

2. 依托健全有效的机制充分发挥旅游的扶贫作用

山海协作工程是一个庞大的系统工程，涉及多个部门、多个平台，为确保系统有效运作，须形成完整的组织框架与运作机制。旅游本身涉及与各部门的交流与合作，山海协作工程搭建的平台，为旅游与各部门协调创造了条件，保障旅游在山海协作中发挥更为有效的作用。

第一，完善的机制设置保障旅游扶贫推进。山海协作工程每年制定明确的目标、具体职能和任务，并设置多种激励机制、分类分档多维度的跟踪与考核机制。通过各种联席会议制度、两地政府高层互访与干部互派机制、专项资金制度，确保包括旅游在内的各结对帮扶工作有序推进。

第二，针对性机制提升旅游合作效率。针对山海协作生态旅游文化产业园建设，开创性地提出共建双方的合作机制。结对双方共同构建精品乡村旅游线路，设立专项资金进行专题开发与专项培训，开展旅游专题小组工作会议，举办专题推进活动，建立省外商会与生态旅游文化产业园联系制度，引导浙商参与产业园项目建设。

第三，以信息平台与沟通机制优化旅游资源配置。构建产业转移供需的数据信息平台，建立山海协作相关的项目档案、企业档案与劳务供需信息库，强调欠发达地区要制定特色优势产业导向目录和重点引进的山海协作项目目录，通过完善产业信息大数据，实现市场机制下的发达地区和欠发达地区间的产业联系。

3. 在政府强力推进和市场化运作并重中加快旅游创新发展

山海协作工程突破了长期以来以"输血"帮扶为主的传统扶贫模式，

探索建立了市场经济条件下以对口"造血"帮扶为主的新模式。从政府强力推进到引入市场机制，欠发达地区的优势生产要素被市场捕捉，旅游成为市场机制下欠发达地区寻求产业发展的必然选择，使资源得到更有效的配套。

第一，通过要素融合升级传统产业，创新"旅游＋"产业链。市场的开放性与竞争性使生产要素得到更好融合，衢州开化县通过编制一个美食标准、打响十道不得不吃的开化菜名气、培养百个食材基地、发展千家美食门店、培养万名厨师，系统推进美食产业高质量发展，探索出"旅游＋美食"产业链创新模式。

第二，推动乡村产业集聚区创建，提升市场竞争力。尊重市场规律，引导乡村旅游空间集聚发展，丽水古堰画乡依托"旅游＋油画"模式，塑造独特的文旅IP，围绕写生基地、艺术创作基地、油画生产基地、休闲度假中心的打造引进投资项目，实现规模化发展。

第三，针对不同资源条件，探索差异化发展模式。在充分尊重消费者价值观的基础上创新市场需求，形成多元化产品，丽水莲都区探索传统村落整体开发的"联众模式"，松阳则在拯救老屋行动中创新了"民宿＋文创＋老屋"的模式。

三　探索市场化运作下可持续旅游扶贫的发展模式

（一）探索市场机制下的双方共赢模式，促进区域一体化发展

政府推动下的扶贫模式也暴露出一些弊端，出现帮扶过程中发达地区与欠发达地区的"冷－热"现象，将土地指标、能耗指标作为合作条件的不良现象，以及欠发达地区存在"等靠要"思想的现象。因此，政府主导下的市场化运作模式是可持续扶贫的出路，也是旅游实践中需要探索的重点。

区域发展不平衡的情况下，不仅欠发达地区需要获得更多的发展机遇与能力，发达地区也需要规避因极化发展带来的一些社会问题。因此，帮扶双

方不仅要转变观念，以双方协作互利的角度共商区域协调发展问题，还要转变方式，摆脱固定结对行政式的帮扶，依照市场规律推进要素自由流动，形成合理分工，构建共建共享共赢的利益共同体。

1. 以利益为纽带开发线性旅游产品

旅游资源的发生发展因受地域自然文化条件的影响，在空间上存在跨越行政区划的线性分布现象，可充分利用这一特征，联合开发线性旅游产品，使沿线各地成为利益共同体。线性旅游产品是区域间要素流通的重要通道，为整合区域资源提供了机遇，沿线各地通过共享开放的市场，形成共同的品牌形象，实现双方更大的收益。探索线性旅游产品市场化运作模式，欠发达地区与发达地区共同参股、合作开发与运营，充分发挥双方优势，形成互补。通过有机连接双方旅游发展空间，共同推进旅游基础设施建设、联手整治旅游市场秩序、联合开展旅游营销活动、共建旅游信息交流平台。

2. 在产业价值链分工体系下提升旅游竞争力

传统的梯度转移是转移不具备市场竞争优势的产业，使得发达地区和欠发达地区在区域合作中处在不公平的交易地位，因此，应依照市场规律，实现要素成本、资源优势、成本导向的产业转移，使得欠发达地区能够因地制宜承接与自身优势产业相关的产业转移。探索以市场需求为导向的旅游产业价值链，利用产业价值链的各个环节对要素条件需求的差异性，以及双方因不同区位条件所产生的优势融入价值链分工，形成更为紧密的生产网络。各参与主体在专业化分工与合作中提高劳动生产率，利用双方旅游企业生产技术水平具有的差异性与梯度特征，使参与价值链分工的旅游企业获得知识溢出收益，促进区域整体竞争力的提升。

（二）抓住绿色崛起机遇，建立健全生态价值的实现机制

区域发展能力是欠发达地区需要解决的核心问题，在绿色崛起的背景下，欠发达地区面临前所未有的发展机遇。利用生态优势，探索生态价值实现路径与实现机制，为欠发达地区注入持续发展能力。

1. 创新 GEP 核算，探索旅游对生态价值的实现机制

生态产品价值中，无论是绿色食品等有形价值，还是空气、森林、水体、土壤等无形产品，均与旅游有着密切的关联，特别是良好的生态系统，对于缓解压力、康复身心具有巨大作用。因此，我们要探索绿色旅游食品的溢价效应、评估良好的生态环境对工作效率的影响以及由此带来的收入增量，正确反映出自然生态系统对人类社会的贡献，推动投资者对自然资本的投资。加快对生态价值转换的探索，加快对 GEP 核算的试点实践，不但在技术层面进行不断突破，对生态环境进行全覆盖监测，建立完善的数据库，在管理层面也需要进行创新，结合旅游活动特征，加强生态风险预警管理，建立生态信用体系，完善生态系统保护与补偿机制。

2. 发挥旅游在生态价值转化中的作用，构建优势竞争力

市场机制下欠发达地区绿色生态优势产业培育，突破了产业梯度转移的路径依赖，有助于发达地区与欠发达地区寻求更多领域的利益契合点。随着人们对绿色消费需求的极大增加，欠发达地区利用良好的生态环境，发展"旅游＋康养、养老、度假、旅居"，实现生态、文化等绿色资源的高附加值输出，并通过推进"互联网＋旅游"，以数字资源丰富旅游业态、拓展旅游消费空间、转换目的地营销方式、实现智能化服务。旅游是绿水青山向金山银山转化的重要途径，通过旅游这一平台，全面整合欠发达地区的资源，形成欠发达地区的绿色品牌形象，提升竞争力，实现绿色崛起。

（三）优化整体营商环境，激发市场主体活力

在交通等基础公共设施条件有了一定的改善、生活水平有了较大的提升，特别是实现全面脱贫后，欠发达地区需要实现脱贫后的软实力提升，其中全面优化营商环境成为吸引资金与人才、获得持续发展动力的关键。

1. 培育优质市场环境，制定针对性政策措施

欠发达地区旅游发展的市场环境主要面临三大问题。一是融资渠道不畅、成本过高，旅游企业大多为中小微企业，融资难一直以来是欠发达地区中小微企业参与旅游发展的主要壁垒，并导致其生产经营成本上升。二是欠

发达地区发展旅游还面临市场需求不足等问题。没有充足稳定的客源，就没有旅游经营企业稳定的收入。三是随着生态保护要求的提升，欠发达地区土地供应成为旅游投资要解决的主要问题。特别是随着乡村旅游高质量发展，乡村度假产品、旅居养老产品的开发，土地成为制约因素。因此，要探索解决三大问题的实质性政策措施，特别是对于符合欠发达地区资源优势的新型旅游业态，要做出快速与针对性的政策响应。

2. 强化政府服务意识，构建公平的营商环境

欠发达地区旅游开发需要各类企业与社会团体的参与，特别需要当地居民的参与，因此政策制度与政府的服务需要体现公平性：在当地与外来投资者之间、当地投资者之间以及旅游发展的不同阶段都要体现公平性与持续的获得感，避免剥夺感的产生。针对性地制定激励和评价机制，对于外来旅游企业建立约束性机制，形成公平竞争监督机制，避免出现行政性垄断、政府寻租等现象。促进行政改革，降低制度性交易成本，建立政企智慧服务平台，促进政务数据共享。跨区域项目落地应在审批、税收、管理上享有同等的待遇，形成统一的市场环境，实现要素的市场化流通。配套交通、通信、水电设施，推动社会资本参与基础设施建设。

（四）利用好互联网经济，扩大对外开放程度

在高连通的数字化时代，个体生活、组织行为、社会互动、区域发展、国家战略都将带来更多更新的变化，互联网经济加快了欠发达地区对外开放的进程，使欠发达地区不再是偏远、封闭的代名词，而成为令人向往的旅游目的地。

1. 加快信息基础设施建设，塑造美好乡村形象

大力推进欠发达地区的数字乡村建设，加快移动通信网络全覆盖，开发适应乡村特点的信息技术与产品服务，通过数字赋能，给欠发达地区旅游发展创造机遇与空间。培训村民特别是旅游经营者对移动设备的使用技能，培训面对网络平台的自我表达能力与展示技巧。利用疫情催生的人们对康健消费的需求，快速树立乡村旅游形象，把乡村打造成面向世界的开放包容、充

满活力的地方。通过与外界的连通，重新认识当地的生态、文化价值，提振居民的自信心和自豪感，激发其参与旅游开发的积极性，主动向外界、向国际社会传达全新的中国乡村形象。

2. 积极参与区域合作，融入国家发展战略

旅游要进一步超越单纯产业层面的意义，利用旅游的流动性、传播性、整合性特征，充分发挥在欠发达地区的核心地位与引擎作用。构建起旅游促进区域协调发展的逻辑，通过旅游推动欠发达地区生态文化资源的价值输出，利用生态优势资源打造优势产业，抓住市场需求变化创新旅游产品与服务，做大优势产业，提升经济实力，拓展经济腹地，在区域经济的协调发展中发挥积极主动的作用，与发达地区形成优势互补、相互依赖的新格局，促进国民经济发展、产业结构升级与布局优化，更好地对接与融入区域发展战略和国家发展战略。

参考文献

黄勇、潘毅刚等：《协调发展：浙江的探索与实践》，中国社会科学出版社，2018。

马国霞、赵学涛、吴琼、潘韬：《生态系统生产总值核算概念界定和体系构建》，《资源科学》2015 年第 9 期。

孙志燕、侯永志：《对我国区域不平衡发展的多视角观察和政策应对》，《管理世界》2019 年第 8 期。

向静林：《丁真现象背后，是数字中国新动态》，《光明日报》2020 年 12 月 7 日，第 2 版。

高铁旅游高质量发展：现状、
问题与对策[*]

廖 斌 严旭阳 黎 巎 孙梦阳[**]

摘 要： 高铁是现代交通运输方式的一次革命性创新，变革了人们的
出游方式，高铁与旅游融合成为新趋势。我国具备发展高铁
旅游的良好优势，近年来高铁旅游市场发展迅速，旅游客群
日渐成为高铁客运市场重要的组成部分，未来高铁旅游将形
成万亿元规模市场。推动高铁旅游高质量发展，需要明确高
铁旅游的发展方向，优化高铁旅游产品开发和设计，加强高
铁旅游市场开发，加强高铁旅游发展的顶层开发设计，完善
高铁旅游配套服务，打造一批高铁旅游示范项目，开展高铁
旅服务质量提升工程，提高高铁旅游服务水平。

关键词： 高铁旅游 高质量发展 旅游业

* 本文为中国国家铁路集团有限公司科技研究开发计划项目"基于大数据的高铁旅游客群研究
与应用"（2018 F013）和北京联合大学人才强校计划"基于大数据的高铁旅游客群行为特征
研究"（BPHR2019DS06）的阶段性成果。
** 廖斌，博士，北京联合大学旅游学院副教授，研究方向为旅游经济、旅游目的地管理；严旭
阳，博士，北京联合大学旅游学院常务副院长、教授、硕导，研究方向为旅游经济管理；黎
巎，博士，北京工商大学国际经管学院教授、硕导，研究方向为旅游大数据、基于 Agent 的
仿真、信息技术的旅游应用，为通讯作者；孙梦阳，博士，北京联合大学旅游学院教授、硕
导，研究方向为旅游营销、入境旅游。。

一 高铁旅游是旅游业高质量发展的重要内容

随着我国高铁网络日渐形成，高铁已成为大多数人的出游首选交通方式，旅游客群成为高铁客运市场重要组成部分。高铁旅游是铁路旅游经营业务的重要板块，有助于丰富铁路旅游经营的产品、市场和经营模式。高铁旅游日渐成为我国旅游业高质量发展的重要内容，大力发展高铁旅游也是破解铁路旅游经营难题的重要路径。

（一）高铁旅游为旅游高质量发展注入新动力

交通运输是旅游业发展的基础支撑和先决条件。高铁是大运量、高密度、公交化的交通组织模式，以高铁为基础发展起来的高铁旅游，能够方便快捷地扩展旅游发展的地理空间，能够整合区域旅游资源，能够增加旅游客流量，真正地推动旅游业向全域扩展，满足人民对美好幸福生活的需要。

高铁旅游有助于扩展旅游目的地的区域市场，能够延伸旅游市场的客源半径，并串联多个旅游景区，从而极大地拓展全域旅游市场。高铁旅游新模式将传统的中远距离市场变为近距离旅游市场，甚至变为城市周边旅游市场，将原来的长线旅游变为周边短线旅游。高铁带来更多异地旅游、休闲旅游需求，带来大量中高端商务、休闲旅游人员，为高铁沿线城市带来一批大规模、高价值的游客消费群体。

（二）高铁旅游是破解铁路旅游传统经营模式的重要路径

随着旅游业的发展，游客对旅游服务的要求正在从"有没有""缺不缺"向"好不好""精不精"转变。对铁路旅游经营者来说，传统的旅游经营模式，已经很难适应游客的新需求。高铁适合散客自助旅游的新时代，为游客提供了安全、快速、舒适、便捷的出行方式。高铁旅游以其速度、品质、网络等特征，能够很好地满足游客的高品质旅游需求，有助于破解铁路旅游传统经营模式发展困境。高铁旅游新产品正引领旅游发展新趋势。随着各条高铁线路的开通，各地也相继推出了多条"高铁风景线"，并产生一批将"快旅"与"慢游"融合的新产品。如"高铁＋旅游景区"的融合、"高铁＋租车"的结合、"高铁＋酒店"的融合等。

（三）我国高铁旅游发展的优势与潜力

1. 我国有日渐完善的高铁网络体系

当前，中国已进入"高铁时代"。截至 2020 年底，全国铁路营业里程已达到 14.63 万公里，其中高铁里程超 3.8 万公里，全国铁路路网密度为 152.3 公里/万平方公里，我国高铁总里程占全球比重超 2/3。到 2020 年底，32 个省会城市中（包含台北），已有 31 个省会城市开通高铁线路，仅拉萨还未开通高铁，高铁已覆盖了全国大部分的城市。随着"四纵四横"高铁网络建设收官，中国正式进入"高铁时代"，开始向"八纵八横"目标迈进，中国将基本建成布局合理、覆盖广泛、高效便捷、功能完善的高铁网络。

2. 高铁自带巨大的流量资产，为未来乘客转化为游客提供绝佳的流量入口

国民收入水平的提高和出行需求的持续增长将继续给铁路客运带来源源不断的客流量。铁路动车组不断加密，"复兴号"开行。自 2008 年京津城际开通运营以来，高铁客流持续增长，截至 2019 年底，动车组累计发送旅客突破 120 亿人次，占铁路旅客发送量的比重由 2007 年的 4.5% 提高到 65.4%。而且，我国铁路 12306 网站覆盖面广，拥有巨大的用户群、海量的资源和数据。我国高速铁路线下各个铁路客运站内自助售票机、广告媒体、旅游服务网点等渠道众多，都具备大量资产流量的优势。

3. 高铁线下销售网点资源丰富

国铁集团的 18 个铁路局集团有限公司下辖 18 个旅游公司、18 个广告公司。据不完全统计，全国目前拥有 514 个铁路站，客票代售点约 8102 家，这是未来铁路网络化旅游产品开发的重要基础。

4. 高铁网与我国的旅游资源和旅游目的地匹配度很高

我国高速铁路基本覆盖全部省会城市及 50 万以上人口城市，覆盖了全国 80% 以上的国家 5A 级景区、125 个国家 4A 级景区，围绕高铁线路开发旅游产业的空间非常大。

二 我国铁路旅游的发展现状与问题

（一）我国铁路旅游的开发经营现状

1. 铁路旅游的总体情况

商旅服务是铁路主营客运服务的延伸，以主营客运业务庞大的信息和客户资源为依托，业务范围基本涵盖现代旅游业的各方各面，具体包括五个层面——旅游、酒店、餐饮、广告和站车商业。2018 年底，铁路商旅服务企业资产总额达 192 亿元。商旅服务业务占全部非运输企业资产总额比例相对不大，但整体增长趋势迅猛可观。其中，旅游酒店业资产占有比例为商旅服务的 36%。从企业数量来看，截至 2018 年底，铁路共有旅行社法人企业 34 家、酒店法人企业 38 家。从亏损比例和亏损总额来看，铁路旅行社整体经营情况较好，而酒店业务经营状况较差。2018 年全年，铁路旅游业务共接待旅客 86 万人次，实现旅游收入 11.6 亿元。其中，旅游专列完成 987 列，共计 51 万人次，实现收入 7.4 亿元。截至 2018 年底，铁路系统共有酒店 187 家，其中五星级酒店 4 家，旅游从业人员 1 万多人。

2. 铁路旅游的产品模式

铁路旅游业务的开发是以铁路客运为核心，向外延伸至包含吃、住、行、游、娱、购的旅游业的多个方面。根据旅客出行的时间链进行划分，包括三个方面：一是客源地服务，即出行前的服务；二是铁路站车服务，即旅客在车站乘车以及乘坐铁路列车前往目的地的过程中的服务；三是目的地服务，即到达旅行目的地后的旅游相关服务。从狭义的旅游业来看，包括团体行程规划、客票及酒店预定、景点门票、导游及当地向导等传统旅行社业务，部分旅游企业还提供旅游专列和其他特色定制游等经营项目。

3. 铁路旅游的运营管理体制

铁路旅游相关业务作为中国铁路主营客运业务的多元化延伸，主要采取的管理模式为中国国家铁路集团有限公司进行监督和指导，由各铁路局集团公司投资运营和自行管理。各铁路局集团公司所属旅游企业之间互不关联，之间联系以自主合作为主。虽然各铁路局所涉及旅游相关经营业务有所差别，但都不同程度地涉及了与客运服务相关的五大延伸业务，分别是旅游、酒店、广告、站车商业和餐饮。部分铁路局集团公司将五大业务分开经营管理，分别成立相应的所属企业；部分铁路局集团公司将几大业务进行合并统一管理，成立集多种主营业务于一体的铁路旅游企业。

4. 铁路旅游经营开发中的主要问题

（1）铁路旅游业务的潜在资源资产优势尚待进一步发挥。目前，在我国境内旅游的出行方式选择上，通过铁路出游的比例与通过公路出游的比例接近，远高于通过民航与水路出游的比例。而近年来，高铁网络的逐步完善和服务质量的进一步提升给人们的出行带来了极大的方便，为铁路在旅游市场占据有利地位提供了基础。比如铁路旅行社较之于路外旅行社，具有的独特优势。一是拥有遍及全国的铁路网资源和票务优势。铁路旅行社作为铁路系统重要的一员，在使用铁路资源方面相对于一般旅行社更方便，比如在票务上有优先保证权和票价优惠政策等，旅行社在招揽客源及降低成本方面更有竞争力。二是铁路旅行社可以使用铁路系统闲置列车车底。对于闲置的列车车底，只有铁路旅行社享有规定的使用权，从而为铁路旅行社组织旅游专列提供了极好的机会。三是部分铁路旅行社有车站服务的权限。铁路旅行社在候车、车上、车站等地有专门的服务场所，能够给客人提供更贴心更优质的服务，从而提高了铁路旅行社的市场竞争力。但由于体制机制约束和经营理念滞后，铁路旅游业的潜在优势尚未完全发挥。

（2）铁路旅游业务的品牌化、网络化经营效益不高。中国旅游市场的发展速度很快、市场规模巨大，但旅游市场的竞争同样非常激烈。为了在激烈的竞争环境中站稳脚跟、图谋发展，各旅游企业尤其是传统的大型旅

游企业正通过各种手段，推进自身的品牌化发展和规模化发展。相比之下，铁路旅游企业和酒店虽然数量不少，部分铁路旅游企业甚至在各自所在区域具有较高知名度（如，中国铁道旅行社（北京）、南昌铁旅和上铁国旅等都成为全国百强旅行社），但由于缺乏统一的品牌管理机制，铁路旅游业务的网络效应不够明显，铁路系统旅行社在全国范围内没有形成稳定的统一形象和品牌认知，也没有形成共同开发铁路旅行社主题产品、打造铁路旅游产品的主题形象，缺乏独具铁路行业特色的拳头旅游产品和线路。

（3）缺乏内外界的互动合作。一方面，虽然近年来通过跨局战略合作，部分铁路局间进行了互开旅游列车等网络性合作，但从管理体制上看铁路旅行社分属18个铁路局，资产、管理和经营相对分散，铁路局之间缺乏长久有效的合作机制，产品营销以及客源组织仍然仅仅集中在相对固定区域或几条成熟线路上，市场开拓意识和铁路网络性优势没有充分体现，并没有形成网络化布局和网络化互动。另一方面，由于铁路旅游业资产量和营业收入、利润等在铁路整体收入利润中占据极小份额，其旅游和酒店业务的创收与客票总收入相比显得有点微不足道。这也使得铁路系统各级主管部门缺乏对铁路旅游企业发展的有效支持，这种政策上滞后和硬件上不完整的现状，使得铁路的旅游酒店无法更好更深入地享受铁路内部的旅游资源，极大地制约了铁路旅游业的发展。铁路向来自成一体，这影响了铁路多元化经营开发，铁路旅游业也该走出传统企业的壁垒，寻求有效的合作，创造新的市场竞争力。

（二）我国高铁旅游的开发经营现状

1. 我国高铁旅游总体情况

当前，各高铁站不断创新，提高高铁旅游服务水平。第一，开发高铁站点商业，涉及的是高铁站点的商业开发、运营和管理，经营业态主要为品牌餐饮、综合超市、名优特产、精品百货、图书、VIP 冠名休息、休闲服务、手机自助充电服务、银行 ATM 自助服务。第二，开展重点客户私人定制的商旅增值服务，推出"你出行，我接驾"、"优服到家"等特色服务。第三，高铁站引入品牌商家，增加餐饮、零售、休闲等多种业态，改善了人们对车站商业的认知。第四，2016年4月26日，全国铁路动车组列车统一推出"中国铁路餐饮"系列产品。2018年1月18日起，铁路部门对互联网订餐服务进行升级，餐食预订时限由开车前2小时压缩至开车前1小时。此外，铁路部门推出的"动车组列车地方特产预订"服务，增加9个互联网订餐站和7个特产预订站，让旅客在车上买到特产，也成为一道风景线。第五，2018年，铁路部门携手顺丰速运有限公司共同推出"高铁顺手寄"托运服务，让高铁网和快递网深度融合，旅客不方便携带上车的物品，铁路帮忙送回家。

此外，旅游部门和旅游企业联合机构开展旅游开发，为高铁旅游宣传助力。第一，组织了高铁旅游宣传推介活动。第二，高铁沿线城市采用列车冠名的营销方式，比如"春城号""文山号""玉溪号"等，构建一个流动和立体的旅游形象高铁列车展示载体。服务旅游列车冠名是旅游城市的一种常用宣传手段，通常会通过列车冠名以及在座位头枕巾、小桌板、海报、列车玻璃门、语音播报、LED显示屏等展示旅游景区或城市形象以实现宣传目的。冠名后的列车是"移动的名片"，推介城市或景区的高铁冠名列车不胜枚举。第三，制定高铁旅游团队奖励计划，针对持有高铁车票的游客给予景区景点门票、酒店优惠。第四，国铁集团搭建旅游经营平台在全路范围内组织开展跨局合作及主题产品推介，统一搭建铁路旅游企业与地方政府合作平台。

2. 我国高铁旅游发展存在的问题

与市场发展需求相比，高铁旅游发展也存在一些不足，比如发展定位不明确、高铁站点打造不足、高铁旅游产品深度开发不足、高铁旅客低乘游转换率、缺乏统一铁路旅游品牌、铁路旅游资源配置利用过于分散等。未来，高铁旅游将形成万亿元规模市场。对于铁路部门来说，面对的是一个全新的高铁旅游客源市场，如何更好地认识这个全新的、大规模的、高价值的游客消费群体成为关键内容。

三 推动我国高铁旅游高质量发展的对策

高铁作为新时代的国家名片,能够产生巨大的时空压缩效应。高铁旅游是中国高铁战略的重要组成部分,未来应坚持品牌化发展方向,打造"中国高铁旅游"品牌,促进高铁旅游高质量发展。

(一)优化高铁旅游产品开发与设计

1. 打造中长干线高铁旅游产品

一是积极发展经济发达地区和景区密集地区间的跨局高铁旅游专线产品。当前,京沪高铁、京广高铁、京哈高铁、西成高铁和武广高铁等高铁干线有效地连接了经济发达、人口稠密的东部地区与自然风光优美、人口相对稀少、经济快速增长的中西部地区,高铁游客来源与去向相对集中,应作为高铁旅游专线的重点开行方向,推动高铁旅游主要客源市场和高铁沿线主要旅游目的地之间增开高铁旅游专列。

二是加强高铁旅游专列产品创新,丰富旅游专列产品类型。重点是要根据高铁旅游目的地的不同旅游主题、不同旅游节事活动、不同旅游时间等打造主题旅游专列线路,鼓励开设主要旅游城市之间的高铁旅游专列,为游客提供定制化的高铁旅游服务。比如,开发"快乐夕阳"、夏令营、"高铁婚礼"等各类主题旅游专列。

三是打造特色车厢,改善高铁旅游专列车上的服务设施。要基于高铁游客多样化、多层次需要,提高列车的软硬件质量。如,完善餐饮、咨询、娱乐、医疗救援等旅游服务功能,提升旅游列车上的服务,增强专列旅游产品的参与性和体验性,尤其是要丰富旅游专列上的娱乐服务,将现行铁路上的服务设施设计理念嫁接到旅游列车上。

四是提升高铁旅游专列的司乘服务质量。要加强对旅游列车工作人员的专业培训,提高服务质量,改变以往服务水平素质参差不齐的局面。通过旅游专列的统一申报整合资源,充分利用车体和人员,尽可能避免旺季无资源淡季无客源的矛盾。

2. 开发省内/铁路局管内的高铁短途游产品

除北京、上海等特大型城市外，大部分高铁游客来自省内，高铁"时空压缩效应"提升了"一日游"和"短途旅游"的比例。因此，要将省内/铁路局管内的一日游、短途游作为重要的旅游产品加以设计。

一是在出行目的方面，要以休闲度假和观光旅游消费需求为主，探索进行联合开发和全产业链运营。旅客乘坐高铁的主要动机是探亲访友或回乡、休闲度假和观光游览。

二是在目标人群选择方面，要以青年市场和家庭亲子市场为重点，开发个性化的餐饮、娱乐产品。其中，在游客群体方面，高铁游客以中青年群体为主。这部分人群普遍拥有相对稳定的职业，差旅出行频率较高，旅游消费能力较强，也具备较强的口碑传播能力，是高铁旅游的关键目标群体。

三是在消费能力方面，要面向中高学历人群市场，开发差异化、高品质服务产品。男性、中青年、已婚人士和中高学历是高铁旅游的重点市场。要以这些人群为重要目标市场，有针对性地开发高铁旅游产品。

3. 完善高铁旅游线路的产品开发

要加强与沿线地方政府、专业旅游机构以及其他运输单位开展合资合作，充分整合高铁沿线旅游资源，根据不同时间、主题、活动、客源等设计高铁旅游线路。

一是优先开发京沪线、京广线、京哈线、哈大线和沪昆线等高铁旅游线路。

二是开发多式联运旅游线路产品。积极寻求与其他交通部门的合作，联合开发"航空＋高铁""游轮＋高铁""特快＋高铁"等多种交通方式组合的旅游线路。

三是与地方旅游管理部门合作开发铁路专项旅游线路。国内已经开发的"动车千里行一日江城游""广东双休一日游""长隆野生动物园二日游""乘高铁游长韶二日游""乘高铁泡温泉"等铁路旅游线路取得了较好运营

效益。要按照客源互换、资源互享、信息互通的原则，以高铁为轴线，破除行政壁垒，完善区域合作机制，推动各铁路局集团和相关企业在交通组织、线路产品体系、品牌影响、市场培育等领域加强合作，构建高铁旅游开发合作联盟。

4. 积极发展"高铁+旅游"新业态

要充分利用好"高铁+旅游"的优势，针对不同群体、不同季节、不同假日，有针对性地整合旅游线路资源，开发"高铁+旅游"的主题旅游产品。

一是发展"高铁+酒店"产品，重点是发展"高铁+民宿/客栈"。民宿/客栈是当前高铁游客普遍青睐的住宿类型。

二是积极发展"高铁+景区"产品。鼓励各景区面向高铁游客给予门票减免或折扣优惠，将高铁票作为优惠的凭证给予相应的旅游折扣。旅游资源越丰富的城市，各景区高铁游客的占比越平均，而自身旅游资源相对稀缺，或重点旅游业态非常突出的城市，其游客倾向的景区越集中。对于不同的旅游城市在推动高铁与景区融合发展时需要有所偏向。

三是发展"高铁+购物"产品。把"铁路购物"作为铁路的核心品牌来打造。"铁路购物"概念打造好，会有助于未来铁路站车旅游商品开发经营的系统化、网络化、品牌化发展。

四是发展"高铁+餐饮"产品。高铁游客去往各目的地时，多会选择当地最有特色的餐饮类型。如东北的烤肉、广东的甜品及粤菜、川黔的火锅及川菜等。为此，应该根据各条线路和旅游目的地美食进行开发。

五是发展"高铁+租车"产品。"高铁+自驾"已成为游客重要的旅游方式。要鼓励发展"高铁+租车"业务模式，在高铁站点设立汽车租赁点，也可以与市场化的汽车租赁公司合作，为游客下高铁之后提供自驾车租赁服务，包括汽车租赁预订、购买、取车、还车、保险、维修等一站式的服务。

5. 加强高铁旅游全产业链服务能力的产品开发

要建立旅游全过程服务体系，围绕高铁旅游客群的市场需求和消费偏好，重新规划设计高铁列车的环境、餐饮、娱乐、消费等服务内容，围绕游客出行痛点和难点问题，提高高铁旅游的服务水平。

第一，提供全程一体化的服务，包括行前的购票服务、出行前的约车送站和出行候车服务、送到站台的服务、火车上的服务，以及到站约车接站服务。

第二，根据乘客需要提供更加多元化和当地特色的餐饮、购物服务，发展"网络订餐＋特产"服务，实现高铁配餐，送到指定的车厢和席位上。

第三，利用高铁车内设施和载体，为旅客提供更加全面的目的地旅游信息，提供目的地热门景区的门票折扣、交通换乘等信息，旅游直通车等信息。利用高铁列车播放旅游宣传片，介绍景区景点和周边城市。

第四，发展高铁贵宾厅服务，提供到站接车、VIP 休息厅、餐饮、快速安检、快递等服务。

第五，提供行程信息提醒服务，包括车票、候车室、检票口、目的地天气和旅游信息。

第六，增加行李托运服务。未来应该增加行李托运服务。特别是在换乘服务方面，游客最希望的高铁站点服务是优化换乘。另外，许多城市实现了高铁与市内交通无缝对接，但受访者希望服务进一步优化，开通高铁站与地铁的直通通道，实现免安检换乘。

（二）加强高铁旅游市场开发

1.建立高铁旅游产品票价优惠体系机制

《国家发展改革委关于改革完善高铁动车组旅客票价政策的通知》（发改价格〔2015〕3070 号）已经明确：从 2016 年 1 月 1 日起高铁动车票价由国铁集团自行确定。建议依据运输能力和市场需求关系，动态调整优化高铁旅游票价服务体系，支持高铁旅游业务发展，进一步提升客运服务品质。

一是建立针对旅游市场的高铁票价优惠措施组合。要结合高铁旅游产品设计和游客消费行为大数据分析等基础研究，探索建立针对旅游市场的高铁票价优惠措施组合。一方面要为高铁旅游提供票价优惠服务。进一步深入开展高铁游客票价承受能力调查，并积极使用价格方式分淡旺季、时间段引导

高铁游客需求和消费。另一方面，要探索研究建设高铁旅游会员制，推行高铁游客积分计划，提升高铁游客消费体验和认同感。二是推出多式联运旅游票务优惠服务。要积极推进与其他运输方式龙头企业对接，建立"高铁＋航空""高铁＋游轮"等旅游联程运输套票，并制定相应的票价优惠措施。三是推出"高铁＋酒店＋景区"票务优惠组合。各铁路局集团应积极与当地旅游部门和景区管理机构等开展合作，争取在景区票务、酒店入住等方面获得相应折扣。

2. 分类健全高铁旅游市场开发渠道

高铁游客的来源地和目的地均十分分散，因此，如何以相对低廉的市场开发成本实现精准营销是提升旅游业务效益的关键。国铁集团在积极推进国铁集团"总对总"营销和下属铁路局集团旅游企业属地化营销的基础上，与行业领先的 OTA（Online Travel Agency，在线旅游）专业机构开展联合销售。

第一，加强国铁集团的"总对总"高铁旅游营销职能。一是在旅客运输、交通接驳、餐饮住宿等旅游相关业务开发方面，要与携程、国旅、民航等专业旅游机构达成战略合作意向，为基层单位开展对接创造平台和基础。二是在客源组织方面，与大型厂矿企业、金融集团及其他社会组织等就康养旅居等职工福利新消费实现对接。第二，继续加强铁路局集团旅游企业的属地化营销。要发挥铁路局集团旅游企业属地化经营优势，通过旅游专列、主题旅游、工会福利等形式与各地厂矿企业主动对接。第三，与行业领先OTA 企业开展合作营销。

3. 灵活运用多种市场营销方式

第一，继续强化铁路车站、著名旅游景点、大型商贸中心等客流密集地点的高铁旅游营销前沿功能。一是要积极推进高铁站场与旅游服务中心的一体化建设。建议出台在高铁站点设立旅游服务中心站的规范性要求，重点突出高铁的旅游信息咨询服务、旅游交通便捷服务、旅游便民惠民服务、旅游商业设施以及旅游安全保障服务等功能。二是要建立完善高铁旅游信息库，提高高铁旅游咨询服务的标准化水平。三是要进一步加强现场工作人员的职业培训，提升其服务水平和工作态度。

第二，加强铁路列车上的高铁旅游营销工作。一是车身广告可侧重于企业形象、旅游专列、特色高铁旅游线路等专项宣传，重点探索为始发客源城市高铁列车提供冠名权，以高铁沿线知名旅游城市、景点、特色商品、优秀旅游企业等命名列车。二是在高铁车厢内做广告，其设计要着眼于主题化、体验式，打造铁路旅游营销的主题车厢。三是推动列车车身广告和车厢情景设计的本地化，在高铁车站大屏幕、车厢电视屏等，投放各地旅游城市形象宣传片、风光片、微电影、视频广告。

第三，加强对大众传媒工具的开发应用。铁路车载杂志大致有《旅伴》（中国铁道出版社主办）、《报林》和《旅客报》（皆由人民铁道报社主办）等三种，并且都已经由相关的运营机构负责发行，而且也含有旅游相关栏目。要与各地方政府及旅游局合作，在铁路上制作并刊行系列化的"铁路旅游××手册"。

第四，积极拓展新媒体高铁旅游宣传功能。高铁旅游市场开发也可以借助互联网，开展在线营销。在12306网站的基础上，开发"铁路旅游网"，提供围绕火车站的行程推荐、景点推荐和饭店推荐，方便自由行游客的铁路旅行；同时吸引景点、饭店在"铁路旅游网"上投放广告，打造未来铁路旅游营销的重要渠道。

（三）加强高铁旅游开发顶层设计，完善配套机制

1. 制定国铁企业高铁旅游专项规划

要研究高铁旅游市场开发的阶段性目标和资源配置模式，明确各铁路局集团的高铁旅游市场开发目标和重点。要形成支撑高铁旅游业务发展的运输保障机制，主动整合运输、客运、经开等部门资源和专业管理优势，提升高铁旅游市场开发的工作效能，对高铁客车检修能力进行统一协调，解决专列跨局检备实际问题。

2. 创新高铁旅游业务运营管理机制

建立有利于鼓励创新和主动挖潜的高铁旅游业务运营管理机制，要适度

放松高铁旅游经营实体的工资总额限制，在此基础上，积极推进国铁旅游企业的混合所有制改革，并积极落实国家特殊管理股、员工持股、按市场化方式选聘和管理职业经理人等国企改革制度措施，充分激发各类参与主体的增收创效积极性。

3. 培养专业化的高铁旅游开发市场主体

要通过市场联合和重组整合等方式，提升国铁企业高铁旅游市场开发的专业化水平。一方面，要积极引入旅游企业集团、文化企业集团、文旅投资公司、产业基金等市场主体参与高铁旅游市场开发，通过产品、项目、资本、技术等方式实现国铁集团与专业化文旅集团的合资合作，最终培育一批管理经验丰富、具有战略眼光的高铁旅游专业化经营人才。另一方面，应以国铁集团股份制改革为契机，推动国铁集团旅游资源的跨区域整合、跨板块重组，在此基础上，鼓励有条件的企业上市融资发展。

（四）打造一批高铁旅游示范工程项目

打造一批高铁旅游示范工程，进一步激发基层单位增收创效积极性。一是要推出一批具备良好效益的合资合作、联合开发高铁旅游示范开发项目，为铁路局集团落实市场主体地位和主动创新提供方向与指引。二是要形成一批高铁旅游示范产品，要对全路的典型高铁旅游示范线路、高铁旅游示范站点、高铁旅游示范列车、高铁旅游示范服务中心进行推广宣传，引导国铁集团旅游经营单位开拓进取、提升效益。三是要立足铁路特点，积极开发一批具有铁路特色的旅游示范工程，加强高铁小镇、车站主题餐厅等建设，满足旅客差异化游览需求。

（五）开展高铁旅游服务质量提升工程

一是在旅游服务方面，根据旅游市场发展趋势和消费结构的变化，充分发挥高铁在运行速度、运输能力、适应环境和节能环保等方面的强大优势，拓展铁路业务的发展空间，参与旅游全程服务的各个环节，不断开发和丰富铁路旅游产品，加快高铁旅游产品业态创新，推动建立高铁旅游产品的新体系，形成以高铁旅游为核心的旅游产业新体系，推动高铁跳出传统的"票务经济"限制，取得更大的发展。二是在运输服务方面，制定高铁旅游服务标准，加强乘务人员、站场工作人员的旅游服务培训，提高游客满意度。推动高铁旅游服务质量等级评定认定工作，提高旅游服务技能。注重旅客在行车过程中的休闲活动，提高车上餐饮质量并制定适当的价格。注意保证车站及车上的基础设施卫生，保证干净整洁。三是在信息服务方面，以12306服务平台为基础，整合交通、气象、公安、卫生、旅游主管部门以及旅游企业的资源信息，研发推广高铁旅游官方APP，构建以网站和手机客户端为核心的，集合高铁车票、旅游产品、沿线景区门票、住宿餐饮和车辆租赁等于一体的高铁旅游信息平台，实现查询、预订、支付、点评、分享一站式服务。

参考文献

梁雪松：《基于双重区位空间的湖南旅游业发展机遇探讨——以武广高铁开通视阈》，《经济地理》2010年第5期。

厉新建、崔莉：《高铁乘客的旅游特征与消费偏好分析》，《北京第二外国语学院学报》2013年第11期。

汪德根：《京沪高铁对主要站点旅游流时空分布影响》，《旅游学刊》2014年第1期。

谢宁光：《高铁乘客旅游的特征及行为意向分析》，《西安文理学院学报（自然科学版）》2017年第1期。

中国国家铁路集团有限公司、北京联合大学旅游学院、中国铁道科学研究院课题组：《基于大数据的高铁旅游客群研究与应用》，2020。

Behrens, C, Pels, E., "Intermodal Competition in the London Paris Passenger Market: High-Speed Rail and Air Transport", *Journal of Urban Economics*2012（3）.

Lederman., "Track-monitoring from the dynamic response of an operational train", *Mechanical Systems And Signal Processing*, 2017（2）.

Sophie Masson, "Remain Petiot. Can the High Speed Rail Reinforce Tourism Attractiveness?

The Case of the High Speed Rail Between Perpignan（France）and Barcelona（Spain）", *Technovation*2009（29）.

    Zheng, S. , and M. E. Kahn. "China's Bullet Trains Facilitate Market Integration and Mitigate the Cost of Megacity Growth". *Proceedings of the National Academy of Sciences of the United States of America* 110, 2013（14）.

三大市场与港澳台旅游

Markets Analysis and Hongkong，Macau & Taiwan Tourism

G.16

2020～2021年中国国内旅游
发展分析与展望

郭　娜*

摘　要： 2020年新冠肺炎疫情给旅游经济带来较大冲击，但在业界共同努力下，旅游市场有序复苏。智慧旅游和数字旅游拓展游憩空间、旅游治理水平显著提升，家庭休闲成为更为普通的核心诉求，区域旅游接待和潜在出游力呈现更加明显的收敛趋势，自驾游、康养游等旅游景气度走高，新业态发展潜力加速释放。2021年新冠肺炎疫情全球大流行终结将促使民众重拾出游热情，国内旅游大循环将促进旅游消费回流，旅游产品价格走低也会刺激需求复苏。要顺应全面建成小康社会推动大众旅游步入新阶段的大趋势，推动旅游业高质量发展。

---

* 郭娜，博士，中国旅游研究院助理研究员，长期从事乡村旅游、亲子旅游、区域旅游规划等方面的研究。

关键词： 国内旅游 旅游收入 旅游人数 新冠肺炎疫情

一 2019~2020年国内旅游发展状况

2019年，旅游经济继续保持高于GDP增速的较快增长。文旅融合、全域旅游进程加快，旅游服务质量稳步提升，文化休闲日益成为人民生活刚需。受新冠肺炎疫情影响，2020年上半年有组织的旅游活动全面停滞，第三季度散客出游触底回升，第四季度恢复跨省旅游业务，全面提振消费和投资信心，发展动能得以集聚，全年旅游经济总体呈现深U形走势。安全、品质、数字化、近程、自驾、融合、夜间旅游成为年度关键词。

（一）2019年市场规模持续稳定增长

按照统计数据测算，2000年到2019年①，国内旅游市场规模持续高速增长（见图1），国内旅游人数年均增幅为11.6%，旅游收入年均增长达

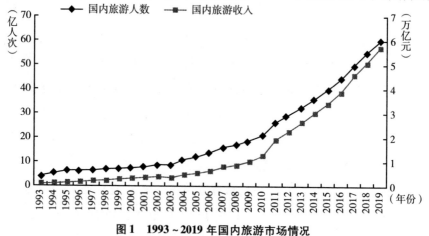

图1 1993~2019年国内旅游市场情况

资料来源：中华人民共和国文化和旅游部：《中国旅游统计便览2020》，中国旅游出版社，2020。

---

① 从2011年起国内旅游抽样调查方式发生变化，此处未剔除调查方式变化带来的影响。

16.4%，远远高出同期我国 GDP 和社会消费品零售总额的平均增幅。2019
年是实施"十三五"规划、决胜全面建成小康社会的冲刺之年，大众旅游
时代的市场基础更加厚实，产业投资和创新更加活跃，经济社会效益更加明
显。2019 年，国内旅游人数达 60.06 亿人次，比上年同期增长 8.4%。国内
旅游收入 5.73 万亿元，较上年同期增长 11.7%[1]。可以说，旅游已经成为
人民美好生活的重要组成部分。

（二）2019年文化休闲日益成为人民生活刚需

文化消费日常化，夜间文化消费持续发力。中国旅游研究院发布的
《2019 下半年全国文化消费数据报告》显示，目前国内居民文化消费日常化
趋势显著，周末文化休闲消费占比达 60.03%，而节假日文化休闲消费仅占
9.82%。周末夜间文化消费占周末全天的 40%。未来居民的文化消费需求
依然旺盛，文化消费支出预计持续增长。数据显示，62.44% 的受访者表示
将增加本地文化体验，61.54% 的受访者表示将增加异地旅游中的文化体验，
57.64% 的受访者表示将增加文化消费支出。本地休闲以商圈为主，异地体
验关注文艺文化。

（三）2020年在业界共同努力下，旅游市场有序复苏、旅游抗疫成效显著

为人民、守底线、谋振兴，旅游抗疫成效显著。为贯彻落实习总书记
"把人民群众生命安全和身体健康放在第一位"的重要指示精神，在科学研
判疫情与旅游关系的基础上，文化和旅游部从春节假期第一天就开始就采取
果断措施，将工作重心从"保障供给，繁荣市场"转向"停组团、关景区、
防疫情"，旅游企业特别是直接面向游客的旅行社和 OTA 承受了巨大的财务
压力。携程、飞猪等平台商率先推出"无损退订"，凯撒、众信、春秋、广
之旅等旅行商也为保障游客的合法权益做了大量的工作。旅游业从一开始就

---

[1]　中华人民共和国文化和旅游部：《中国旅游统计便览2020》，中国旅游出版社，2020。

处于抗疫的第一线，疫情传播的旅游链条及时阻断。随着疫情防控不断好转，旅游业复工复产按序推进，循序开放30%、50%和75%景区最大承载量。疫情发生以来，旅游市场井然有序，没有出现旅游市场复苏加速疫情传播的现象。中国旅游研究院专项调查显示，2020年，旅游经济运行季度综合指数分别为68.95、75.69、78.47和85.32，同比下降但环比稳步回升。全年旅游企业家信心指数逐季上扬，第一至第四季度分别为56.83、68.33、73.68和81.06，始终处于荣枯线上方，成为疫情防控成效的晴雨表。旅游市场有序复苏是业界共同努力的结果。

（四）2020年智慧旅游和数字技术拓展游憩空间，旅游治理水平显著提升

数字技术将现实引入虚拟，旅游目的地从线下走上云端，数字文旅成为游客旅游消费新场景。清明假期，故宫博物院联合权威媒体对外直播，9月10日故宫再次推出600年大展直播，累计吸引超200万名观众。直播催生的"云旅游"丰富了居民日常旅游休闲活动，满足了旅游消费对内容的需求。互动式、沉浸式旅游直播丰富了目的地和旅游吸引物的消费场景，游客游憩空间得以拓展。"预约、限量、错峰、有序"成为旅游出行新常态，旅游治理水平加速提升。国庆中秋长假期间，超过94%的5A级旅游景区实施分时预约制度，82.8%的游客不同程度体验了预约，"无预约不出游"已经成为游客普遍共识。扫码入园、刷脸通行、无接触服务等数字技术在行程安排、游客分流等方面发挥积极作用。数字技术支撑下的智慧旅游在疫情期间保障游客出游权利和出游安全，满足游客旅游消费需求兼顾疫情防控要求。

（五）2020年家庭休闲成为更为普遍的核心诉求

在对疫情过后计划和谁一起出游的调查中，和家人一起出游的受访者占42%，位居首位，说明适合亲子游或父母老人旅游的产品将更有市场。其后是与好友结伴旅游，占23%，单位班级社团等集体出游占22%。另有11%的人计划独自旅游或与驴友一起自助游。出游动机调查中，休闲度假需求首

次超过观光游览排在首位，占29%；健康医疗需求占比也达到3%。在疫情影响下，居民出游以放松休闲为主，基于自驾、自助方式的家庭及亲友休闲娱乐产品为市场需求热点。同样受疫情影响，品质游快速发展，"无接触"旅游备受青睐。国庆假日期间，游客对个性和品质的追求进一步增长，度假型酒店价格上升明显，上海高星酒店均价甚至比2019年同期上涨超过20%。上海迪士尼乐园酒店节前已售罄假期前4天客房，房价为4000～6500元。三亚亚特兰蒂斯酒店多数单价在4000元以上的客房快速售罄。携程跟团游数据显示，2000多家旅行社合作伙伴，在携程平台上线了4万多条私家团产品，单一团、专车专导的私家团服务人次超过2019年同期，同比增长4成以上。品质旅游发展也表现为旅游服务质量提升，前三季度全国游客满意度综合评价指数为80.75，同比增长0.85%，其中国内散客综合满意度评价指数为83.36，同比增长3.55%，游客满意度提升速度近年鲜见。

（六）2020年区域旅游接待和潜在出游力差距呈现更加明显的收敛趋势

受疫情影响，游客更加倾向"去人少一点的地方旅游"，西北等开阔区域受青睐。特别是出境游受限后，部分中高消费群体转向西部生态和自驾旅游目的地。国庆期间，西宁、丽江、三亚和拉萨机场计划执飞航班分别同比增长近38.6%、29.2%、22.5%和22.8%。青海、甘肃、云南和海南等地区成为最受欢迎的租车游目的地。前三季度，全国共有19个省区市游客接待量复苏速度超过全国平均水平，其中西部、中部、东北和东部分别占10席、4席、3席和2席，开阔地区游客接待排名较以往明显前移。出游方面，2020年东中西三大区域客源地潜在出游力分别为60%、26%、14%，相较于长期存在的7：2：1三级阶梯状分布格局，继续呈现收敛趋势。东部地区累计潜在出游力所占比重由2010年的70.0%下降到2020年的60%。中西部地区所占比重在不断升高，累计潜在出游力所占比重由2010年的30.0%提升到2020年的40%①。

---

① 中国旅游研究院：《中国国内旅游发展年度报告2020》，2020。

（七）2020年自驾游、康养游等旅游景气度走高，新业态发展潜力加速释放

2020年，避暑旅游、冰雪旅游、夜间旅游、亲子旅游、美食旅游、研学旅游、自驾旅游等新型消费需求潜力加速释放。自驾出游方式选择比例达近年新高，其中清明假期游客自驾出游比例超过7成。避暑游、冰雪游在疫情期间发展韧性更足。2020年8月景区夜间游客量是1月的1.76倍，全国5A级景区夜间开放率为22.8%，4A级夜间开放率为20.4%。老场景不断开放，传统景区、文化场馆相继推出夜游，且评级越高开放比率越高。

二　2021年国内旅游发展展望

2021年国内旅游将从全面复苏走向高质量发展，全年预期相对乐观。随着新冠肺炎疫苗加速上市，疫情全球大流行有望得以终结，2021年旅游经济将从全面复工复业走向消费、投资全面复苏，大众旅游新需求、智慧旅游新业态推进产业迭代和服务升级，全年发展预期相对乐观。

（一）国内旅游大循环促进旅游消费回流

受疫情影响，出境旅游基本停滞，停滞期超过1年，预计规模化重启将在2021年下半年以后，停滞期间势必出现境内游对出境游的替代现象。此外，近年来国内休闲度假旅游产品供给数量和品质显著提升，越来越多的游客认识到出境走马观花不如在境内"走透透"，出境游转境内游成为重要发展趋势。2020年8月，海南免税销售额达30.95亿元，单日平均销售额跨过1亿元大关。2020年国庆长假8天，海南免税消费总额达10.4亿元，同比大幅增长148.7%①，旅游消费回流显著。此外，小而美、小而精的品质游也成为消费回流的重要去向。

---

① 《海南离岛免税销售金额"双节"8天破10亿元》，http：//www.gov.cn/xinwen/2020-10/09/content_5549979.htm。

（二）全面建成小康社会推动大众旅游步入新阶段

中共中央政治局常务委员会 2020 年 12 月 3 日召开会议，听取脱贫攻坚总结评估汇报，确认我国现行标准下农村贫困人口全部脱贫，贫困县全部摘帽，消除了绝对贫困和区域性整体贫困。步入全面小康社会后，民众更加重视文化、旅游等精神层面的消费支出。2019 年国人人均国内旅游消费支出为 4089.2 元，占同期全国居民人均消费支出的 18.97%。《中共中央关于制定国民经济和社会发展第十四个五年规划和二〇三五年远景目标的建议》，强调要"完善节假日制度，落实带薪休假制度，扩大节假日消费"。未来，我国旅游市场将进入客源地由中大型城市向中小型城镇梯度下沉、更多的人有条件和闲暇加入旅游行列、大众旅游迈入小康社会的新阶段，旅游业发展的经济基础将更加稳固。

（三）新冠肺炎疫情全球大流行终结促使民众重拾出游热情

近期多种新冠肺炎疫苗上市，从 2020 年 12 月上旬开始已有一些国家陆续启动疫苗接种。2020 年 12 月 5 日，莫斯科开始为全市的高风险群体接种疫苗，俄罗斯成为全球首个启动大规模接种疫苗的国家。截至 2020 年底，已有英国、美国、土耳其、阿联酋、阿根廷、加拿大、法国、德国、以色列等 40 多个国家开始接种新冠疫苗。印度则于 2021 年 1 月 16 日开始新冠疫苗接种，并计划于 2021 年 8 月前接种 3 亿剂。虽然疫苗的有效性仍待观察，但疫苗的益处大概率超出其风险。我国经济受疫情冲击相对较小，特别是居民收入没有在疫情期间出现显著下滑，居民"找回失去的旅行"意愿强烈，2020 年 1~4 季度居民旅游意愿指数分别为 78.26、80.22、83.56 和 82.17，出游意愿并未因疫情显著下滑。随着疫苗接种范围不断扩大，2021 年居民出游意愿指数将保持在 85 以上，旅游市场复苏步伐势必更快。

（四）旅游产品价格走低刺激需求复苏

疫情暴发以来，住宿、机票价格降幅明显，至今京沪穗深等主要客源城

市至西安、桂林、三亚等目标地的航班价格仅为数百元，多数旅游目的地平均住宿价格同比下降 2 成左右。2021 年景区门票降价甚至免费、旅游消费券发放等优惠政策仍可能在一些地方延续。可以预见，2021 年将是近年来旅游性价比的高点，旅游需求将沿着需求曲线向"价低量升"方向移动，为疫后旅游市场复苏注入强劲动力。

参考文献

中华人民共和国文化和旅游部：《中国旅游统计便览 2020》，中国旅游出版社，2020。

中国旅游研究院：《中国国内旅游发展年度报告 2020》，2020。

《海南离岛免税销售金额"双节"8 天破 10 亿元》，http：//www. gov. cn/xinwen/2020 – 10/09/content_ 5549979. htm。

G.17

2019～2021年中国入境旅游
发展分析与展望

刘祥艳*

摘　要： 2019年中国入境旅游市场保持增长态势，但年底疫情的猛然
到来中断了这一态势。为防控疫情扩散，在目的地和客源地
的双重旅行限制措施下，2020年全年入境旅游出现前所未有
的下滑。疫情不仅使入境旅游市场规模一时之间出现塌陷之
势，也促使入境旅游目的地和客源地结构发生改变，在疫情
尾声期及疫情结束后的一段时期内，客源市场的"距离衰
减"特征将更加显著，受疫情影响较小、自然生态资源丰
富、相对地广人稀的目的地将更受青睐。2021年，我国的国
家发展战略、国内旅游的进一步恢复将在不同程度上促进我
国入境旅游重启和恢复，但疫情发展趋势不明、国际经济政
治形势不稳定、全球居民出境旅游信心不足等因素将对我国
入境旅游恢复带来挑战。

关键词： 入境旅游　疫情影响　旅游市场

---

* 刘祥艳，博士，中国旅游研究院助理研究员，从事国际旅游市场、旅游目的地营销等方面的
研究。

一 全球入境旅游发展概况

（一）2019年全球入境旅游市场继续保持增长

根据世界旅游组织（UNWTO）公布的数据，2019年全球共接待入境游客（过夜）14.55亿人次，同比增长约4%。全球入境旅游实现自2010年以来连续10年的增长。2019年，全球入境旅游实现收入近1.5万亿美元，同比增长3%。每人次入境旅游收入为1020美元。与此同时，受英国脱欧、地缘政治及国际贸易摩擦、全球经济增长放缓等因素的影响，2019年全球入境旅游人次的增速明显低于过去10年的平均增速（4.8%）。

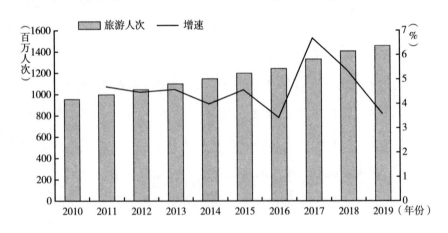

图1　2010~2019年全球入境旅游人次及增速

资料来源：UNWTO。

1. 欧洲地区保持全球入境旅游市场领头羊地位

2019年，欧洲共接待入境游客7.4亿人次，占全球入境旅游市场的比重达51.0%。亚太地区接待入境游客3.6亿人次，占全球入境旅游市场的比重接近1/4（24.7%）。美洲地区接待入境游客2.2亿人次，占全球入境旅游市场的比重为15.0%。非洲和中东的入境游客接待量分别为

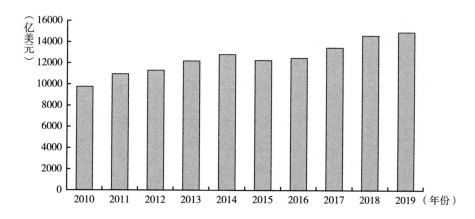

图2　2010～2019年全球入境旅游收入

资料来源：UNWTO。

7000万和6500万人次，分别占全球的4.8%和4.5%。与2018年相比，欧洲、亚太和中东地区入境游客接待量的全球占比均有所提升，美洲和非洲的占比则有所下滑，其中，美洲的占比下降0.3个百分点。整体来看，全球入境旅游接待规模的地区结构依然较为稳固，以欧洲、亚太和美洲地区为核心地带。

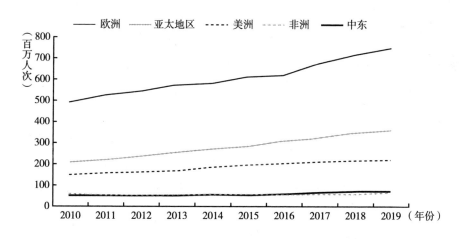

图3　2010～2019年全球各地区入境旅游接待情况

资料来源：UNWTO。

2. 全球各地区的入境旅游均保持正增长

从各地区入境游客接待量增速来看，中东地区增长最快，为8%；其次是亚太和欧洲地区，均为4%。非洲和美洲地区入境游客接待量的增幅相对较低，分别为2%和1%。从次区域来看，东南亚和南亚地区入境游客接待规模的增长最为显著，分别为8%和7%。北非和南欧地区的增长同样较快，增速分别为6%和5%。而南美地区出现负增长，入境游客接待量下降4%，拉低了美洲地区整体的入境旅游市场增速。

3. 前十大旅游目的地占据核心地位

无论是从入境旅游人次看还是从入境旅游收入来看，前十大旅游目的地占全球入境旅游市场的比重均较高。2019年，法国、西班牙、美国、中国、意大利、土耳其、墨西哥、泰国、德国和英国接待入境游客人数最多，占全球入境旅游接待人次的比重达到40%。从入境旅游收入来看，美国、西班牙、法国、泰国、英国、意大利、日本、澳大利亚、德国和中国澳门最高，它们的入境旅游收入占全球的比重接近50%。

（二）2020年全球入境旅游发展态势

1. 新冠肺炎疫情中断全球入境旅游的持续增长态势

受2008年全球金融危机的影响，全球入境游在随后的两年里出现下滑，但很快便在2010年实现强势复苏，之后保持持续增长至2019年，而突如其来的新冠肺炎疫情中断了这一长达10年的增长态势。根据世界旅游组织发布的最新数据，2020年前10个月，全球接待入境游客人数不足3.5亿人次，与2019年同期相比减少9亿多人次，同比下降72%。国际旅游业损失达9350亿美元，是2009年全球金融危机造成损失的10倍多。可以说，2020年是国际旅游史上最糟糕的一年。从地区来看，亚太地区受疫情影响最早也最大，入境游客接待人数下降82%；其次是中东地区，下降73%；欧洲和非洲地区均下降69%；美洲地区下降68%。

2. 全球入境旅游恢复预期不甚明朗

2020年全年入境旅游人次和收入将出现前所未有的下滑。世界旅游组织认为，这将是自1950年有记录以来，全球国际旅游业所经历的最严重的危机。根据世界旅游组织在2020年5月初的预测，2020年全球入境旅游人次将同比下降58%～78%。全球入境游客总人数将同比减少8.5亿～11亿人次，造成9100亿～1.2万亿美元的经济损失，并威胁1亿～1.2亿个直接与旅游业相关的工作岗位。绝大部分国家没有开放边境且放宽旅行限制，2020年全球入境旅游接待人次可能下降七到八成。而根据最新的数据，世界旅游组织预计2020年全年全球入境游客接待量将减少10亿人次，国际旅游收入将同样出现前所未有的下滑，损失1.1万亿美元，初步估计这可能导致全球GDP损失超过2万亿美元，达2019年全球GDP的2%以上。

新冠肺炎疫情不仅影响巨大，而且持续时间也更长。不同于以往SARS、金融危机等过后入境旅游的快速恢复，国家间旅行限制、缓慢的病毒遏制和较低的游客信心被视为阻碍国际旅游业复苏的主要因素。世界旅游组织专家指出，各国之间缺乏协调一致的疫情应对措施和恶化的经济环境也是国际旅游业复苏的重要障碍。世界旅游组织信心指数继续创历史新低，大多数专家预计，国际旅游业将在2021年第三季度出现反弹，而大约20%的专家认为这一反弹将出现在2022年。

3. 各国/地区积极探索区域国际旅游的优先重启

尽管新冠肺炎疫情对国际旅游业带来致命打击，但各国人民出游的需求并没有消失。部分旅游目的地国家在疫情得到较好控制后，开始着手恢复国际旅游，针对特定国家开启人员交往通道。具体表现为开启区域性"旅行泡泡"（travel bubble）或旅游走廊（travel corridor），即在成功控制疫情的国家间建立起跨境旅行区域，基于政府间的双边协议，允许区域内居民在内部自由旅行且不必接受强制性隔离。

2020年冬季的疫情反复让"旅行泡泡"或旅游走廊计划的落实面临现实挑战，加之各国政府为确保计划可行而提出的前提条件（如双边检测、着陆后的行程限制）极为烦琐，"旅行泡泡"或旅游走廊的实际落实情况并不理想。澳大利亚和新西兰之间的"跨塔斯曼旅行圈"由于澳大利亚疫情大规模反复而宣告搁置。刚刚开通的新加坡和中国香港之间的无检疫"旅

行泡泡"也由于香港疫情反复而被暂停。泰国的"旅行泡泡"计划也由于疫情反复而被迫搁置。

二 2019年中国入境旅游发展基本情况

（一）入境旅游人次和收入继续保持增长态势

虽然新冠肺炎疫情于2019年底在湖北省武汉市暴发，但其还未对当年入境旅游带来负面影响，全年入境旅游继续保持2015年以来的增长态势。2019年，我国接待入境游客1.45亿人次，同比增长2.9%。其中，入境过夜市场和外国人入境市场增长势头更为明显，其增速高于入境旅游市场整体。2019年，我国接待入境过夜游客6572.5万人次、外国人入境游客3188.3万人次，分别同比增长4.5%和4.4%。

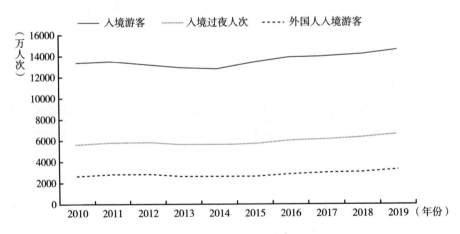

图4 2010~2019年中国入境游客、入境过夜游客及外国人入境游客人次
资料来源：中国旅游研究院（文化和旅游部数据中心）。

2019年入境旅游收入同样保持稳步增长。自2014年我国根据国际旅游统计规则重新调整入境旅游收入统计口径以来，我国入境旅游收入保持稳定增长趋势。2019年，我国入境旅游收入达1312.5亿美元，同比增长3.3%。

其中，外国人入境旅游收入770.8亿美元，同比增长5.4%，是我国入境旅游收入的主要来源，占比近六成。

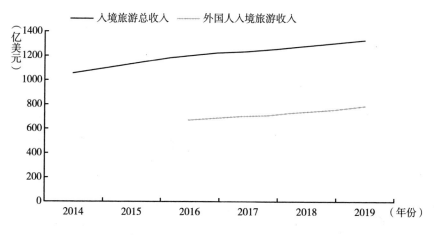

图5 2014～2019年中国入境旅游总收入及外国人入境旅游收入

资料来源：中国旅游研究院（文化和旅游部数据中心）。

（二）入境旅游客源市场结构相对稳定

亚洲地区持续为我国最重要的入境旅游客源市场。根据2019年的统计数据，在我国前20位入境旅游客源市场中，超过一半的地区/国家位于亚洲。不考虑我国的港澳台地区，在前十位外国客源市场中，除了俄罗斯和美国以外也均为亚洲国家。从历年的数据来看，虽然位居前十的部分客源市场位次有所变动，但其整体结构保持不变。与2018年相比，2019年，俄罗斯超过日本和美国，成为我国第四大外国客源市场。2019年，俄罗斯来华旅游人数达到272.3万人次，同比增长12.8%，是增长最快的主要客源市场。相比之下，加拿大、美国、德国、澳大利亚、蒙古、菲律宾、日本来华旅游市场出现不同程度的下滑。其中，加拿大、美国、德国来华旅游下滑幅度较大，同比分别下降8.7%、3.1%和3.2%。

主要客源国市场的增长变动情况直接受到国际政治经济局势的影响。具体而言，俄罗斯来华旅游市场的增长部分得益于中俄两国之间相对更加密切

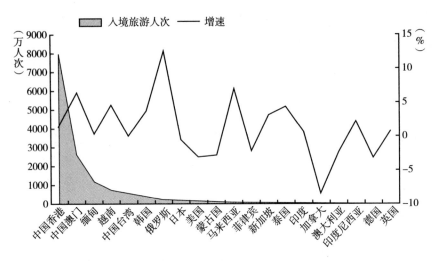

图6 2019年前20位客源国/地区入境旅游人次及增速

说明：以上排名所使用的入境人次数包括边境人次数。
资料来源：中国旅游研究院（文化和旅游部数据中心）。

的政治关系。2019年6月，正值中美贸易摩擦激化期间，习近平主席访问俄罗斯，中俄两国领导人决定将中俄关系提升为新时代全面战略协作伙伴关系。加拿大来华旅游市场的较大幅度下滑与中加两国关系恶化直接相关。2018年12月，加拿大警方应美国政府要求扣留了华为公司副董事长兼首席财务官孟晚舟，中加关系趋冷。中美贸易摩擦自2018年3月开启，对美国来华入境旅游的影响在2019年充分显现。随着2019年中美贸易摩擦的持续及两国关系的进一步紧张，美国来华旅游市场出现下滑。中美两国的大国关系同时影响到中国与亚太地区国家，如澳大利亚、蒙古国、菲律宾之间的政治关系，对其来华旅游市场同样产生一定负面影响。

（三）入境旅游市场结构进一步优化

无论是入境过夜市场占比还是外国人入境旅游市场占比均保持持续上升趋势。2019年，我国入境过夜市场的占比为45.2%，比上年增加0.7个百分点；外国人入境旅游市场的占比为21.9%，比上年增加0.3个百分点。相对于一日游游客，入境过夜游客的消费能力明显更强，入境过夜旅游市场占比增加意味着我国入境旅游收入更有保障。外国人入境旅游市场占比的持续增加则表明我国对外国游客吸引力进一步提升。

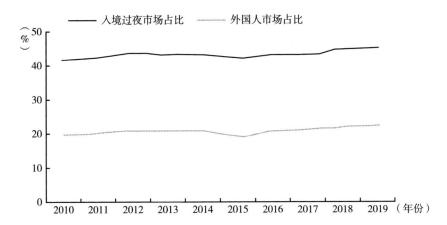

图 7　2010～2019 年我国入境过夜市场占比和外国人入境旅游市场占比情况

资料来源：中国旅游研究院（文化和旅游部数据中心）。

三　2020年疫后中国入境旅游的发展形势分析

（一）新冠肺炎疫情中断我国入境旅游发展的持续增长

受新冠肺炎疫情影响，我国入境旅游发展的国际环境恶化，入境旅游需求下降。此次疫情对我国入境旅游同样带来前所未有的冲击，为保障国民安全，维护来之不易的抗疫成果，我国不得不封闭边境，对国际旅行采取限制措施。2020 年入境旅游市场的大幅下行已成必然，我国作为首个受疫情影响的国家，入境旅游的下行幅度超过全球国际旅游的平均水平，入境旅游市场的恢复预期同样不甚明朗。

1. 全球经济衰退压低来华旅游需求

新冠肺炎疫情对全球经济带来前所未有的冲击，居民收入水平的下降势必压低来华旅游需求。根据世界银行和国际货币基金组织于 2020 年 10

月发布的预测，全球经济在 2020 年受新冠肺炎疫情的影响将下滑 4.3%和 4.4%。学术界研究已普遍验证了收入是影响旅游需求的最重要因素，需求收入弹性较高①。在这一背景下，经济衰退直接带来各国居民收入水平的下降，各国居民的出境旅游需求势必被压低，我国入境旅游需求随之缩水。

2. 入境签证政策持续收紧

自 2020 年 3 月 11 日世界卫生组织宣布新冠肺炎疫情为"全球大流行"以来，我国主要客源市场均在不同程度上暴发新冠肺炎疫情，纷纷关闭边境，来华旅游直接受阻。与此同时，为防止境外疫情输入，保卫国内疫情防控取得的宝贵成效，中国自 2020 年 3 月 28 日起，暂时停止外国人持有效来华签证和居留许可入境，同时暂停各类优惠签证政策。虽然在 8 月 12 日之后放宽澳门来内地的旅行限制；自 9 月 28 日起，允许持有效工作类、私人事务类和团聚类居留许可的外国人入境，但这些旅行限制放宽只适用于一部分常年在中国工作或学习、已经持有特定类别居留许可的外籍人士，并不包括持有旅游签证的广大入境游客。我国的入境旅行限制依然没有放松，客观上直接中断了入境旅游。

3. 疫情对我国入境旅游带来前所未有的重创

在客源市场和目的地的双重防控措施下，2020 年我国入境旅游出现大幅下滑，根据中国旅游研究院的最新统计数据，截至 2020 年 11 月底，我国共接待国际游客 2499.2 万人次，同比下降 81.2%。受疫情防控措施影响，入境过夜旅游市场和外国人入境旅游市场出现更大幅度的下滑。同期，我国接待入境过夜游客 744.2 万人次、外国游客 182.6 万人次，分别下降 87.6%和 92.0%。我国入境旅游的全面恢复将直接取决于全球疫情的彻底结束。

（二）新冠肺炎疫情将改变我国入境旅游客源市场和目的地结构

疫后人们出游行为将会发生改变，随着人们出游距离的缩短，我国入境

---

① 根据 Peng 等的统计，需求收入弹性均值达 2.526。

旅游的客源市场结构也将有所调整，周边近距离市场在疫后恢复初期将成为主力市场。人们更偏爱自然生态型的旅游目的地，鉴于新冠肺炎疫情对我国各地影响程度不同，对各地入境旅游的影响也将有所差异。受疫情影响较小的省区市将更受欢迎，它们大多位于西部人烟稀疏地区，疫后这些地区的入境旅游或将得以优先恢复，从而为其带来后发追赶机遇。

1. 外国入境客源市场的"距离衰减"特征将更加明显

疫后潜在入境游客出于对安全的谨慎考虑，将压缩旅行时间，缩短出游距离，从而降低行程中的安全风险。疫情期间开展的国内旅游调查结果表明，疫情使居民出游半径缩短，居民倾向于选择短距离旅游，伴随疫情好转，出游半径同步增加。各国居民的国际旅行也将遵循这一规律。在疫情尾声及疫后的一段时期内，我国近距离的周边客源市场将率先得以恢复，对于外国客源市场，原本占六成左右的亚洲客源市场的比重短期内或将有所提升，短期内入境旅游市场结构将发生调整。

2. 疫情影响较小地区面临新机遇

疫情虽然席卷了全国各个省区市，但对不同地区的影响各有不同。根据中国疾病预防控制中心的数据，不考虑港澳台地区，西藏、青海、宁夏、贵州、海南、甘肃、云南等省份受疫情影响较小。游客出于对旅行安全的考虑，在疫情彻底结束后，对目的地的安全认知恢复到正常水平在时间会有所滞后，这些省区在疫情尾声及疫情彻底结束后一段时间内将拥有入境旅游的优先恢复机遇。从这些地区的实际情况来看，也确实更加符合旅游优先恢复发展的要求。首先，这些省区大多位于西部地区，其人口密度相对较小，即使在疫情尾声重启入境旅游，通过合理安排旅游线路，入境游客接待造成疫情扩散的风险较低。其次，这些省区不乏盛名在外的自然生态类旅游景点，契合包括入境游客在内的大众对更加安全的自然生态型目的地的偏好。

四 2021年入境旅游恢复面临的机遇与挑战

在我国及周边主要客源市场疫情得到较好控制的前提下，我国入境旅游

在 2021 年或将触底反弹。我国提出的人类命运共同体倡议及东盟、金砖国家等区域合作机制继续为入境旅游营造良好的政治氛围。国内旅游的率先恢复将提高潜在入境游客的安全认知，并为入境游客接待提供更好的软硬件服务。疫情本身也倒逼国际旅游业更加重视技术的应用，进一步提升入境旅游的数字化水平。同时，2021 年我国入境旅游的恢复也面临着诸多挑战，如疫情反复带来的不确定性、国际地缘政治摩擦、全球居民出境旅游信心恢复缓慢等。

（一）战略机遇

1. 国家战略倡议为入境旅游重启营造良好的国际政治氛围

我国围绕人类命运共同体建设提出的重大倡议有助于增强各方政治互信，推动各方尽早开放边境，重启双边及多边的旅行交往。国家主席习近平在上合组织成员国元首理事会第二十次会议上发表重要讲话，首次在上合组织框架内提出构建"卫生健康共同体""安全共同体""发展共同体""人文共同体"的重大倡议。我国主导及参与的多个区域合作机制继续将旅游交往作为重要内容，不断深化区域国际旅游交往与合作，将进一步推动区域旅游合作，带动相关国家来华的入境旅游市场。例如，2020 年 10 月 9 日，在第 16 次中国—东盟领导人会议上，李克强总理提出双方应继续密切配合做好"东盟旅游数字化平台建设"的实施工作。2020 年 10 月 28 日，金砖国家旅游高级别会议以视频形式举行，会议围绕"维护全球稳定、共同安全和创新增长的金砖国家伙伴关系"这一主题，探讨了新冠肺炎疫情影响下金砖国家在旅游领域的合作。

2. 国内旅游的快速恢复为入境旅游打造更高质量的旅游目的地

我国疫情防控局势不断稳固，自 2020 年 3 月逐步放开国内旅游之后，国内旅游的快速恢复备受全球瞩目。国庆长假期间，国内旅游同比恢复比例达 80%。2021 年，我国国内旅游的进一步恢复将为入境旅游重启做好铺垫。一方面，我国国内旅游的持续恢复向潜在入境游客释放中国旅行安全的信号，表明中国旅行安全度高、旅行安全防范措施成熟有效，这将直接提升潜在入境游客的信心。另一方面，经此疫情，旅游行业倾其所能来满足需求越来越高的国内游客，旅游产品和服务品质进一步提升，客观上为入境旅游的高质量发展打下基础。为保障疫情期间旅行的安全性，地理空间上更加分散，但体验品质更高的小众旅游目的地层出不穷，客观上为入境游客提供了更多的目的地选择。

3. 新冠肺炎疫情本身也为国际旅游提供数字化机遇

新冠肺炎疫情倒逼旅游企业进行数字化转型，为入境游客提供更加安全、便捷的产品和服务。世界旅游经济论坛（GTEF）指出，疫情下的科技应用将重新定义旅游。人脸识别、数字钱包、虚拟货币、人工智能、大数据、物联网、虚拟实景，以及扩增实境等技术彻底改变旅游体验，特别是在国际远距离交通方面的应用，使旅行变得更加顺畅。同时，机器人技术带动非接触式服务大幅改善卫生状况，确保了安全性并增强了公众出行的信心。

（二）问题挑战

1. 疫情的可能反复为入境旅游重启带来不确定性

新冠病毒出现变异，加之各国防控措施有别，在全球各国普遍接种有效疫苗之前，疫情的发展走向依然不甚明晰。当前，我国面临境外输入病例导致本地传播的风险增大，国家移民管理局表示要从严审批非必要事由入境证件申请，已经关停46个陆地口岸、66条边民通道，并且加强了值守看管，严防境外人员绕关避卡入境。2021年冬季很可能再次面临疫情反复困扰，这对我国入境旅游的重启带来不确定性。

2. 国际地缘政治形势或将压低部分客源市场的来华旅游需求

新冠肺炎疫情对全球经济的沉重打击也将对全球政治格局产生一定负面影响。在2021年我国入境旅游重启的情境下，更为紧张的国际政治关系，一定程度上使潜在入境游客的安全认知进一步下降，致使这些客源市场的恢复更加缓慢。这些主要客源市场主要涉及美国、加拿大、澳大利亚、英国等。

3. 各国居民出境游信心的恢复可能慢于预期

已有相关数据表明，全球各国居民国际旅行的信心仍然不高。例如，根据 Skift 在 2020 年 12 月对美国居民开展的调查，只有 16% 的美国受访者表示，他们将在 2021 年乘飞机去离家 100 英里以上的国内旅游目的地旅行，计划乘飞机出国旅行的受访者人数更少，只有 12% 。即使是在 2021 年我国入境旅游重启的情境下，各国居民出境旅游信心不足也将放缓我国入境旅游市场的恢复进度。

参考文献

中国旅游研究院课题组：《中国入境旅游发展年度报告 2020》，旅游教育出版社，2021。

中国旅游经济蓝皮书编委会：《2020 年中国旅游经济运行分析与 2021 年发展预测》，中国旅游出版社，2021。

Peng, B., Song, H., Crouch, G., et al, "A Meta – Analysis of International Tourism Demand Elasticities", *Journal of Travel Research*, 2015 (5).

G.18
2019~2021年中国出境旅游
发展分析与展望

杨劲松*

摘　要：　中国出境旅游在2019年和2020年有着截然不同的表现。由于新
冠肺炎疫情的冲击，本来稳定的增长态势突然中断，境外目
的地和相关市场主体都经历了严峻的考验。目前出境旅游依
然没有开放，高压力状态也将在未来持续相当长一段时间，
出境旅游将面对更具不确定性的世界。这将倒逼相关市场主
体更多地进行创新。未来一年，谨慎评估和有序开放是主基
调。如果在2021年开放出境旅游，那么有可能按照由近及远
的方式选择目的地，快步进入高质量需求和低忍耐度共存的
新时代。

关键词：　出境旅游　旅游市场　旅游业

一　2019~2020年中国出境旅游发展概况

（一）在轨运行和疫情冲击下的暂停

由于新冠肺炎疫情的严重冲击，我国出境旅游在 2019 年和 2020 年有着

---

* 杨劲松，旅游管理学博士，中国社会科学院旅游研究中心特约研究员，中国旅游研究院国际
所/港澳台所所长。

截然不同的表现。2019 年，出境旅游继续保持稳定的增长势头，从 2018 年的 1.49 亿人次增长到 1.55 亿人次。但是增长速度放慢，仅获得 3.3% 的增长，同比增速为 2010 年以来最低。与此相对应的是出境游客的境外消费，当年为 1338 亿美元，仅增长了 2%。

在目的地分布上，与往年类似，2019 年依然以周边亚洲目的地为主，占据了九成以上的份额，其余目的地占比合计不足 10%，依次为欧洲、美洲、大洋洲和非洲。如果按国家或地区划分，前十位主要出境目的地依次为中国澳门、中国香港、越南、泰国、日本、韩国、缅甸、美国、中国台湾和新加坡。除美国外，几乎全为近程市场。出境目的地分布的不均衡表现突出。在 2019 年，港澳台地区依然是最主要的出境目的地，在总数中占比超过 60%，但是内部位次发生了变化，中国澳门首次取代了中国香港的龙头位置。在非港澳台出境目的地中，不均衡的分布情况也依然明显。前往越南、泰国和日本的出境游客均超过 1000 万人次，仅这三个目的地所吸引的中国游客数量占所有非港澳台出境目的地的比例就接近 60%。

出境旅游同样也在市场主体的收入和利润构成上占据重要地位，是相当多旅行社营收的主要来源和利润金牛。在国内、入境和出境三大市场中，出境游收入接近一半，利润超过 1/3。2019 年度全国旅行社出境旅游营业收入为 2145.56 亿元，占营业收入总量的 41.54%；相关利润为 89.58 亿元，占全国旅行社旅游业务利润总量的 38.40%。

总体看，无论是人数规模、增长速度、境外消费，还是目的地结构，2019 年的出境旅游都依然呈现出明显的稳定性和确定性，继续在轨运行的态势尽显无遗。尽管有一些变化，但未涉及根本性和全局性的因素。稳定且巨大的市场，低速但坚定的增长，加上稳固的目的地结构，几乎为所有参与其中的市场主体提供了含金量高又兼有明确前景的预期。即使是面临多年最低的增长速度，参与方的观点也趋于积极，认为这似乎是在为未来更好的发展蓄势。如果没有意外，出境旅游的短期发展前景是明朗温暖的。

遗憾的是，突如其来的新冠肺炎疫情打破了我国出境旅游的在轨运行，暂停和脱轨成为关键词，2020 年 1 月 24 日成为分水岭。当日文化和旅游部办公厅下发了《关于全力做好新型冠状病毒感染的肺炎疫情防控工作暂停旅游企业经营活动的紧急通知》（以下简称《通知》），要求所有线上旅游产品和旅游团全部停止出行，所有旅行社暂停组团和地接业务。全国公安机关出入境管理部门暂停受理、审批、签发内地居民赴香港、澳门团队旅游和个人旅游（含深圳"一周一行"）签注。从那时候开始，相关出境旅游市场一夜冰封，有组织的出境旅游按下了暂停键。2020年1月当月还有上千万人次的出境游客规模，此后几乎全部消失。2020年上半年，出境旅游人数同比下降超过八成，月度出境旅游人数与上年同期相比均为负数，出境旅游市场完全处于停滞状态。目前这种情况依然持续。

在《通知》下发之初，相关市场主体的主要业务就转入了退单、退团、退款、处理善后事宜、全球采购防疫物资、协助境外滞留游客安全及时返回等。这些业务或活动繁杂琐碎，占据了市场主体的大量时间和资源，几乎没有收入，但不得不做，也必须要做。从那时起，惯常市场推广、产品开发和业务维护就脱离了往常的发展轨道。在我国疫情初步得到控制后，市场主体的主要工作又转向维持生存和保留元气。因为境外疫情此起彼伏，至今也未恢复旅行社及在线旅游企业经营出入境团队旅游，所以相关市场主体必须在无法开展线下出境旅游业务的情况下求生存。一些市场主体尝试转战国内旅游市场，聚焦有潜力的替代业务模块；一些市场主体通过直播、线上业务探讨和产品预售等形式获取宝贵的现金流，保持必要的竞争力。目前来看，这种脱离惯常业务环境和经营状态的情况也还在持续。

（二）环境的长期宽松趋势与中短期的脉冲式变化并存

长期来看，出境旅游发展环境趋于宽松的势头没有变。换言之，就是出境旅游发展的基本面依然向好。从经济形势看，2010～2019年，我国国内生产总值一直保持着持续增长状态，经济发展平稳。尽管有新冠肺炎疫情的严重冲击，2020年我国国民经济依然保持了强劲的韧性和坚定的增长。国家统计局2021年1月18日发布的初步核算数据表明，2020年我国国内生产总值为101.6万亿元，首次突破100万亿元大关。按可比价格计算，比上年

增长 2.3%。在四个季度中，仅有 2020 年一季度同比下降 6.8%，其余季度均为正增长。值得注意的是，有西藏、贵州、云南、安徽、河北、重庆、甘肃、宁夏、四川、湖南、江西、江苏、广西、山东、浙江、山西、海南、新疆、福建和吉林等 20 个省区市的地区生产总值增速超过了全国增速，为未来新增出境客源产出能力提供了可靠的经济基础。与地区生产总值增速相对应的是客源产出能力的变化，出境旅游传统高客流产出区域是以北京为中心的环渤海都市圈、以上海为中心的长江三角洲都市圈、以广州和深圳为中心的珠江三角洲都市圈和西南的成渝城市群。除成渝城市群外，其余均不属于中西部地区。这些区域的经济增速也与四大核心经济区和其他区域客源产出的收敛趋势同步。在 2020 年出台的相关文件中，也出现了推进带薪休假的举措，这为出境旅游发展又提供了时间支撑。

出境旅游不仅仅得益于强劲的经济发展和休假制度的调整，交通的持续改善、证件的便捷、网络环境的优化和支付方式的完善都是有利的因素。在疫情暴发之前，与出境旅游的持续发展同步，这些因素都处于持续改进的过程中。以交通为例，跨境交通网络进步明显。截至 2019 年底，我国已经与 126 个国家或地区签署了航空运输协定，拥有 953 条国际航线、111 条港澳台航线，2019 年当年新开国际航线即达 104 条，仅我国航空公司的国际定期航班就联系起 65 个国家的 167 个城市[1]。同时，境内交通网络的完善也提升了出境旅游的客源地辐射能力。2019 年末，我国高铁营业里程达 3.5 万公里以上，铁路路网密度为 136.0 公里/万平方公里；公路总里程达到 501.25 万公里，公路密度达到 52.21 公里/百平方公里；民航定期航班通航机场有 237 个，定期航班通航城市有 234 个。

签证（注）是完成出境旅游活动的重要因素，也是境外目的地积极推进的重点。截至 2020 年 8 月，中国已与 147 个国家（地区）缔结适用范围不等的互免签证协定，与超过 40 个国家达成了简化签证手续协议。为了吸引更多的中国游客，2020 年有部分境外目的地为应对疫情期间旅游业危机，

---

① 中国民用航空局发布的《2019 年民航行业发展统计公报》。

进一步推进面向中国游客的签证便利化，或者释放出相关信息，包括简化签证手续、缩短办理时间等。虽然由于疫情原因难以成行，但是也充分表明签证的便利化将会在未来持续下去。

可以看出，尽管承受着疫情的冲击，但是决定出境旅游发展基本面的重要因素依然趋于积极的变化，这决定了出境旅游面临环境的长期宽松趋势。当然也要看到，出境旅游短期开放的可能性取决于世界范围内疫情防控的形势变化，总的规律表现为感知灵敏程度不一的脉冲：如果疫情防控形势好转，中短期放开出境旅游的可能性增加，这种概率增加是缓慢渐进的；如果疫情防控形势出现恶化，中短期放开出境旅游的可能性降低，但这种概率降低是急速剧烈的。出境旅游不仅取决于我国疫情防控的成效，还与目的地的疫情防控形势和防控能力紧密相关。因此，即使有效疫苗得到广泛接种，这种放松乃至开放的可能性增加也会相对缓慢，绝不会在短期内一蹴而就。环境的长期宽松趋势与中短期的脉冲式变化将同时存在，前途光明但是道路确实难行。

（三）重压下的出境市场主体创新

在新冠肺炎疫情暴发之前，出境领域的竞争就已经无处不在，遍及资源端、产品端和渠道端等领域，B2B、B2C 均有，竞争模式百花齐放，竞争演化路径各有特色，总体上呈现出多元化和分散化的特点。新冠肺炎疫情暴发后，由于主要业务难以开展，出境市场主体的业务逐渐呈现出鲜明的"非出境"和"非标准化"特征。

一是立足"以国内大循环为主体、国内国际双循环相互促进的新发展格局"，将出境旅游业务转换成国内旅游业务。如过往以出境游为主要业务的穷游网，就在国内游上加大投入力度，希望以"国内＋国际"双业务对冲疫情的影响。2020 年已经将占比不到10% 的国内目的地业务快速提升至20%。2020 年8 月，穷游网与甘南州合办了"拉卜楞香浪节"；2020 年12 月，穷游又与三亚市旅游局合作发布了"新青年奇趣岛"，都是力图将推广境外目的地的丰富经验运用到国内目的地上。以出境旅游为业务主体的出境旅行社，也

通过积极梳理自身资源和优势，在产品、推广、渠道和人力资源配置等方面创新，不仅积极对接已有国内旅游市场，还抓住消费升级的机会，以细分市场的个性游、主题游和深度体验游等为切入点，在家庭游、夜间旅游、体育旅游、冰雪旅游等广阔领域开疆拓土，形成了新的国内旅游市场增量。

二是积极引入跨界业务，以保生存为第一要务。由于认识到短期内开展出境旅游业务不现实，如果没有其他可持续的收入来源，仅仅依靠相关部门的救助也难于生存下去。不少出境旅游的市场主体积极跨界，甚至从事与出境旅游关系较小的业务。比如一方面依托与境外相关资源方熟悉的优势，引进境外特色品牌和商品；另一方面依靠多年来与游客建立的信任，在线挖潜私域流量，打通需求方。直播带货、境外品牌代理、推出自有商品或品牌，甚至还有OTA尝试卖菜跑腿等服务。这些或者与出境旅游业务有关联，或者与市场主体特长有联系，都见证着这个艰难时期从业者不服输、不认命的探索与奋斗。

行至水穷处，待看云起时。尽管争取生存的方式各有千秋，但是这些市场主体和从业人员，依然还在尽己所能维护好与目的地和资源方的关系，积极通过直播、线上业务探讨、产品预售等形式保持存在感和竞争力，同时积极布局新兴业务市场，探索新技术的应用场景，探索新的经营模式。

二　对当前出境旅游发展形势的判断

（一）将出现非短期的高压力状态

当前中国的疫情防控形势向好，但是在全球范围内，疫情依然没有得到有效控制。这也就意味着短期内开放出境旅游并不现实。即使疫苗在相关国家或地区的接种一切顺利，效果令人满意，也将有相当长一段时间的延迟。这不仅取决于出境旅游信心的恢复和维护，同时也与境内和境外的疫情防控对接情况、信息不对称的消解进程和整个出境旅游产业链的恢复状况紧密相关。一般情况下，很难出现最理想的状况，市场出现所谓"报复性"反弹的概率不大，反而更有可能出现伴随着局部萧条的温和恢复。这种局部萧条可能发生在某一细分市场，也可能是产业链上的特定环节，且在恢复的过程中又容易受到各种因素的影响，一有风吹草动就会承受很大压力。由于在消除游客疑虑、合规防控疫情、恢复受损供应链以及保障全过程安全等方面的成本增加，风险厌恶成为投资者的更优先选择，求稳也将成为投资者的普遍心态，获取融资的难度加大。复苏时间不确定，高压力状态难以在短期内结束。影响因素繁杂，整合资源的难度倍增。面对此种情况的市场主体要生存下去需要有更多的心理准备，也需要付出更多的努力。

（二）将倒逼市场主体的更多创新

即便新冠肺炎疫情完全平息，也不会消除由此带来的心智模式改变。恰恰相反，很有可能这种改变是永久性的。在疫后跨境环境下，必须直面并且成功回答如下问题：如何创造梦想，有效地激发和恢复出境旅游需求？如何建立游客对出境旅游目的地、商家、相关产品和服务的信任感？如何在多元目标和成本控制上合理权衡，整合疫情防控与游客体验？如何恢复受损的产业链，构建相关方的有效价值联结？正如前所述，由于市场的重压和竞争的激烈将会在相当长一段时间存在，能否正确解答和应对上述问题将决定这些市场主体未来的成败。也可以将这种现象理解为针对市场主体的持续性压力测试。压力来源有可能是新问题，也有可能是一直就有的问题，比如市场推广效能、产品与市场的契合度等。但是环境的变化，特别是心智模式和技术环境的巨变，使得因循过去的做法难以得到满意的成效。未来，在出境旅游的各个方面和各个环节都要求市场主体的创新，以适应与过去有明显不同的新出境市场。

（三）将面对更具不确定性的世界

出境旅游从来都是在与不确定性做斗争。这些不确定性来源于经济危机、汇率波动、自然灾害、战争暴乱以及政治风波等许多方面，且这些因素相互联系，互为因果，难以简单分割开来。事实上，出境旅游行业往往对这些不确定性有考虑有预案，力争对冲不确定性影响，减少伤害。遗憾的是，由于这些准

备基于过往经验，对于超出经验的部分便形成难以抵消的风险敞口，又受到成本和自身实力的强约束，因此在很多时候是不足的。再加上侥幸心理作祟，在面对新冠肺炎疫情这种全球性大灾害冲击时常常难以从容。很多迹象表明，全球性的极端天气在未来会更频繁地出现，类似新冠肺炎疫情这样的流行疫病也不是没有再次发生的可能。全球经济社会发展的严重不平衡也使得经济危机、政治动荡和战争暴乱等发生的可能性有增大的趋势。所有这一切，可以"百年未有之大变局"概括之，也使得出境旅游将面对更具不确定性的世界。

三　2021年中国出境旅游发展展望

（一）谨慎评估和有序开放是主基调

未来一段时间，谨慎评估可能性和有序开放将是我国出境旅游发展的主基调，把保护人民群众生命安全和身体健康放在第一位。决定出境旅游是否开放、何时开放的基本因素，是世界疫情的防控形势，而且更多是联动决策，并不单纯取决于中国自身的疫情防控情况，需要谨慎评估，保守决策。如果要预设复苏场景和时间节点，那么最为乐观的情况应该是，如果在2021年秋季全球范围内疫苗得到了普遍接种，且效果足够好，跨境的疫情防控政策和措施严密对接，有关新冠肺炎疫情的信息交换顺畅透明，世界疫情得到了有效控制，也没有其他重大的不确定性事件发生，世界经济也开始复苏，那么有组织的出境旅游有可能从那时起开放，并开始逐渐复苏，对于未有组织的出境旅游活动的限制也会随之逐步解除。较悲观的场景是，在2021年都未能找到出境旅游放开的合适时机，在隧洞中未看到洞口的光亮。对于相关出境旅游市场主体而言，"活下去"和"有准备"应该是他们在这段艰难时间最为关注的事情。

（二）开放目的地的空间分布将由近及远

出于缩减信息不对称、确保开放安全性的考虑，如果开放出境旅游，那么出境目的地的开放也将是一个依次放开的有序过程。疫情防控形势向好的亚洲周边近程目的地有可能成为首选开放的对象。中国澳门、韩国、日本、越南、泰国等本来就位居前列的出境目的地有机会入选前几批开放目的地。在这些目的地运行成熟后，再按照一定的规则扩展，由近及远，成熟一个，开放一个。与之相对应的原有出境旅游制度体系也有可能会有所优化调整。

（三）快步进入高质量需求和低忍耐度共存的时代

在新冠肺炎疫情暴发之前，中国游客对出境旅游的高质量需求就已经很明显地表现出来。在疫情得到有效控制后，这种高质量需求将围绕安全旅游和健康旅游进一步拓展。未来，从潜在市场接触到目的地或产品信息的那一刻起，高质量需求的进程就立刻展开了。安全、健康和满足管理需求的最大限度便利化是基础要求。因为只有这样，才能建立最基本的信任感。在此基础上，完善的公共服务系统、个性化和高体验度产品才是目的地和市场主体能够获取更多竞争优势的重要原因。有轻松自在的人与人亲密联结，有浸泡式、嵌入式的当地体验，有丰富多元的主题引入，有独具特色的旅游商品购买力释放，如此等等，不一而足。需要注意的是，与高质量需求相伴随的，是出境游客日益难以按捺的情感冲动。换言之，就是较过往更容易产生不满情绪。在信息泛滥成灾，社交媒体无孔不入，KOL 和 MCN 随时随地都在推波助澜的当下，每一个细节和每一个瞬间的瑕疵都可能激发游客的多重比较：与境内旅游比较、与过往旅游经验比较，或者与圈子传说比较。稍有差池就会严重挑战游客敏感的神经，并经过层层放大后最终产生难以忽视的负面影响。

参考文献

杨劲松：《深化国际合作，共促全球旅游业振兴繁荣》，《中国旅游报》2020 年 9 月 8 日，第 3 版。

中国旅游研究院课题组:《中国出境旅游发展年度报告 2020》, 旅游教育出版社, 2020。

《2019 年民航行业发展统计公报》, http://xxgk. mot. gov. cn/2020/jigou/zhghs/202006/t20200630_ 3321335. html。

《持普通护照中国公民前往有关国家和地区入境便利待遇一览表》, http://cs. mfa. gov. cn/gyls/lsgz/fwxx/t1185357. shtml。

G . 19

2020～2021年香港旅游业
发展分析与展望

杨益涵　李咪咪*

摘　要：　2020年，社会运动风波未平，又面临全球疫情持续不断的打
　　　　　击，香港旅游业持续受创。本文首先对2020年香港旅游业整
　　　　　体情况进行了总结；其次，归纳了在此旅游行业寒冬期内香
　　　　　港特别行政区政府与业界出台的扶持政策与采取的行动，以
　　　　　及香港旅游业发展的规划方向；最后，对香港旅游业的目前
　　　　　形势做出了讨论与展望。

关键词：　香港　旅游业　新冠肺炎

作为香港特别行政区经济支柱的第四大产业，旅游业占香港特区 GPD
的 4.7%，并为全港近 80 万人口提供工作岗位。自回归以来，香港旅游业
依托全球经济与内地市场迅速发展，其间尽管有所波动，但整体发展态势良
好。访港旅客人次呈持续上涨趋势，2018 年访港旅客人次达 6515 万人，尽
管由于反修例风波动 2019 年访港旅客人次较上年减少 14.2%，但较 10 年前
仍实现近九成增长。入境旅游相关总消费也于 2018 年达到 3281.9 亿港元，
约合人民币 2953.8 亿（按 1 港元兑 0.90 元人民币计算）。

---

* 杨益涵，硕士，任职于亚洲旅行社、新华国际文化交流有限公司，主要从事领域为旅游市场
营销、青少年游学交流；李咪咪，博士，香港理工大学酒店及旅游业管理学院副教授，当前
研究方向为旅游政策与规划、儿童旅游行为研究、酒店与旅游营销等。

自 2003 年"非典"疫情使香港旅游业首次受重创后，香港旅游业于 2015～2016 年由于社会风波进入第二个低谷期，2016 年来港旅客人次较 2014 年减少 7%。自 2019 年 6 月始，香港旅游业遭受第三次强烈冲击，访港旅客自 2019 年 7 月起同比开始呈现负增长，2019 年访港旅客人次较 2018 年减少 14.2%，零售业销售总额下跌 6.7%，达近 2 年的最低水平。

2020 年，反修例风波未平，新冠肺炎疫情持续反复，香港旅游业情况不容乐观。

一 2020年香港旅游业特征

（一）雪上加霜

2020 年 1 月新冠肺炎疫情开始大规模暴发，香港特区政府从 2 月初起不断收紧边境管制，关闭除香港国际机场、深圳湾口岸和港珠澳大桥口岸以外的所有入境口岸，并对入境旅客实行为期 14 天的隔离检疫。2019 年社会风波的阴霾还未散开，2020 年的疫情又使香港旅游行业陷入前所未有的寒冬困局。

2020 年 2 月起，访港旅客人数连续 10 个月同比减少超过95%，2020 年 1～11 月累计访港旅客仅为 357 万人次，甚至低于 2019 年平均每月访港游客 466 万人次。其中，内地赴港旅客约 270 人次，同比减少93.5%[①]。2020 年香港国际机场客运飞机起降 8.2 万架次，较 2019 年的 35.4 万架次减少 76.8%，机场客运流量同比下滑 88.2%[②]，创非典以来最大跌幅。

酒店供应量仍保持惯性增长，截至 2020 年 11 月香港酒店数量为 311 家，较 2019 年 12 月增长 2.6%，但增速与往年 4%～5% 的增长率相比稍稍放缓。然而酒店房价及入住率严重下滑。2020 年 1～11 月，酒店平均房价

---

① 香港旅游发展局：《2020 年 11 月访港旅客统计报告》，2020 年 12 月。
② 香港机场管理局：《2020 年香港国际机场国际民航交通量确实统计数字》，2021 年 1 月。

较上年同期下调 27.6%，其中 3~5 月酒店房价下调最严重，最高降价 552 港元。尽管 2019 年酒店平均入住率已经跌落至 79%，2020 年酒店平均入住率更是持续低迷，全年于 30%~50% 区间波动，其中五星级酒店最低入住率仅为 12%。

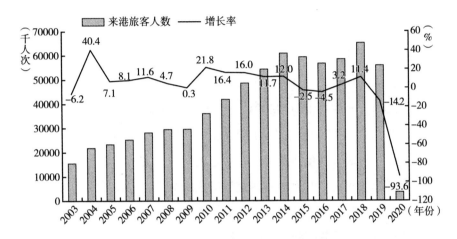

图1 2003~2020 年访港旅客人数及增长率

资料来源：《旅游统计资料库 2003~2020 年访港旅客总人次》，https://partnernet.hktb.com/。

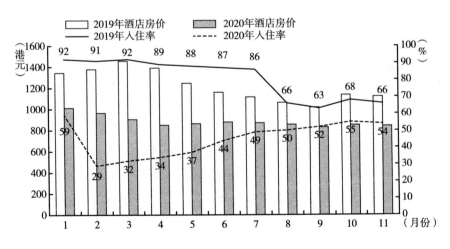

图2 2019~2020 年 1~8 月香港酒店房价及增长率

资料来源：香港旅游发展局：《2020 年 11 月酒店入住率报告》，2020 年 12 月。

（二）行业寒冬

自 2020 年 2 月以来，新冠肺炎的肆虐致使所有内地访港旅行团全数取消。随着病毒的全球性传播，香港出入境旅游业务均完全停摆。2020 年第二、第三、第四季度旅游、会议及展览服务类别的总收益更是同比下挫逾九成①。这让本在 2019 年就已承受巨大压力的业界，更是纷纷面临持续亏损、暂停营业、裁员等困境。

面对香港机场客运量的巨幅下跌，香港国泰航空于 2020 年 10 月宣布集团重组，国泰港龙航空被迫即刻停止运营②。国泰港龙航空专门营运中国内地及亚洲的短途航线，共运营 48 架飞机③。自 2019 年至 2020 年初疫情出现，香港往返内地载客量持续降低，往返内地航线大幅减少。随着疫情的全球暴发，国泰港龙航空的亚洲短途航线也全线减少，直接导致了结束运营的结果。尽管已获香港特区政府 273 亿港元注资帮持，国泰航空仍面临巨大运营压力，目前已陆续裁减超过 8000 名员工。

香港酒店房价和入住率的锐减，使得不少酒店也出现规模裁员。香港洲际酒店于 4 月 20 日起停业，约有 500 名员工因此被遣散，并且至少于 2022 年才会重新开业。同样在此期间暂停营业翻修的还有太子酒店等。香港酒店工会表示，早在 2020 年 2 月已有 5 家酒店停业，另外还有超过 17 家酒店的部分员工被放无薪假期④。

香港两大主题乐园海洋公园与迪士尼乐园，从 2020 年 1 月以来，均因疫情而三次暂停营业，其间累计仅有 4 个月正常营业。香港海洋公园更是因为巨额亏损而面临破产，特别申请香港特区政府拨款 54 亿港元维持运营。

对于旅行社来说，2019～2020 年两年更是面临持续的直接破坏性打击。全港持牌旅行社共超过 1700 家，其中超过八成是小微企业，经营成本有限。

---

① 香港特别行政区政府统计处：《服务业统计摘要按季补充资料（2020 年第 3 季）》，2020 年 12 月。

② 国泰航空有限公司：《国泰航空集团重组》，2020 年 10 月。

③ 国泰航空有限公司：《二零二零年中期业绩》，2020 年 8 月。

④ 文汇报：《17 间酒店放无薪假 4 间裁员》，2020 年 2 月。

面对突发、连续、持久并影响力极大的反修例风波以及新冠肺炎疫情，2020年1月以来已有近40家旅行社被迫结业，不再续期或被撤销牌照①。

访港旅客人次的断崖式下跌也带来旅游相关消费的下降，餐饮业、零售业也面临前所未见的危机。不少品牌面对2019~2020年零售营业额持续锐减的情况，陆续决定关闭部分门店，严重者甚至全部撤离香港市场。Prada、Valentino、OMEGA、Tiffany&Co.、Victoria's Secret、周大福等品牌均陆续关闭了位于铜锣湾、尖沙咀、中环等核心地段的门店。英国品牌Topshop也关闭了唯一一家香港门店，彻底离开香港市场。自2019年下半年反修例风波起，累计至少有15家国际零售商关闭门店撤离香港②。

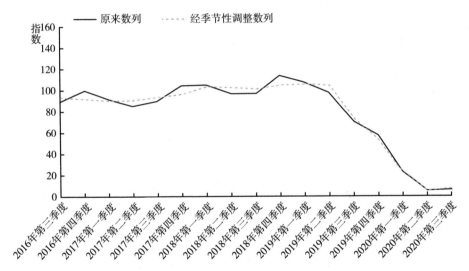

图3　2016~2020年旅游、会议及展览服务界别的业务收益指数统计

资料来源：香港特别行政区政府统计处，《2020年第三季服务行业按季业务收益指数》，2020年12月。

2020年11月香港零售业总额同比下跌4.7%，已连续22个月负增长。2020年1~11月香港累计零售业总额同比下滑25.3%，其中与旅游消费关

①　中国新闻网：《专访卢瑞安：香港旅游业面对数十年来最艰难时刻》，2020年5月。
②　环球旅讯：《多重冲击下，香港商业酒店业直线坠落》，2020年8月。

联最密切的珠宝首饰、钟表及名贵礼品类目受挫最为严重，较上年同期下跌16.1%①。此外，在香港零售管理协会对3600家本地店铺的一项调查中，逾40%的商家表示于2020年12月已结业，更有58%的店铺计划于2021年第一季度租约期满后便停止营业②。

尽管面对第四波疫情的冲击，香港会展业相比上半年有缓慢复苏的迹象。香港会议展览中心在2020年10~11月举行了多场大型线下商贸展览③，包括2020乐活博览、香港素食展、香港餐饮展、亚洲高端食品展2020，以及2020香港天然有机食品展览会、2020香港智慧建筑技术展览会和2020亚洲零售论坛暨博览会。

但是从行业全局来看，整个旅游行业，包括航空业、酒店业、零售业等关联行业在内，在2020年仍面临严重生存危机。香港仅2~4月的失业率便上升至5.2%，其中与消费和旅游相关的行业合计失业率跳涨至9%，成为近15年以来的最高值。

（三）业界的反应与尝试

在香港入境旅游受限的情况下，业界纷纷推出staycation、flycation、本地游旅行团等自救措施。不少酒店将目标市场放在本地，将酒店视作派对房间进行推广，连带推出各种优惠入住及餐饮套餐，也一度成为众多限制下香港本地旅行消费的热点。但是由于香港疫情不断反复，酒店staycation的推广也因一波又一波疫情不得不一次次中断。2020年10月，香港航空推出"飞悦香港"观赏日落航班，开启了香港flycation的热潮。此航班全程90分钟，在距离香港200海里内的上空环行。100张香港出发香港到达的机票半小时内售罄。之后，香港快运也推出本地起降的环港游行程。然而flycation只是昙花一现，未能形成规模的本地游产品。

从2020年10月23日起，香港批准持牌旅行社举办本地游旅行团，每

---

① 香港零售管理协会：《二零二零年十一月份零售业销货额统计数字简表》，2021年1月。
② 香港零售管理协会：《新型冠状病毒疫情对零售业影响调查》，2020年4月。
③ 香港会议及展览拓展部：《盛事活动表》，https://mehongkong.com/tc/index.html。

团人数上限为30人。一时间,各种发掘本地景点的旅行线路风靡全港,包括文化、美食、行山、渔村体验等主题,中环、上环、北角、尖沙咀、西贡、大澳、大屿山、离岛等地点。本地游旅行团成为香港旅行社在疫情限制之下最主要的收入来源之一。然而由于12月香港第四波疫情的到来,本地游旅行团限制聚集豁免即被撤销,此自救之举被迫中断。

另外,在跨境游方面,香港有望与其他疫情管控良好的地区通过"旅游气泡"的形式有限度地恢复跨境旅行。然而与新加坡的"航空旅游气泡"在即将启动前夕,因香港第四波疫情被迫延期。

此外,"云模式"也成为疫情之下香港旅游从业者的无奈之选。不少旅游从业者也开始在线上寻找类似"云旅游"的新发展途径,即将旅行游记、宣传短视频等发布于各类社交媒体上进行推广宣传,吸引受众。众多会议、论坛与展览更是不得不从线上寻求出路。例如,作为2009年起便每年固定举办的亚洲大型户外饮食展览之一,"2020香港美酒佳肴巡礼"也首次以线上的方式进行。该盛事活动时间由往年的四天延长至五周,与线下餐厅合作,在一站式网站上为消费者提供各类饮、食、玩攻略和优惠,以及数百款美酒饮品,并联合星级酒店与餐厅推出佐酒外卖套餐。同时,往年的互动活动也搬到了线上,34位知名大厨、品酒师、酒评家轮流开设线上工作坊,带领参加者一起烹调美食、品尝佳酿[1]。往年引爆全场的香港跨年烟花秀也于2020年改为线上无人机表演,于线上进行跨年直播倒数。线下转线上,不失为疫情之下的潮流趋势。

二 香港特别行政区政府为旅游业发展所做工作

(一)业界扶持政策

面对行业冰冻期,香港特区政府、香港旅游发展局、香港旅游业议会等

---

[1] 香港旅游发展局:《"香港美酒佳肴巡礼"圆满结束》,2020年12月。

纷纷推出扶持业界的计划与措施,帮助从业者渡过难关。

2019 年香港旅游发展局推出了"2019/20 小型企业会议、奖励旅游及国际会议访港团体资助计划"①,以资助香港旅行社并吸引小型会展活动在港举行。2019 年 4 月起到港的 20 人以上的合资格会奖团,视团体人数最高可获资助 4 万港元。2019 年 10 月 23 日,香港特区政府、香港旅游发展局以及香港旅游业议会推出"旅行社鼓励计划"②,按照旅行社接待入境及出境过夜旅客的人数,向旅行社提供现金奖励,资助有效期到 2021 年 3 月 31 日。给予每名入境旅客现金奖励 120 港元、每名出境游客的现金 100 港元,旅客上限为 1000 人。然而此举未能使香港会展业与入境游回春,2020 年疫情之下,该类资助计划也成效甚微。

此外,香港特区政府也推出直接补贴的政策。例如,符合要求的旅行社将获发依据其雇佣的员工数量确定的 2 万~20 万港元的一次性津贴。对于导游等业界从业者,香港特区政府将拨发每月 5000 港元的补贴,资助时间长达半年。香港旅游业议会亦对导游提供了相关的政策支持,如延长导游证有效期、开展培训项目资助计划等,资助导游证持证者完成"导游持续事业专业进修计划"中的培训活动,凡持证导游于 2021 年 4 月 27 日之前均可申请。

围绕"本地游"这一香港旅游业自救之举,政府也给予了政策支持。早在面对香港入境游市场 2019 年的低迷状态时,香港商务及经济发展局、环境局和环境保护署于 2019 年底推出了"绿色生活本地游鼓励计划"③,鼓励旅游从业者经营香港本地游市场。在 2020 年 1 月 20 日至 2021 年 3 月 10 日期间为本地居民提供合资格的绿色本地游的旅行社,均可获得每名旅客 200 港元的鼓励金,最多可达 20 万港元。此举在扶持本地旅行业从业者的同时,倡导了香港绿色旅游,推广了香港不一样的原生自然景点。2020 年 2

① 香港旅游发展局:《2019/20 小型企业会议、奖励旅游及国际会议访港团体资助计划》,2019 年 4 月。
② 香港旅游业议会:《旅行社鼓励计划》,2019 年 11 月。
③ 香港旅游业议会:《绿色生活本地游鼓励计划》,2020 年 1 月。

月起，香港所有入境团为疫情所迫均被取消。在香港本地确诊病例数量有所下降、情况较为平稳时，香港特区政府于10月宣布豁免不多于30人的本地游旅行团的聚集限制，允许持牌旅行社举办本地游旅行团。此举广受业界呼应，但是由于香港第四波疫情反复恶化，2020年12月2日起该举措已被撤下，恢复豁免日期仍待定。

2020年，香港特区政府通过三轮"防疫抗疫基金"向旅游业提供财政支援，资助总额近17.6亿港元。加上早前推出的"旅行社鼓励计划"与"绿色生活本地游鼓励计划"，特区政府已向业界累计提供了近26亿港元的支援。

（二）长远发展计划

尽管2019~2020年香港旅游业遭遇始料未及的重挫，从长远及全局角度来看，香港特别行政区政府在旅游业发展上所做行动仍大体按照2017年发布的《香港旅游业发展蓝图》，围绕客源市场多元化、拓展本港特色旅游产品、推动智慧旅游、提升服务质量四大发展战略进行。2020年香港旅游发展局也做出了面对疫情的初步反应计划，包括三个步骤：①及时向旅客及业界提供最新香港资讯，延长热线服务时间；②加强对业界的支援，通过促销推广刺激游客来港意愿；③推出全新旅游品牌，重建旅游形象。

根据香港特别行政区《行政长官2020年施政报告》[①] 及《香港旅游发展局2020~21年度工作计划》[②]，2020~2021年香港特别行政区政府针对香港旅游业发展的举措意在逐步恢复旅客对香港的信心，重建香港世界级旅游目的地形象，为此做出的长远计划与行动重点归纳如下。

维持会展与邮轮旅游增长。香港旅发局也将采取针对性策略，在未来稳住会展与邮轮旅客。对于会展旅游，医疗及科技主题仍然为未来大型会议的发展重点。对于展览业来说，重点客源地则为"一带一路"沿线国家，强

---

① 香港特别行政区行政长官办公室：《行政长官2020年施政报告》，2020年11月。
② 香港旅游发展局：《香港旅游发展局2020~21年度工作计划》，2020年2月。

化香港"亚洲展览之都"的形象。为保持未来邮轮旅游的稳定增长，旅发局将以东南亚、日本、韩国、中国台湾及印度等作为重点推广市场，通过名人进行宣传。此外，将继续以"亚洲邮轮联盟"扩大邮轮旅游区域合作规模，发挥协同效应，增加来港邮轮班次，强化香港亚洲邮轮枢纽的地位。

（三）宜居城市：继续开发香港特色旅游资源

本地文化与绿色旅游仍是香港特色旅游资源的开发及推广重点。香港特别行政区政府《行政长官 2020 年施政报告》中指出，香港特别行政区正着手构思"跃动港岛南"旧区活化计划。"保育中环"和"起动九龙东"作为两个十年前推出的大型的旧区活化计划，目前已见成效。近年来多个"保育中环"的活化历史建筑项目相继落成，其中"大馆—古迹及艺术馆"成功成为中环的热门景点，在吸引旅客的同时也成为本地居民参与各类艺术展览的场所，并获得了联合国教科文组织亚太区文化遗产保护奖最高级别卓越奖。2020年，香港特区政府着手构思的"跃动港岛南"计划，将以著名景点海洋公园为核心，开发南区优美的天然地貌、海陆景色、渔村文化、水上运动资源等，活化传承历史悠久的香港地标珍宝海鲜舫，连接多个沙滩、岛屿的海上旅游路线，将南区打造为适合工作、居住、创意、休闲玩乐的地区。"跃动港岛南"计划有助香港旅游发展局进一步深化近年来大力推行的"香港·大城小区"地区推广计划，为以往推广开发的"旧城中环"和"深水埗"的延续。

（四）重建香港旅游形象，增加正面曝光

考虑到 2019 年社会风波对访港旅客造成的负面印象，有关部门将继续发掘香港的独特旅游资源，加强推广深度旅游。除购物、商务会展、奖励旅游、邮轮等传统旅游强项外，推广宣传全新卖点，如艺术文化、健康概念、可持续发展旅游均可成为香港旅游推广的新热点。另外，将配合全新品牌策略进行市场推广，将邀请各界名人拍摄介绍香港旅游吸引力的视频、电视节目等，争取在全球范围内实现高流量的正面曝光。未来香港旅发局也会通过大型国际性盛事争取市场关注，向全球传递正面信息。除稳住已经落户香港

的大型盛世之外，旅发局也将积极协调落成其他世界级盛事来港举行，与其他大型活动主办机构合作，邀请各地媒体访港报道，发挥协同宣传效应。

此外，旅发局也将通过赴重点客源市场举办更多海外路演，邀请海外同业者来港考察以了解最新情况，鼓励、资助业界赴重点客源地进行推广活动等方式，增加香港业界与客源市场的沟通，增加旅客对香港正面信息的接受度，增加香港在全球旅游界的曝光率。

三　回顾总结和对未来的思考

在新冠肺炎疫情的阴霾笼罩下，世界旅游业遇到了前所未有的危机。香港作为一座国际旅游都市，连续多波的新冠肺炎疫情也使访港旅客断崖式下跌，香港旅游业进入"非典"疫情以来的最低谷时期，实际经济损失难以估计。

回顾往年香港旅游业经历的几次负增长，访港旅客的降幅均不超过7%。2004年"非典"疫情过后，访港旅客报复性增长40%，一举恢复到正常水平。第二次负增长为2015年"占中"运动，直接导致了2015～2016年香港旅游市场的两年低迷状态，直到2018年才恢复4年前水平。可见香港的负面社会风波对内地这一主要客源市场的破坏力。2019～2020年，香港接连遭受了近20年来史上破坏力最强的社会风波，以及持续时间最久、影响最大的新冠肺炎疫情，2019年访港旅客跌幅为2015年"占中"运动时期的3倍以上，而2020年疫情的影响更是导致访港旅客跌幅超过95%，实属罕见。香港摆脱新冠肺炎疫情影响、香港旅游业走出2019年社会风波造成的游客信任及情感危机都还有一段艰难的路要走，香港旅游业在疫后突围除了需要香港旅游业界审慎思索外，还需文化教育界等多方共同努力。

G.20
2020~2021年澳门旅游业
发展分析与展望

唐继宗*

摘　要：　受新冠肺炎疫情打击，2020年全球经济经历了80年来最严重的一次衰退。保持安全社交距离及阻隔人流活动等措施，对全球旅游、餐饮、住宿等需要消费者与服务提供商当面接触的行业产生了较大的影响。博彩旅游服务出口作为近年来带动本澳经济增长的主要引擎受到此次新冠肺炎疫情的沉重打击，2020年澳门经济录得自回归以来的最大跌幅。展望2021年澳门旅旅游市场发展，访澳旅客总人次预计将难以恢复疫情前的水平，客源市场预计更趋集中，入境旅游产品将出现结构变化，旅游产业拥抱数字经济时代提早到来。

关键词：　新冠肺炎疫情　澳门旅游　旅游市场　服务出口

　　2019年新冠病毒传播范围与疫情持续时间超出了人们的预期，对全球经济造成前所未有的破坏。世卫组织总干事2020年12月21日在新冠肺炎疫情媒体通报会上指出，疫苗会有助于终结这次大流行，但新冠肺炎造成的影响将在未来许多年持续存在。

　*　唐继宗，中国社会科学院研究生院经济学博士，现任澳门管理学院院长，中国社会科学院旅游研究中心副秘书长，澳门特区政府经济发展委员会、人才发展委员会及旅游发展委员会委员，长期从事服务贸易、旅游经济、区域合作及公共经济学等研究。

受新冠肺炎疫情打击，世界银行预计 2020 年全球经济将经历 80 年来最严重的一次衰退。国际货币基金组织（IMF）2021 年 1 月发表的《世界经济展望》评估，2020 年和 2021 年全球经济增长率分别为 –3.5% 和 5.5%。

疫情防控要求保持安全社交距离及阻隔人流活动措施对全球旅游、餐饮、住宿等需消费者与服务提供商当面接触的行业产生了较大的影响。博彩旅游服务出口作为近年来带动本澳经济增长的主要引擎受到是次新冠肺炎疫情的沉重打击，预计 2020 年澳门经济将录得自回归以来的最大跌幅，2021 年也将无法回复到疫情前的水平。

一 新冠肺炎疫情对全球旅游市场的经济影响

综观目前众多评估新冠肺炎疫情对经济打击程度的分析报告，其共同论点为：①疫情通过多种渠道导致经济受到较大的影响；②影响遍及全球，无一地区能幸免；③随疫情变化及各地出台因应管控措施，经济前景预测充满不确定性；④政府政策支持对经济免于进一步恶化及复苏是至关重要的。

联合国于 2020 年 8 月发表的《COVID –19 和旅游业转型》政策简报指出，旅游业是全球经济的第三大出口部门。旅游业是受到新冠肺炎疫情影响最严重的部门之一，殃及各大洲的经济、民生、公共服务和机遇。

2019 年数据显示，旅游业占全球贸易的 7%，为全球 1/10 人口提供就业，并通过相互关联的产业组成的复杂价值链，为发达国家和发展中国家数百万人提供生计。疫情暴发期间，随着边境关闭、酒店停业和航空旅行的急剧缩减，2020 年前 5 个月全球国际游客人次锐减 56%，旅游业出口损失 3200 亿美元，是 2009 年全球经济危机期间损失的三倍多。国际航空运输协会（IATA）评估，2020 年全年全球民航业亏损总额将达到约 1200 亿美元，预计到 2021 年将会再损失 400 亿美元。预测 2020 年全年国际游客人数同比可能会下降 58% ~78%，意味着 2020 年游客消费额可能从 2019 年的 1.5 万亿美元下降到 3100 亿 ~5700 亿，这将导致 1 亿多个旅游业直接就业岗位面临风险，其中许多岗位都来自妇女和年轻人占比很高的中小微企业，非正规

劳动者最容易受到影响。

新冠肺炎疫情有可能较长时期存在，其所导致的经济损失有待进一步总结计算，但重建旅游业同时是一个机会，可以借此机会，重点利用旅游业对目的地的影响并通过创新、数字化、可持续性和伙伴关系建立更具复原力的社区和企业，实现旅游业的转型。

二　新冠肺炎疫情期间澳门管控人员聚集与流动重点措施

2020 年 1 月 21 日，因应邻近地区出现新型冠状病毒感染的情况，澳门特区行政长官批示设立新型冠状病毒感染应变协调中心，负责全面规划、指导和协调各公共及私人实体关于预防、控制和治疗新型冠状病毒感染的工作。协调中心直接隶属于行政长官运作，社会文化司司长担任副主席。

2020 年 1 月 22 日，因应澳门出现首例新型冠状病毒感染的情况，特区政府全面启动和部署抗疫工作，采取包括在口岸实施探热和填写入境申报表等必要措施，全力应对和防控疫情。同日，行政长官贺一诚与应邀来澳的国家卫生健康委员会高级别专家组组长、中国工程院钟南山院士会面，听取对新型冠状病毒感染的防控措施的指导意见，科学部署澳门新春期间的防控工作。

2020 年 1 月 23 日，行政长官在记者会上表示，政府在春节期间已取消所有大型公众活动，希望各社团举办的文化活动和春茗可以取消或延期，避免人流集中，降低风险。

2020 年 1 月 27 日，缩短关闸口岸的通关时间，对关闸口岸（包括旅客出入境大楼及出入境车道）及拱北口岸（包括出入境旅检大厅、出入境车道及出入境随车验放厅）的通关时间做出调整，由原来的早上 6 时至次日凌晨 1 时，调整为早上 6 时至晚上 10 时，有关措施自 1 月 27 日早上 6 时开始实施。

自 2020 年 1 月 27 日零时起，所有来自湖北省的非本澳居民及在入境澳门前 14 天内曾到过湖北省的非本澳居民，须出示由合法医疗机构发出的无感染新型冠状病毒的医生证明书才可入境，卫生局人员将依法核实有关医生证明书，必要时会与发出证明书的医疗机构确认，不能出示或未能核实有关医生证明书的人士将被拒绝入境澳门。同时，行政长官行使《澳门特别行政区基本法》赋予的职权，并根据《传染病防治法》的规定做出批示，限制所有在入境澳门前 14 日内曾经到过湖北省的人士进入娱乐场。

2020 年 1 月 29 日，根据新型冠状病毒感染的肺炎疫情防控工作需要，全国公安机关出入境管理部门暂停受理、审批、签发内地居民赴香港、澳门团队旅游、个人旅游（含深圳"一周一行"）签注，恢复时间另行发布。

2020 年 1 月 30 日，因应香港特区政府的新型冠状病毒防控工作，为减少病毒传播的风险，香港海事部门将于 1 月 30 日凌晨起暂停香港九龙及屯门往返澳门外港和氹仔的海上客运航班，直至另行通知。

2020 年 2 月 4 日，香港特区政府宣布，因应新型冠状病毒的防控工作，将暂停香港多个跨境口岸的运作。2 月 4 日凌晨零时起，港澳两地的海上客运服务将全面暂停（包括机场航线），直至另行通知。

2020 年 2 月 5 日，澳门特区行政长官批示，根据新型冠状病毒感染应变协调中心的评估，澳门将面临新型冠状病毒小区暴发的危险。为防止新型冠状病毒在澳门的传播，行政长官根据《传染病防治法》第 25 条的规定，批示从 2020 年 2 月 5 日零时零分起，关闭符合第 16/2001 号法律《娱乐场幸运博彩经营法律制度》第二条规定并获澳门特别行政区政府许可经营博彩活动的场所，以及符合第 47/98/M 号法令及第 16/96/M 号法令规定的电影院、剧院、室内游乐场、游戏机及电子游戏室、网吧、桌球室、保龄球场、蒸气浴室、按摩院、美容院、健身院、健康俱乐部、卡拉 OK 场所、酒吧、夜总会、的士高、舞厅及歌舞厅。

2020 年 2 月 8 日，香港特区政府规定自 2 月 8 日凌晨起，任何从内地入境的人士，以及抵港前 14 天曾赴内地者，包括港人、内地居民和其他旅客，

都要强制接受隔离 14 天。

2020 年 2 月 19 日，受新冠肺炎疫情影响，外港客运码头往返深圳福永的海上客运服务自当天暂停，直至另行通知。

2020 年 2 月 20 日，根据特区公报刊登的第 39/2020 号行政长官批示，自 2020 年 2 月 20 日零时零分起解除第一类博彩活动场所（娱乐场）的暂时关闭令，即娱乐场由 20 日起可以重新营业。第二类场所（包括电影院、剧院、室内游乐场、游戏机及电子游戏室、网吧、桌球室、保龄球场、蒸气浴室、按摩院、美容院、健身院、健康俱乐部、卡拉 OK 场所、酒吧、夜总会、的士高、舞厅及歌舞厅）将维持暂停营业。2 月 20 日零时零分起，政府于工人球场和北安码头设置检查站，对来自有风险、疫情高发地区的入境人士进行医学检查，一般需时 6~8 小时，假若没有出现症状便可离开。

2020 年 3 月 2 日，根据第 50/2020 号行政长官批示，自 3 月 2 日零时零分起解除第 27/2020 号行政长官批示第一款（二）项所采取的特别措施，亦即为防止新型冠状病毒在澳门传播而于 2 月 5 日零时零分起关闭的相关场所，于 3 月 2 日可以恢复营业。市政署表示，由该署所监管之营业场所，包括电影院、剧院、室内游乐场、游戏机及电子游戏室、网吧、桌球室、保龄球场、美容院，将于 3 月 2 日恢复营业。

2020 年 3 月 18 日，根据第 72/2020 号行政长官批示，自 3 月 18 日零时起，禁止除中国内地、香港特别行政区和台湾地区居民及外地雇员身分认别证持有者以外的所有非本地居民进入澳门特别行政区。

澳门特区发布了新的入境政策。2020 年 3 月 25 日起，澳门居民：可以入境，但是入境前 14 天内曾经到过外国、香港、台湾者，入境后要接受 14 天指定地点的医学观察；外国人：禁止入境；内地、香港、台湾居民：入境前 14 天内曾经到过外国，禁止入境；内地、香港、台湾居民：入境前 14 天内曾经到过香港、台湾，可以入境，但是入境后要接受 14 天指定地点的医学观察；内地、香港、台湾居民：入境前 14 天内未曾到过外国、香港、台湾，可以入境，但是如来自新冠肺炎疫情高发地区，入境后须接受医学检查；入境前 14 天内曾经到过湖北省的非澳门居民，或曾经到过内地的外雇，在取得没有感染新型冠状病毒的医生证明后，方可入境。

自 2020 年 8 月 12 日起，广东省珠海市公安机关出入境管理部门恢复办理珠海市居民（含居住证持有人，下同）赴澳门旅游签注；如无特殊情况，8 月 26 日起广东省公安机关出入境管理部门恢复办理广东省居民赴澳门旅游签注；在内地与澳门疫情形势继续总体向好的前提下，全国公安机关出入境管理部门于 9 月 23 日起恢复办理内地居民赴澳门旅游签注。为配合做好疫情防控工作，暂不受理居住在疫情中、高风险地区人员以及申请前 14 天内有疫情中、高风险地区旅居史的人员赴澳门出入境证件及签注申请。

截至 2021 年 1 月 2 日，中国内地仍未恢复往澳门团队旅游签注及网签申请。同时，澳门特区政府仍维持自 2020 年 3 月 25 日起实施的对中国香港及中国台湾居民入境的管控措施。

三 澳门特区政府扶助旅游产业应对新冠肺炎疫情影响的经济政策

疫情的持续和对经济民生的影响程度超出市场原先预期，2020 年特区政府制定与实施两轮扩张性财政政策以舒缓新冠肺炎疫情导致的经济下行压力，并资助推出本地游项目，在访澳旅客大幅减少的困境下，维持本地住宿、餐饮、零售、旅行社等产能。

2020 年澳门特区政府从财政储备和澳门基金会分别拨出 426 亿及 100 亿澳门元，相继推出两轮经济援助措施。疫情期间投入的财政资源，相当于 2019 年本地生产总值的 12%。特区政府先后推出临时性中小企业特别援助及利息补贴、两期消费补贴、税款减免、水电费补贴、一次性现金补贴、经营牌照费用及政府物业三个月租金豁免、旅游奖励电子优惠平台以及本地游补贴等一揽子经济援助措施。其中，通过《雇员、自由职业者及商号经营者援助款项计划》，特区政府向 30.7 万名各类直接受益人和商号发放援助款项逾 63.8 亿澳门元。

2020 年 6 月澳门特区政府正式推出"心出发·游澳门"本地游项目，

澳门居民可前往已加入计划的旅行社门店报名，参加自即日起至 9 月 30 日期间出发的本地游路线。每人每次参团可获津贴 280 澳门元，最多可获两次参团津贴，上限为 560 澳门元。澳门特区政府期望该项目能逐步恢复澳门旅游业活动，配合整体经济复苏计划。

"心出发·游澳门"由澳门特区政府旅游局统筹、澳门基金会资助，并由澳门旅行社协会、澳门旅游商会及澳门旅游业议会组成的工作小组承办。工作小组负责项目管理，并统一进行采购、开发产品、定价及质量管理等工作。"心出发·游澳门"路线共 15 条，分为"小区游"（6 条路线）及"休闲游"（9 条路线）两个组别，团费包含观光、餐费、导游及保险等。项目为澳门居民度身打造，提供经济实惠的旅游计划，让居民认识小区和旅游产品的最新发展。为了支持本澳中小企业，首次报团的澳门特别行政区永久性居民身份证持证人及非永久性居民身份证持证人可任意选择参与"小区游"或"休闲游"，第二次报团则须选择另一组别路线。每位居民于各组别首次参团均可获津贴 280 澳门元，完成两次行程后，居民仍可以原价自费参与任何组别的路线，非本地居民亦可以原价自费参与。

四 澳门旅游服务出口市场表现

澳门特区新冠肺炎疫情虽未如邻近地区严重，但是，按支出法计算，本澳 72.6%（2019 年）的生产总值依赖于世界贸易组织服务贸易总协议（GATS）四种供应模式分类当中的"境外消费"——即消费者需要亲临澳门购买（综合旅游）服务，因此，本澳以及主要客源地为控制疫情而采取的防止人员聚集与流动的措施导致本澳总体经济受到较大冲击。然而，因澳门特区自 2019 年第一季度起总体经济已往下行，2020 年澳门生产总值出现萎缩的成因有部分可能是新冠肺炎疫情以外的因素。

（一）澳门特区主要经济指标季度分析

如图 1 所示，根据澳门特区统计暨普查局最新统计数据，截至 2020 年第三季度，澳门本地生产总值连续录得 7 个季度的负值。2020 年 1 月出现的新冠肺炎疫情及随后本地与本澳主要旅游服务出口市场相应采取的一连串防止人员流动措施，加剧了本地生产总值的跌幅。

2020 年前三季度，以环比物量（2018 年）计算的本地生产总值为 1298.19 亿澳门元，同比实质下跌 59.8%。2020 年第一季度、第二季度及第三季度本地生产总值实质变动率分别为 -48.1%、-68% 和 -63.8%，下跌幅度随同期澳门新冠肺炎疫情病例增减情况及随之所采取的控制人流措施严厉程度而变化，当病例增加及防控措施趋紧，则同期本地生产总值实质变动率下跌幅度扩大，反之亦然。

（二）澳门特区旅游服务出口市场整体表现

按支出法计算，"服务出口"（2019 年占生产总值的 78.9%），"私人消费支出"（2019 年占生产总值的 25%），以及"固定资本形成总额"（2019 年占生产总值的 13.8%）为近年来推动澳门总体经济增长的三大主要动力。

"服务出口"大幅下跌。受到疫情影响，2020 年全年访澳入境旅客同比大幅下跌 85% 至 5896848 人次，非本地居民在澳博彩及非博彩旅游消费支出萎缩，2020 年前三季度平均每个季度特区"服务出口"仅录得 176.7 亿澳门元，数字较 2014 至 2019 年平均每个季度的 794.5 亿澳门元下跌了 77.8%。

本澳自 2020 年 1 月底出现首宗新冠肺炎病例，至当年 3 月出现疫情高峰期，随后采取一连串的管控跨境人流相应措施。访澳旅客由 2019 年 1 月的 2850465 人次，持续多月下跌至 11041 人次（2020 年 4 月）的低位，自 8 月 12 日起内地逐步恢复赴澳门自由行签注，访澳旅客数量才得以止跌回稳。

按 2020 年访澳旅客十大客源地人次分析，同比下调幅度区间为 83% ~ 95.1%，当中以中国内地客源市场跌幅较小（83%），泰国客源市场下跌幅度较大（95.1%）。

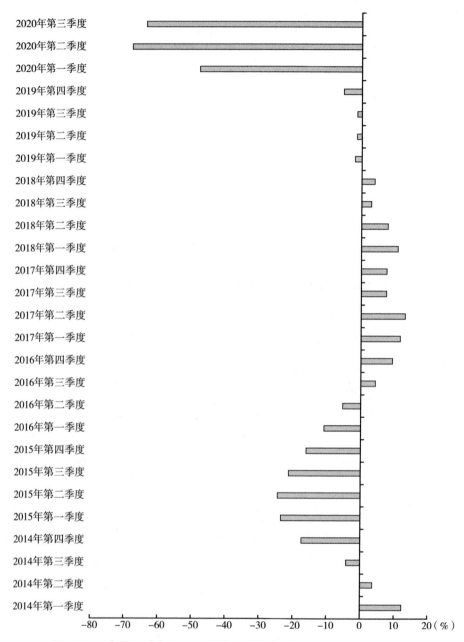

图1　2014年第一季度至2020年第三季度澳门本地生产总值实质变动率

资料来源：澳门特别行政区统计暨普查局统计数据。

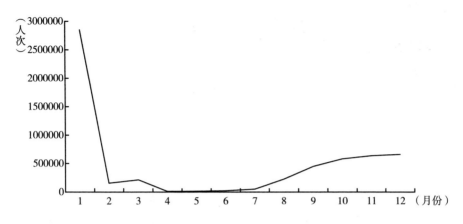

图2　2020年1~12月访澳旅客人次按月分析

资料来源：澳门特别行政区统计暨普查局统计数据。

表1　2020年访澳旅客十大客源地市场分析

2019年排序	2020年排序	访澳旅客来源地	2020年数量（人次）	同比变动率（%）	2020年占总数比重（%）
1	1	中国内地	4754239	−83.0	80.6
2	2	香港特区	843165	−88.5	14.3
3	3	中国台湾	104124	−90.2	1.8
4	4	韩国	44457	−94.0	0.8
5	5	菲律宾	32018	−92.4	0.5
6	6	日本	15200	−94.9	0.3
8	7	美国	13489	−93.2	0.2
9	8	印度尼西亚	12883	−92.4	0.2
12	9	澳大利亚	7915	−90.6	0.1
10	10	泰国	7421	−95.1	0.1
		其他地区	61937	−93.8	1.1
总数			5896848	−85.0	100.0

资料来源：澳门特别行政区统计暨普查局统计数据。

（三）疫下旅游市场主要产业分析

一场突如其来的新冠肺炎疫情对澳门特区旅游市场参与供应食、住、行、游、购、娱服务的产业造成较严重的打击，而从产业来自旅客消费的比

重，以及将业务调整至针对内需市场和适应疫情下消费者行为的应变能力来看，所遭受到的打击程度则有所区别。

1. 博彩及博彩中介业

根据前述，为防控疫情蔓延，特区政府批示从 2020 年 2 月 5 日零时零分起，关闭博彩娱乐场所 15 天，以及随后所采取的一连串限制跨境人流措施，导致依赖入境旅客消费的本澳博彩业遭受较大损失。2020 年全年累计每月幸运博彩毛收入累计同比大幅下跌 79.3%。按月分析，每月幸运博彩毛收入于 2020 年 4 ~ 9 月连续 6 个月同比下跌幅度逾九成，至全国公安机关出入境管理部门于 2020 年 9 月 23 日起恢复办理内地居民赴澳门旅游签注后，本澳每月幸运博彩毛收入按月跌幅才有所收窄。

表 2 2019 及 2020 年每月幸运博彩毛收入情况

单位：元，%

	按月毛收入			累计毛收入		
	2020 年	2019 年	变动率	2020 年	2019 年	变动率
1 月	22126	24942	− 11.30	22126	24942	− 11.30
2 月	3104	25370	− 87.80	25229	50312	− 49.90
3 月	5257	25840	− 79.70	30486	76152	− 60.00
4 月	754	23588	− 96.80	31240	99739	− 68.70
5 月	1764	25952	− 93.20	33004	125691	− 73.70
6 月	716	23812	− 97.00	33720	149503	− 77.40
7 月	1344	24453	− 94.50	35064	173956	− 79.80
8 月	1330	24262	− 94.50	36394	198218	− 81.60
9 月	2211	22079	− 90.00	38605	220297	− 82.50
10 月	7270	26443	− 72.50	45875	246740	− 81.40
11 月	6748	22877	− 70.50	52623	269617	− 80.50
12 月	7818	22838	− 65.80	60441	292455	− 79.30

资料来源：澳门特别行政区博彩监察协调局。

2. 酒店业

澳门 2020 年第三季度营业的 117 家酒店及公寓共提供 34702 间客房；

客房平均入住率（不包括用作医学观察用途）同比下降 76.2 个百分点至 14.1%；住客有 550107 人次，下跌 84.9%。前三季度酒店及公寓住客按年减少 77.4%，平均入住率亦下跌 68.0 个百分点。前三季度展览减少 22 项至 15 项，入场观众为 37.6 万人次，下跌 64.5%；平均展期维持在 3.4 日。

3. 餐饮业

根据澳门特区旅游附属账最新（2018 年）统计数据，澳门餐饮旅游比率①达 48.4%（2018 年），因此，疫情中访澳旅客人次萎缩，导致澳门餐饮市场营业额下跌。按月分析，2020 年 2 月及 3 月，受访餐饮商户中有 97% 或以上表示营业额同比下跌。至 2020 年下半年疫情渐趋缓和内地逐步恢复自由行签注，营业额同比变动转正的商户有所增加，至 11 月，仍有逾 7 成受访餐饮商户表示当月营业额不及 2019 年同期。

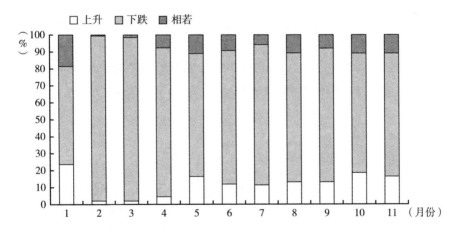

图 3　2020 年 1~11 月澳门受访餐饮业商户营业额同比变动分布

资料来源：澳门特别行政区统计暨普查局统计数据。

4. 零售业

根据澳门特区旅游附属账最新（2018 年）统计数据，澳门零售旅游

---

① 旅游比率是以旅客直接旅游消费作计算基础，未有考虑博彩营运商为客户提供之免费住宿、餐饮及船票/机票等费用。

比率达 55.7%（2018 年）。澳门零售业整体在 2020 年 3 月及 4 月经历了相对最为严峻的经营环境，其间超过 85% 的受访零售商户表示营业额同比下跌。至 11 月，仍有逾 7 成受访零售商户表示当月营业额不及 2019 年同期。

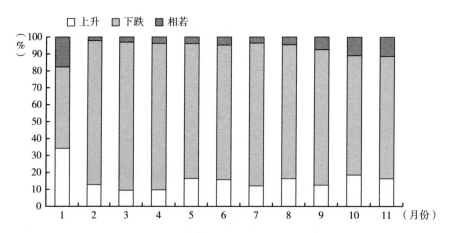

图 4　2020 年 1~11 月澳门受访零售业商户营业额同比变动分布

资料来源：澳门特别行政区统计暨普查局统计数据。

5. 会议及展览业

2020 年前三季度澳门会展活动共有 215 项；与会者/入场观众有 39.9 万人次。同期，会议按年减少 829 项至 198 项，与会者亦下跌 88.7% 至 2.2 万人次；会期下降 0.4 日至 1.1 日。累计举行的 15 项展览皆由非政府机构主办，收入为 1423 万澳门元，在扣除支出（1297 万澳门元）和政府及其他机构资助（208 万澳门元）后录得 82 万澳门元的负值。

6. 民航业

疫情为澳门民航业带来沉重打击，相对于客运业务，货运受影响程度较低。2020 年澳门国际机场航班升降架次、旅客吞吐量及货运吞吐量同比分别下跌 78.1%、87.8% 和 21.0%。按月分析，机场航班起降及客运吞吐量低位同在 5 月出现，而货运吞吐量低位则在 2 月出现。

表3 2020年1～12月澳门民航市场吞吐量月度统计

2020年	1月	2月	3月	4月	5月	6月	7月	8月	9月	10月	11月	12月	总计
航班升降量（架次）	6954	1386	947	547	502	633	526	576	962	1249	1332	1348	16962
同比变动率（%）	12.4	−76.6	−85.1	−91.5	−92.3	−90.0	−92.3	−91.8	−84.4	−80.7	−79.7	−80.2	−78.1
旅客吞吐量（人次）	837703	73008	25535	957	929	1862	4105	6511	13813	62873	63760	82175	1173231
同比变动率（%）	7.6	−90.6	−96.7	−99.9	−99.9	−99.8	−99.5	−99.3	−98.1	−91.6	−91.7	−90.4	−87.8
货运吞吐量（吨）	3430	645	2327	1515	2525	2774	2048	2486	3353	3305	4507	4432	33347
同比变动率（%）	−4.3	−56.6	−35.0	−56.4	−19.0	−11.5	−37.4	−28.6	3.3	−20.2	−13.8	−0.9	−21.0

资料来源：澳门国际机场公布的数据。

五 2021年澳门旅游服务出口市场展望与发展趋势

（一）访澳旅客总人次难以在2021年重回疫情前水平

中国内地自2020年8月12日起分阶段恢复赴澳自由行签注，然而，由于内地疫情仍存在散点多发情况，本澳第二大客源地香港特区的疫情至今未有效控制，第三大客源地中国台湾新冠肺炎病例陆续出现，在全球疫情仍存在不确定性，疫苗难以在短期内全面接种覆盖，跨境旅游仍需有效核酸检测证明等情况下，跨境旅游消费活动的风险和成本依旧较高，预计2021年访澳旅客总人次难以恢复到2019年接近4000万人次的水平。

（二）客源市场将更趋集中

近年来澳门特区政府致力于推进澳门旅游服务出口市场结构多元化。2019年，70.9%的访澳旅客来自中国内地。疫情及各地政府所采取的限制跨境人员流动的相应措施让中长线旅游活动变得困难，更多旅客倾向于选择本地游或区域旅游，预测访澳旅客客源结构更趋往中国内地尤其是广东省。

（三）疫后旅游产品将出现结构变化

受香港特区疫情仍未受控及疫前香港当地社会事件影响，加之珠海横琴与澳门特区旅游市场合作日趋紧密，内地旅客前往特区的旅游产品已逐步从港澳联游转为澳门游或珠澳游。

由于内地严控跨境博彩和资金违法跨境流动，预见澳门博彩旅游产品当中的贵宾厅份额将日渐萎缩，中场博彩娱乐将成为博彩旅游的主流产品。

随着海南岛和一些内地省区市出台奢侈品减免税政策，以购物为主要目的的内地居民将会有更多不同的购物旅游目的地选择，因此，未来澳门旅游产品将不得不朝为旅客提供深度体验旅游的方向发展。

（四）旅游产业拥抱数字经济时代提早到来

一场疫情令澳门旅游市场原本发展缓慢的数字经济时代加速到来，消费者已习惯了在网上获取市场信息与展开交易的行为，加上疫情下变得更关注公共卫生安全，催生了零接触的消费模式。分布在食、住、行、游、购、娱的澳门旅游企业经历了这次疫情，在市场推广、交易、服务体验等各环节将会应用更多数字化工具，以提升整体竞争力。

六　澳门特区政府关于2021年澳门旅游业发展的施政重点

澳门特区政府2021年施政的首要任务是有效防控疫情，保障居民生命安全和身体健康，为经济社会逐步恢复正常秩序和发展创造前提条件。2021年澳门旅游业发展的重点是发挥综合旅游业作为支柱产业的引领作用，推进建设世界旅游休闲中心，具体涉及如下方面。

一是因应疫情防控新常态，调整旅游总体规划，巩固澳门在区域和全球的旅游城市地位。延伸旅游产业链，带动酒店、餐饮、零售、文娱等相关行业发展。加强旅游业与关联产业的互动发展，深化旅游业与会展业、文创产业、中医药产业的跨界融合。推进智慧旅游和优质旅游发展。鼓励业界推出更多特色旅游产品，重点推广澳门安全宜游的健康形象，加快旅游业在疫情稳定后的恢复步伐，以带动澳门整体经济复苏。

二是适当扩大公共投资。加大基建投资力度，促进投资需求。根据公开咨询的汇总意见，研究推进轻轨东线建设，重点落实轻轨横琴口岸接驳线、第四条跨海通道等交通设施建设，落实机场扩建以及北安码头第二候机楼的改建。

三是促进博彩业稳定及健康发展。完善博彩业法制建设，开展幸运博彩经营批给的工作部署和前期筹备工作。督促博彩业界依法经营，持续推广负责任博彩，打击非法博彩。

四是根据澳门"一中心、一平台、一基地"的发展定位，充分利用特殊的地位和独特的优势，在巩固和提升传统旅游休闲产业的同时，积极培育新兴产业，推动产业升级转型，致力构建符合澳门实际、适度多元、具有竞争力的产业结构，增强澳门经济的发展动能和抗逆能力，巩固提升特区竞争优势，实现经济适度多元可持续发展。

五是推动会展业专业化和市场化发展。引进更多优质大型国际性会展项目，组织企业线上线下参加境外会展活动，促进会展业与其他产业联动发展。开展国际会展认证及职业技能培训课程，助力会展业界提升竞争力。

六是促进文化及体育产业化。推动文化体验经济发展，促进文化创意与科技创新的融合。推动影视产业发展，促进本澳影视制作质与量的同步提升。打造文化盛事品牌，为文化创意产业构建推广及营销平台。推动体育加旅游多元发展，开发体育产业，鼓励举办国际体育赛事和品牌体育盛事，逐

步拓展体育产业链。鼓励和支持博彩公司举办多元文化体育活动。

七是开展文化遗产包括非物质文化遗产保护的在线宣传推广及教育工作。推动文化遗产旅游，打造文化旅游精品路线。提高社会对文化遗产的保护意识，推进澳门历史城区保护及管理立法工作。

八是订立澳门航空运输市场新的准入制度，争取 2021 年进入立法程序。

九是深化与横琴在旅游、科创、民生等各领域的合作。带动业界开发更多"澳门—横琴"旅游路线，探索开发中医养生和大健康服务的旅游产品。

十是加强基础设施互联互通，促进粤港澳大湾区人员流动。逐步完善澳门单牌机动车入出横琴的政策措施。横琴口岸澳方口岸区及相关延伸区第二阶段部分区域，包括客货车、随车人员通道，以及澳门大学通往横琴新口岸信道桥等区域将于 2021 年底开通。粤澳新通道（青茂口岸）将于 2021 年启用。研究推动澳门车辆经港珠澳大桥口岸进入广东行驶，进一步便利澳门居民进出内地。

十一是务实开展并稳步推进与内地其他省区市、香港特区及台湾地区在文化、旅游、经贸、金融等领域的合作。与泛珠三角各兄弟省区加强在经贸、旅游、中医药、会展等方面的合作，并携手拓展葡语国家和欧盟市场。

七　总结

新冠肺炎疫情对澳门旅游市场供应方和需求方的影响，有部分是短期的，但也有部分是长期的。疫情趋向常态化下的旅游市场充满着不确定性，旅游价值链上各企业须从管控风险、密切上下游供应链联系、促进目标市场结构多元化以及应用数字工具等方面着手，努力提升经营韧性和增强企业的快速应变能力。同时，政府需要在关键时刻及时推出保存市场消费力与产能的应对措施。

2020 年 10 月 29 日中国共产党第十九届中央委员会第五次全体会议通过《中共中央关于制定国民经济和社会发展第十四个五年规划和二〇三五年远景目标的建议》，当中提出畅通国内大循环和促进国内国际双循环。澳门作为粤港澳大湾区四大中心城市之一，定位为建设世界旅游休闲中心、中国与葡语国家商贸合作服务平台，促进经济适度多元发展，打造以中华文化为主流、多元文化共存的交流合作基地。作为国内循环与国际循环两个循环圈的枢纽之一，澳门需要准确把握自身的角色和定位，发挥单独关税区与自由港的优势，融入国家发展大局，以实际行动提振经济信心，与粤港澳大湾区内城市协力拉动区内经济疫后再上新台阶。

参考文献

联合国：《政策简报：COVID - 19 和旅游业转型》，2020 年 8 月。

中国共产党第十九届中央委员会第五次全体会议：《中共中央关于制定国民经济和社会发展第十四个五年规划和二〇三五年远景目标的建议》，2020 年 10 月。

中共中央国务院：《粤港澳大湾区发展规划纲要》，2019 年 2 月。

澳门特别行政区政府：《2021 年财政年度施政报告》，2020 年 11 月。

世界银行：www. worldbank. org。

国际货币基金组织网站：www. imf. org。

澳门特别行政区统计暨普查局网站：www. dsec. gov. mo。

澳门博彩监察协调局网站：www. dicj. gov. mo。

澳门国际机场网站：www. macau - airport. com。

G.21
2019~2021年台湾旅游业
发展分析与展望

黄福才　陈伍香*

摘　要：　2019年台湾地区进出岛旅游市场整体向好，较上年略有增长，地区观光外汇总收入增长5个百分点。台湾居民岛内旅游人次小幅下滑而费用支出增加。进入2020年，在新冠肺炎疫情和台湾政局变化多重影响下，台湾观光业深受冲击。海外和两岸旅游业务基本停摆，至8月进出岛旅游市场锐减八成以上。受台湾当局旅行促进政策刺激，民众岛内旅游市场猛增，但对冲作用有限。进出岛旅游市场大幅萎缩严重影响台湾旅游业，旅行社、住宿业、旅游交通等业绩受损，从业人员大量流失，台湾观光业近30年打下的根基受到冲击。尽管台湾相关部门采取补助措施，但效果十分有限。台湾观光业者盼望疫情冲击逐渐减小，观望中等待岛外客源市场复苏和两岸旅游交流再度开启从而迎来新的发展机会。

关键词：　台湾旅游业　新冠肺炎疫情　大陆游客　岛内旅游

---

* 黄福才，厦门大学管理学院旅游管理教授、博士生导师，中国旅游研究院台湾旅游研究基地首席专家，研究重点是旅游理论、旅游规划、台湾旅游市场等；陈伍香，博士，广西师范大学历史文化与旅游学院旅游新业态研究中心主任，教授，研究重点是旅游市场、生态旅游等。广西师范大学历史文化与旅游学院硕士生姚晨洋、路博娣、邵瑞囡参与核对整理数据。

一 2019~2020年台湾旅游市场发展分析

（一）台湾进岛旅游市场发展分析

1. 2019年台湾进岛旅游市场整体向好

2019年台湾进岛游客总数为1186.41万人次，较2018年的1106.67万人次增长7.21%，增速有所提升。2019年入岛旅游的主要客源市场分布与前两年大体相同，分别是中国大陆、日本、港澳地区、韩国、美国、马来西亚等。大陆市场呈先增后缩态势，仍为台湾进岛旅游的第一大客源市场，2019年赴台大陆游客微增0.68%，较2018年1.35%的跌幅略有回升。日本仍是进岛旅游的第二大客源市场，2019年进岛旅游人次为216.80万，增长率为10.10%，较2018年3.70%的增长率增幅较大。中国港澳地区为进岛旅游的第三大客源市场，其进岛旅游人次的增长率由2018年的-2.27%增至6.31%。韩国是主要客源市场中增幅最大的进岛客源市场，增速由2018年的-3.34%转为21.89%。台湾进岛游主要客源市场情况如表1所示。

表1 2019年台湾主要客源市场入岛旅游人次及其增长率

单位：人次，%

主要客源市场		入岛旅客数量		增长率
序号	名称	2019年	2018年	
1	中国大陆	2714065	2695615	0.68
2	日本	2167952	1969151	10.10
3	中国港澳地区	1758006	1653654	6.31
4	韩国	1242598	1019441	21.89
5	美国	605054	580072	4.31
6	马来西亚	537692	526129	2.20
7	菲律宾	509519	419105	21.57

资料来源：台湾观光管理部门观光业务统计。

2019 年台湾地区观光外汇总收入为 144.11 亿美元，与 2018 年相比，增加 7.06 亿美元，增长率为 5.15%，虽相较于 2018 年 11.29% 的增幅有所下降，但状况良好。2019 年进岛游客平均每人每天消费也略有增长，由 2018 年的 191.70 美元，增加至 2019 年的 195.91 美元，增长率为 2.20%。其中，美国市场平均每人每日消费较上年增加最多，增加 12.19 美元，增长 7.65%。消费结构中，住宿费增加最多，增加 10.62 美元，增长 16.09%。尽管 2019 年进岛游客的平均停留夜数下降，增长率为 -4.02%，但由于主要客源市场消费力较强，台湾地区观光外汇总收入达到历史第二高，仅次于 2014 年。

调研数据显示，2019 年进岛游客在台旅游的整体满意度为 98.33%，较之 2018 年的 97.38% 略有提高。其中满意度较高的是台湾民众态度友善、社会治安良好、住宿设施安全、游憩地点设施安全及来台交通便利等方面。另据调查，2019 年进岛旅游的重游比率与 2018 年相比也略有提高，由 2018 年的 41.05% 提升至 42.22%。98.71% 的游客具有重游意愿，其中以观光目的再度进岛旅游的游客最多，占 83.06%；进岛游客旅游结束后的感知度较高，98.77% 的游客会推荐亲友来台旅游。与周边旅游目的地相比，进岛游客认为美食或特色小吃与风光景色仍是台湾最具竞争优势的项目，美味菜肴、景点、逛夜市、人情味浓、海岸风光及水果给进岛游客留下最深刻的印象。

2. 2020 年前 7 个月台湾进岛旅游市场遭遇重创

受新冠肺炎疫情影响，自 2020 年 3 月下旬起，进岛旅游市场受限严重。据台湾观光管理部门统计，2020 年 1 月入台旅客数为 81.2 万人次，3 月断崖式跌至 7.8 万人次，4 月为 2559 人次，5 月为 3250 人次，6 月为 7491 人次，7 月稍回温至 1.17 万人次。1～7 月，台湾进岛旅游总人次为 127.36 万，与 2019 年同期的 696.60 万相比，减少 569.24 万，跌幅为 81.72%。其中，以"观光"为目的的进岛游客总人次为 69.40 万。

2020 年 1～7 月，受疫情冲击，进岛旅游前七大主要客源市场旅游总人次及其增长率均大幅下降，与 2019 年同期相比，中国大陆赴台旅游人次跌幅最大, 赴台旅游总人次仅为 10.09 万, 减少 189.86 万, 增长率为 -94.96%; 其次中国港澳地区, 跌幅为 82.82%; 其他主要客源市场跌幅为 65.61% ~ 77.80%。从台湾进岛旅游总量的位次上看, 中国大陆由 2019 年 1 ~ 7 月的第一位降至同期的第四位, 日本由第二位上升至第一位, 韩国由第四位上升至第二位, 中国港澳地区第三位次未变, 越南由第八位上升至第五位, 美国由第五位降至第六位, 菲律宾由第六位降至第七位。台湾 2020 年 1 ~ 7 月进岛游主要客源市场情况如表 2 所示。受疫情日趋严重的影响, 在入台旅客中到台目的填写为 "观光" 者, 1 月有 48.6 万人次, 而 7 月仅有 21 人次。

表2　2020 年 1 ~ 7 月台湾主要客源市场入岛旅游人次及其增长率

单位: 人次, %

主要客源市场		入岛旅客数量		同期增长率(%)
序号	名称	2020 年 1 ~ 7 月	2019 年 1 ~ 7 月	
1	日本	264041	1124768	-76.52
2	韩国	176835	628362	-71.86
3	中国港澳地区	170068	989812	-82.82
4	中国大陆	100868	1999453	-94.96
5	越南	83353	242407	-65.61
6	美国	76501	344614	-77.80
7	菲律宾	71076	296708	-76.05

资料来源: 台湾观光管理部门观光业务统计。

（二）台湾居民岛内旅游市场发展分析

1. 2019年台湾居民岛内旅游人次总量减少, 旅游总费用增长

2019 年台湾居民岛内旅游人次继续下滑, 从 2018 年的 1.71 亿人次减至 1.69 亿人次, 减少了 1.17%。平均每人旅游次数由 2018 年的 8.09 次下降至 2019 年的 7.99 次; 居民岛内旅游比率为 91.9%, 与 2018 年基本持平。旅游满意度、旅游消费等方面相对较好, 其中旅游满意度为 98.4%, 每人每次旅游平均费用为 2320 元新台币, 较上年增长 5.31%。台湾居民岛内旅

游总费用由 2018 年的 3769 亿元新台币增长至 2019 年的 4190 亿元新台币，增长 11.17%。

2.2019 年出游时间仍以周末为主，一日游比重较高

台湾居民岛内旅游时间仍相对集中，以周末出游为主，占比为 55.3%，与 2018 的 56% 相较，略有减少。从出游目的看，主要为观光、休闲和度假，占到 81.4%；探亲访友为目的者占 17.3%，与 2018 相比较，旅游目的无显著差异。从出游时间看，岛内居民出游多为 1 日游，较 2018 年虽减少了 1.6 个百分点，但占比仍达 66.4%。从出游目的地看，以居住地区周边为主，出游考虑的因素还是以交通便利程度为主，出游平均停留天数为 1.51 天，比 2018 年增长 1.34%。

3.2019 年出游停留时间及消费有限，个人游比例较高

由于居民岛内游以 1 日游为主，且以周边地活动为主，居民出游中对住宿业等消费有限，对观光业实际带动力不强。调查显示，2019 年约有 66.4% 的岛内出游为当日往返、未在外住宿，外出住宿率为 17.1%。在旅游方式上，个人旅游的游客约为 86.5%，较 2018 年增长了 0.10%，选择团队旅游的游客主要是出于套装行程具有吸引力、不必自己开车、节省自行规划行程的时间等原因。

4. 获取出游信息的渠道多样，借助网络订购旅游产品比例低

尽管居民出游信息获取途径也呈多样，但通过计算机网络的比例最高，为 48.9%；其次为从亲友、同事或同学获取信息，为 48.1%，与 2018 年相比降低 1.2 个百分点。从岛内居民旅游产品购买渠道看，借助网络订购的比例仍较低，2019 年为 12.4%。按订购产品类型划分，仅有 10.1% 的居民出游时使用网络订购旅馆民宿，1.5% 的居民使用网络订购火车票，而在机票预定、旅游套餐、租车等方面的网络预定比例均在 0.5% 以下。

5.2020 年上半年居民岛内游市场创新高

自 2020 年初开始，由于世界各地疫情日趋严重并带来对出入境的限制，台湾民众无法出岛旅游，大量民众转为岛内旅游，加上台湾当局奖励政策的刺激，2020 年上半年，民众岛内游市场大幅增长，居民岛内游市场独大。

（三）台湾居民出岛旅游市场发展分析

1. 2019年居民出岛游市场总量增加，2020年则大幅减少

2019年台湾居民出岛总人次由2018年的1142.84万增至1167.69万，增幅为2.17%；出岛旅游比例由2018年的33.9%增加到35.2%，增幅为1.3个百分点；出岛旅游每人每次平均消费支出为47802元新台币，较2018年减少了1.50%。出岛旅游的总消费支出（含机票）由2018年的8077亿元新台币增至8175亿元新台币，增加1.21%。影响台湾居民出岛旅游意愿的因素，以假期长短或时间可以配合的比例最高，占31.3%；其次是行程（景点或活动）具吸引力及预算充足，占比依次为14.9%、14.2%。2020年1～8月，新冠肺炎疫情席卷全球，台湾相关防控疫情措施限制了居民的出游计划。其间居民出岛总人次为222.96万人次，较上年同期减少80.91%。

2. 出岛游目的以观光为主，目的地集中于亚洲地区

2019年出岛旅游目的地中，从大区域看，86.3%集中于亚洲地区，其次是美洲地区，再次为欧洲地区。从国家或地区看，赴日本旅游的最多，有576.31万人次，占总出游人数的33.7%；赴大陆地区游居次，有374.52万人次，占总数的21.9%。居民出岛游的目的没有出现大的变化，观光旅游仍居首位，占76.3%；其次是商务活动，占12%；再次是探访亲友，占10%。出岛旅游目的地选择以与亲友邀约居多，占35.9%；而以好奇和体验异国风情为次，占18.9%；再以疏解压力居三，占11.1%。

3. 北部还是出岛游的主要客源，个人游仍是主要出游方式

台湾北部经济发展占据优势，受民众收入水平、交通便利程度、消费观念等因素影响，2019年，居民出岛旅游以北部地区居民最多，占52.8%；南部地区、中部地区分别占27.4%、22.2%，东部和离岛地区最少。在出游方式上，个人旅游方式占65%，团队旅游占35%。其中选择团队游的主要原因是受亲友推荐、价格合理公道、过去参加过该旅行社的行程等信息影响。

二 2019~2020年台湾旅游产业发展分析

（一）2019年台湾旅游产业发展分析

1. 旅行社业发展状况

台湾观光管理部门的统计数据显示，截至 2019 年底，台湾地区旅行社总公司数量为 3145 家，较 2018 年的 3070 家增加了 75 家，增幅为 2.44%，其中综合类旅行社总公司为 142 家，甲种旅行社总公司为 2730 家，乙种旅行社总公司为 273 家，三类旅行社总公司较 2018 年分别增加了 3.65%、2.32% 和 3.02%。与 2018 年增幅相比较，大部分有所上涨，其中，台湾地区旅行社总公司、综合类旅行社总公司、甲种旅行社总公司的增幅分别上涨了 0.72 个、1.41 个、0.88 个百分点，但乙种旅行社总公司的增幅下降了 1.31 个百分点。

受台湾当局"新南向"政策的影响，东南亚地区进岛旅游人次总量有所增加，促使岛内旅行社从业人员中持有印尼语、泰语、马来语、越南语等执照的导游人数均有提升，截至 2019 年底，以上各语种从业导游分别为 85 人、130 人、23 人和 132 人，较 2018 年分别增加了 25.00%、20.37%、27.78%、34.69%。其中，持有越南语执照的导游人数增幅下降明显，由 2018 年的 108.51% 下降至 34.69%，这与越南进岛旅游人次的增长率下降并出现负增长有关。截至 2019 年 12 月，旅行社中领取执照领队的人数为 64737 人，领取执照导游人数为 43333 人。

2. 旅馆业及民宿发展状况

台湾岛内旅馆业与民宿发展在 2019 年出现不同程度的回落（见表3）。统计数据显示，截至 2019 年 12 月，台湾观光旅馆减少 1 家，房间数减少 764 间。民宿则有一定增长，2019 年底台湾民宿数量为 9268 家，较 2018 年同期的 9085 家，增加了 183 家；民宿房间数由 38427 间增加至 39000 间，增加 573 间，增幅为 1.49%。

从岛内旅馆业和民宿的分布来看，旅馆业集中于经济较为发达的台北、高雄和台中等地，三地合法旅馆数量均超过 380 家，占全岛旅馆总数的41.18%，其中台北市最多，达 603 家。与台湾旅馆的分布不同，民宿业仍主要集中于花莲、宜兰、台东等自然风光资源丰富的地区，三地的民宿（仅指合法民宿）数量均超过 1000 家，占全岛合法民宿总数的 50.58%。其中花莲县的合法民宿最多，2019 年持续增长，增至 1868 家，占岛内合法民宿总量的 20.16%，宜兰和台东县的合法民宿分别占 16.35%、14.08%。屏东县合法民宿数量继 2018 年大幅下跌后略有回升，占比由 8.94% 提高到9.26%，但较之前 15.18% 的占有率仍有较大差距。

表 3　台湾旅馆业及民宿发展情况

旅馆业及民宿		旅馆及民宿数量			客房数量		
		2019 年（家）	2018 年（家）	增长率（%）	2019 年（间）	2018 年（间）	增长率（%）
观光旅馆	国际观光旅馆	80	80	0	22096	22800	-3.09
	一般观光旅馆	47	48	-2.08	6862	6922	-0.87
一般旅馆		3373	3978	-15.21	167036	175610	-4.88
民宿		9268	9085	2.01	39000	38427	1.49

资料来源：台湾观光管理部门 2018 年和 2019 年的台湾旅馆业及民宿家数、客房数统计。

从观光旅馆业的整体经营状况看，2019 年 1~12 月总营业收入为599.90 亿元新台币，包括客房总营业收入 267.81 亿元新台币和餐饮总营业收入 264.05 亿元新台币等。观光旅馆业总营业收入与 2018 年同期的 592.39亿元新台币相比，增加 7.51 亿元新台币，增长 1.27%，其中客房收入比2018 年同期增加 13.24 亿元新台币，增长 5.20%；餐饮收入比 2018 年同期减少 4.68 亿元新台币，下跌 1.74%。补齐餐饮短板，提高餐饮在台观光旅游业中的地位和对游客的吸引力，是下一步亟须解决的问题。台湾岛内民宿业在 2019 年整体运营情况表现颇佳，总量及平均量均呈现出增长态势，全年全岛民宿平均入住率为 24.32%，较 2018 年的 20.09% 增加了 4.32 个百分点；平均房价为 2363 元新台币，较 2018 年的 2326 元新台币，增长了

1.59%。2019 年全岛民宿合计收入为 65 亿元新台币，较 2018 年同期的 42.93 亿元新台币，增长 22.07 亿元新台币，增长率为 51.41%。

（二）新冠肺炎疫情对台湾观光业的影响

疫情海啸全面席卷台湾观光业，海外和两岸业务都停摆，严重影响台湾旅游业所涉及的各个部分。

1. 旅行社连续关闭实体门市

2020 年新冠肺炎疫情冲击日益加重，失去大份额的旅游客源，不只大型旅行社撑不住，中小型旅行社也很惨，许多旅行社靠借钱度日，有的卖了一些房子和资产。一些旅行社为了降低实体门市带来的租金成本，或为了转变发展方式转而发展在线销售业务，导致台湾旅行社出现连续关闭实体门市的状况。雄狮旅游曾经创年营业收入 300 亿元新台币的荣绩，至 2020 年 8 月已关闭约 30 家实体门市；易游网全台 17 家门市中有 7 家已关门。另据台湾观光管理部门公布的数据，2019 年台湾有 25 家旅行社停业、18 家申请解散。截至 2020 年 8 月，申请停业、解散的旅行社总数达 48 家，已超越 2019 年全年的数字[①]。还有大量旅行社裁员或"隐性倒闭"，不少旅行社业者跑去卖酒、卖面膜、卖农特产品、做直销等。

2. 饭店业经营困难、住房率低

据台湾媒体报道，2020 年上半年台北市许多观光饭店住房率只有 2 成左右，如台北晶华酒店住房率只有 20%。岛内有些饭店甚至住房率跌到只剩 10%[②]。台湾商业总会 5 月上旬的调查显示，旅馆业 4 月营业收入不佳，都会型旅馆订房率不到 1 成，有的旅馆 3 月到 5 月初出现两个月零订单，观光型旅馆订房率约为 15%；观光旅游住宿产业链中相关从业人员大量被迫放无薪假，出现饭店经理转行卖自助餐的情况。据台当局劳动主管部门统

---

① 《台湾多家大中型旅行社连续关闭实体门市》，http://www.chinanews.com/tw/2020/09 - 07/9285106.shtml。

② 《无国际旅客　台北市酒店停业潮恐如雪崩》，http://www.crntt.com/doc/1057/9/9/9/ 105799919.html? coluid = 93&docid = 105799919&kindid = 20251。

计，2020年4月全台有近9000人放无薪假，其中以住宿餐饮业人数最多，约占3成①。

3. 台湾航空业等旅游相关行业深受冲击

据台当局民航部门公布的2020年上半年营运情况，台湾航空业全部亏损，其中星宇航空亏损金额超过13亿元新台币，与中华航空相近；长荣航空更亏损超过18亿元新台币，再加上华信、立荣、虎航等，合计亏损约超过53亿元新台币②。与此同时，大陆游客及海外观光客不来，旅游购物等相关产业也深受影响，日月潭游艇业开始放无薪假、台北等地商圈经营困难、高雄最大珠宝店拉下铁门。2020年台湾茶产值将减少近4成，蒸发约30亿元新台币。台湾媒体2020年9月中旬调查台湾夜市经营状况时表示，受到疫情冲击，摊位商家形容这是50年来最差的一年。

三　相关政策及其效应分析

（一）疫情防控需要导致旅行业务受创

2020年初，受新冠肺炎疫情影响，海峡两岸相关部门先后采取防控措施。1月24日台当局宣布，自2月1日至2月29日暂停旅行业组团前往中国大陆地区旅游（含转机前往其他地区旅游），也暂停旅行社组团到港澳地区旅游，但不含中转港澳到其他地区。2月4日宣布，从2月7日起凡是14天内曾经入境或居住于中国大陆的一般外籍人士，禁止进入台湾地区。2月6日又宣布，自即日起禁止国际邮轮靠泊台湾港口。2月初，福州市、泉州市、厦门市相关部门先后宣布，自2月9日起，马尾琅岐—马祖、连江黄岐—马祖两条"小三通"客运航线双向暂时停航；2月10日起，往返两岸

---

① 《惨！全台近9千人放无薪假　住宿餐饮业约占3成》，http://www.taihainet.com/news/twnews/twdnsz/2020－04－08/2373512.html。

② 《受疫情影响台航空业亏损逾14亿》，http://big5.huaxia.com/tslj/lasq/2020/09/6515520.html。

的泉（州）金（门）客运航线、厦（门）金（门）客运航线暂时停航。至此，闽台四条"小三通"航线均暂时停航。2月8日台湾大陆事务负责部门宣布，自2月10日起，暂停"小三通"客船往来，暂停两岸海运客运直航。接着台湾当局采取更严格措施限制进出岛旅游业务，规定自2020年3月19日起，"暂停旅行社组团出境旅游，或是接待岛外旅游团"。

这些措施使台湾观光业遭受重创，2020年1～3月，赴台观光客仅有124.8万人次，较2019年同期大幅减少165.5万人次，降幅达57%。据业者估算，仅第一季度台湾观光业损失就达571亿元新台币。而3月台湾出境人数仅为10万余人次，较上年同期的139.6万人次大减92.7%，创历史新低。接下来的数月里，入台旅行者与2019年同期比降幅均在97%～99%区间，即使"新南向十八国"的旅客，自4月起与上年同期相比也均有94%～99%的降幅。

（二）两岸关系变化和疫情冲击使两岸旅游交流跌入谷底

近几年来，民进党当局不断阻挠两岸交流，不断煽动对大陆的敌意，挑动两岸对立，严重破坏了大陆居民赴台个人游试点的基础和条件。鉴于两岸关系的变化，海峡两岸旅游交流协会公告，决定自2019年8月1日起暂停47个城市大陆居民赴台个人游试点。原来经过多年努力，大陆居民赴台个人游已经成大陆游客赴台的主流，如在2019年上半年大陆游客总数有131万人次，其中个人游就有73万人次，占56%。这个赴台游组织方式的终止当然会有很大影响。台湾观光管理部门的统计数据显示，自2019年9月至2020年1月，与上一年的数据相比，大陆赴台旅客总人次出现46.80%、52.51%、53.38%、55.30%、61.87%的降幅。以往大陆游客来台参与5天4夜、7天6夜的环岛游或深度游，购物等消费能力强，曾经推动台湾旅游市场繁荣一时。大陆游客的减少，不仅冲击台湾观光业约85%的普通话导游的生计，也影响与旅行业有关的多个行业，包括游览车及做个人游旅客生意的小面包车，还有住宿业、餐饮业、夜市、购物品商店等。

之后叠加疫情冲击的影响，台湾旅游观光业雪上加霜。自2020年2月起，与上年同期相比，大陆赴台总人次均有98%～99%的降幅。自4月开始大陆赴台旅客均只剩下数百人，真正以"赴台旅游"为目的者均归零。2020年上半年以商贸活动为主赴台的大陆旅客只剩下9万人，创下历史新低。目前两岸交通直航仅剩上海、北京以及厦门等空中航线。

（三）当局援助措施不断，实质效果甚为有限

自2019年8月起，大陆赴台旅游人次明显下滑，台湾当局为了因应游客骤减的局面，推出旅行社融资缓解困难、游览车免汽燃费、秋冬游补助、200元抵用券等一连串补贴措施，协助业界紧急救助。台湾当局于9月中旬发放580万张夜市抵用券，之后第二波再发400多万张，总计发出1000万张，两波下来，动用第二预备金达新台币5亿元。不过，岛内旅游业者并不认可这一举措，认为补贴或许短期能吸引一定人数进场消费，时间一过，补贴用完了，人潮少、不景气等问题仍存在，无法从根本上解决岛内观光业面临的问题，效果有限。台湾业者明确表示，希望的并不是补贴补助，而是长久稳定的客源，而人数和购买力均甚为可观的大陆游客才是他们心中最期盼的。

从2020年初开始，世界范围出现疫情并冻结旅行旅游活动，台湾观光业陷入恐慌。新冠肺炎疫情严重冲击台湾观光业各个部门，也极大影响了观光产业职工及家庭生计。台湾当局不得不采取部分抢救措施，一部分是采用振兴抵用券等方式奖励台湾民众夜市、观光消费，以刺激市场，推动民众岛内观光旅游；另一部分是推出"安心旅游奖励补助"等措施，"奖励补助"旅游业者，第一波补助新台币39亿元新台币用于"自由行"部分，后来又有十几亿元新台币。台湾当局砸下上百亿元新台币推出一波波纾困振兴方案，但效果有限。

（四）加强各种合作，协力共克时艰

2020年3月中旬，台湾中部的台中、彰化、南投、苗栗4县市，联合成立"中台湾观光推动联盟"，期望在困难时刻，团结彼此资源和力量，发

挥互补效应。同时整合产官资源共同拟定台湾观光推动策略，共同应对疫情冲击。各县市观光协会也在寻找对接，例如高雄的观光业者赴桃园踩线等。

四 2020~2021年台湾旅游业发展展望

今后一年多时间，台湾观光业发展和两岸旅游交流将面临疫情和两岸局势变化等多重影响及挑战。大陆着力促进两岸融合发展，应会给两岸旅游互动带来机遇。

（一）疫情仍将继续冲击，出入岛游大幅下降

疫情严重困扰台湾观光业已久，未来能否开放进出岛旅行关键在于取得疫苗。据相关部门预测，2020年入岛观光人次恐只剩139万人次，将写下20年来最差纪录[①]。预计2020年台湾出岛游人次将比2019年下降87%左右。台湾进出岛旅游市场松动可能要待2021年下半年方有机会，届时或将对部分国家、地区解禁，试探开展入岛游。台湾民众出岛游则要视相关国家或地区的态度。

（二）民众岛内游创新高，撑不起台湾观光业

疫情使得出岛旅游受限，台湾民众被迫选择台湾岛内游，加之当局奖励政策的吸引，岛内游市场大幅增长。预估2020年民众岛内游有望达到2.1亿人次，创近10年来的新高。有分析认为，岛内游市场的火热场景可能延续至2021年上半年，之后就看台当局补助措施延续程度，但这不可能挽救整个台湾观光产业。据台湾岛内业者分析，因为台湾观光业以进出岛旅游业务为主，在全台3000多家旅行社中，有9成从事进出岛旅游业务，只有1成做岛内旅游。台湾地区范围小，岛内游业务规模与利润均有限，同时应看

---

① 《台湾观光部门：预计今年来台观光人次为近20年新低》，http://www.taihainet.com/news/twnews/twdnsz/2020－10－13/2435234.html。

到，互争岛内游市场势必影响到旅游品质。旅行社为争夺岛内游市场，不得不采取削价竞争策略，利润只好依靠带客购物消费等抽成，这种业务操作模式势必影响旅游品质。

（三）观光产业损失惨重，旅游信心甚难恢复

据台湾旅游业者以 2019 年进出台湾岛的人次与消费等计算，受疫情的影响，台湾这一年出入岛旅游市场原本有 8000 亿元新台币的产值，现在剩下 300 亿元新台币，足见观光业损失之惨重。加之台湾取得疫苗速度严重落后，将会影响台湾进出岛旅行限制解封时间并冲击旅游经济。这还将严重影响业者对岛内观光旅游产业的信心，使投资者不敢投资。即使疫情消退，资本市场短时也不会很快恢复对观光业的信心。有的业者悲观地认为，台湾"基本上旅行业已经正式进入'休眠（克）'状态，……观光旅游业势必会面临有史以来最大的重整与洗牌"①。

（四）两岸旅游遭受重挫，短期难以恢复常态

大陆居民赴台游方面，据台湾旅游业者研判，可能只剩下商务旅行往来，观光活动不会随着疫情减缓而即刻重新活络。台湾民众赴大陆游方面，2019 年台湾游客赴大陆与港澳地区旅游高达 587 万人次，但自2020 年初始，这块市场便逐渐萎缩，目前基本暂时消失。台湾观光业界经历大陆游客大量赴台游带来的市场繁荣，后又遭遇大陆游客大量减少导致的台湾观光业的惨景。两种情况对比，使人充分认识到，台湾观光业振兴必须靠大陆游客。民间引颈期盼，希望两岸"小三通"能成为两岸旅游互动的重启点，探寻新的合作渠道。另据业界预测，疫情结束后至少需要半年左右时间，台湾民众赴大陆及港澳地区观光才有望渐进恢复至疫前水平。

---

① 《台观光业界人士：短短 5 年台湾旅游产业进入加护病房》，直通台，http：//www. taihainet. com/news/twnews/twdnsz/2020－04－09/2373670. html，2020 年 4 月 9 日。

参考文献

中共中央台办、国务院台办网，http：//www. gwytb. gov. cn/。

中国台湾网，http：//www. taiwan. cn/。

台湾观光管理部门网：《业务资讯——观光政策》，https：//admin. taiwan. net. tw/BusinessInfo/zhengce。

台湾观光管理部门网：《业务资讯——观光统计（观光市场概况概述、观光市场调查摘要、观光业务统计、观光统计月报等)》，https：//admin. taiwan. net. tw/BusinessInfo/TouristStatistics。

台湾观光管理部门网：《业务资讯——观光产业（旅行业、旅馆及民宿)》，https：//admin. taiwan. net. tw/BusinessInfo/TourismIndustry。

Abstract

China's Tourism Development: Analysis & Forecast (*2020 - 2021*) (Vol. 19 of Tourism Green Book) is the 19th annual report on tourism development compiled by the Tourism Research Center, Chinese Academy of Social Science (CASSTRC). Centering on the theme of "the High-quality development of tourism," this book forecasts the new trends of China's tourism development in 2020 - 2021 through three general reports and nearly 20 special reports.

In 2020, the COVID - 19 outbreak significantly impacted the global macro economy and the tourism market. As the only major economy that has achieved positive growth, China has entered a new development stage in building a socialist modernization country in an all-around way. In the process of industrial transformation and reconstruction, China has bred the potential for recovery. Governments have actively introduced relief policies to deepen the supply-side structural reform of the tourism industry and enhance the resilience of the tourism market recovery. The government have provided market conditions and systematic support for the recovery of the tourism industry by strengthening the compilation and planning work, promoting in-depth integration of culture and tourism, deepening the opening of the tourism market and accelerating the transformation of smart tourism. The 2021 , is the first year of the 14th five-year plan, strengthen the development of tourism resources, market cultivation and foreign cooperation are the primary conditions for the recovery of the tourism industry. During the 14th five-year plan, it is a fundamental measure to realize the high-quality development of the tourism industry by constructing a new development pattern with domestic circulation as the main body and domestic-international circulation mutually promoting.

In 2020, China's tourism development is characterized by "climaxes& hot spots keep coming". According to the carding and refining of CASSTRC, the top ten hot spots of Chinese tourism this year are as follows: 1. The rescue policy promotes the recovery of the tourism market. 2. The Chinese brands optimize the tourism supply. 3. The breakthrough in planning and construction of the National Cultural Park. 4. Tourism industry take the responsibility in coping with difficulties. 5. Tax-free policy attracts consumption flow back in Hainan. 6. The science and technology assistant in preventing and controlling the acceleration of development and Change. 7. The cultural tourism coruscates charm. 8. Digital empowers the transformation of tourism. 9. The live e-commerce involved in tourism sales. 10. The endless stream of new events triggered a marketing boom.

To fully reveal the changes and future expectations of tourism in different social groups in China, CASSTRC together with the Tencent Research Institute of Tourism Industry and the Tencent CDC (user research and experience design center) , conduct a national survey through the internet. The 《Survey of Chinese National Tourism Status: 2020 – 2021》 systematically reveals the tourism status of Chinese nationals from different gender, different generations, different incomes, different education levels, different occupations and different regions in terms of tourism time, activities, consumption and motivation. The survey found that the national tourism radius of china expanded and gradually moved from peripheral tourism to provincial tourism, and natural tourism became the most popular after the epidemic; tourists' travel willingness is stronger than the scope of tourism opening, due to the obstruction of outbound tourism, part of outbound tourism has been transformed into domestic tourism, high-end travel, niche travel and customized travel become the important excavation point; generation Z, represented by the post – 2000 generation, have distinct consumption characteristics and pay more attention to the entertainment and shopping conditions in tourist destinations.

Focusing on the annual theme of "High – Quality Tourism Development", we invited experts from different fields to conduct a comprehensive analysis from the perspectives of industry, resources and region. It includes three aspects: First, under the new development background, pattern and situation, how to achieve high-quality development in core industries and key areas such as scenic spots, travel agencies, cruise liners, hotels and online reservation. Second, how to deal with the relationship between resource management and tourism development among national parks, national cultural parks and world geoparks. Thirdly, at the regional level, how to better play the role of tourism in ecological protection and high-quality development of the Yellow River Basin, how to promote balanced regional development by tourism and how to achieve high-quality development of high-speed rail tourism, etc. As the traditional advantageous section of *Tourism Green Book*, several reports are provided for readers who are interested in relevant markets development, including domestic tourism, inbound tourism, outbound tourism, Hongkong, Macau and Taiwan tourism and so on. Detailed data and systemic analysis can be found in these reports.

Contents

Ⅰ General Reports

Abstract: In 2020, the COVID − 19 pandemic produced a significant impact on the global macroeconomy and the tourism market, leading to a general decline in both fields in the short term. As the only major economy that achieved positive growth in the past year, China has entered a new stage of development of building a modern socialist country in an all-round way. While undergoing industrial transformation and restructuring, China has also nurtured the potential for recovery. China has actively introduced a series of relief policies, deepened the structural reform on the supply side of tourism industry, and enhanced the resilience of the tourism market for recovery. By strengthening the planning work, promoting the deep integration of culture and tourism, deepening the opening up of the tourism market and accelerating the transformation of smart tourism, it provided market conditions and system support for the recovery of the tourism industry. The year 2021 is the first year of the 14th Five − Year Plan. Strengthening the development of tourism resources, market cultivation and international cooperation are the basic conditions for realizing industry recovery. During the 14th Five − Year Plan period, to foster a new development paradigm with domestic circulation as the mainstay and domestic and international circulations reinforcing each other holds the fundamental key to achieving high-quality development of tourism.

Keywords: Tourism Recovery; The 14th Five - Year Plan; Socialist Modernization; New Development Paradigm

G.2 Survey on Chinese Citizens' Travel (2020 −2021)

Research Programme of Survey on Chinese Citizens' Travel / 020

Abstract: In 2020, the COVID - 19 epidemic has brought the global tourism industry to a standstill. In this context, China's tourism industry is actively adjusting and looking for driving force in the economic cycle. In order to explore the tourism consumption psychology and behaviors of tourists after the epidemic, this paper collects data through online questionnaires and analyzes the national tourism status of different genders, generations, incomes, education levels, occupations and regions in terms of travel time, activities, consumption, motivation, etc. The study found that the radius of national tourism has expanded, gradually moving from surrounding tours to out-of-the-province tours, and natural sightseeing tours are the most popular after the epidemic; the scope of tourists' willingness to travel is stronger than the open scope of tourism. However, due to the obstruction of outbound tourism, some outbound tourism has been transformed into domestic tourism, High-end tours, niche tours and customized tours have become important excavation points; Generation Z tourist groups represented by the post −00s have distinctive consumption characteristics and pay more attention to the entertainment and shopping conditions of tourist destinations.

Keywords: National Tourism; Tourism Consumption; Tourism Structure

G.3 Top 10 Highlighted Issues of China's Tourism in 2020

Tourism Research Center, Chinese Academy of Social Sciences / 057

Abstract: Policies and demands promote the revival of tourism; The domestic brand-building is optimizing tourism supply; The planning and construction of state-level cultural parks has been started; Enterprises in tourism industry overcome the difficulties together during the epidemic period; More duty-free shops have opened in Hainan to boost consumption; How technology contribute to epidemic prevention and accelerate tourism transformation; Innovation makes museums become unparalleledly attractive; Digitization empowers the restructure of tourism industry; The popular e-commerce livestreaming provides a new opportunity for tourism sales; The new-rising star Ding Zhen triggered a marketing boom in tourism.

Keywords: China's Tourism; National Cultural Park; Transformation and Development

Annual Theme High – quality Development of Tourism

II   Important Industries and Fields

G.4   The Exploration of the High-quality Development in Tourism Attractions Based on Value Co-creation

Zhang Shumin, Wang Yong / 077

Abstract: Tourism attractions, the core vehicle of tourism industry, their development has embarked on a new phase, the basic feature of which is that the mode is now transitioning from rapid growth to high-quality development. The paper states the necessity of the high-quality development in tourism attractions, depending on both achievements and the issues emerged in the rapid growth phace. To explore the route for the high-quality development, the paper builds a value co-creation model in tourism attraction, based on the industrial value, by utilizing and expanding the thoery of the value co-creation. To provide a role model of exploring the value co-creation in tourism attrations, this paper studies the practice case of Overseas Chinese Town Holdings Company (OCT).

Keywords: Value Co-creation; High-quality Development; OCT

G. 5 Prospects for the Development Trend of China's Hotel Industry after the Epidemic

Qin Yu, Duan Zhuang and Hu Danting / 090

Abstract: The impact of the Covid − 19 epidemic has caused the hotel industry to suffer huge losses, but at the same time, the hotel industry has also ushered in the opportunity to fully optimize the supply structure. We believe that after the epidemic, there are the following four development trends of the hotel industry. Firstly, the hotel industry will return to the essence of service to maintain a sustainable competitive advantage. Secondly, the hotel industry will empower employees with digital technology to improve production efficiency. Next, as a carrier of multiple experiences, the hotel industry will continue to use experience to build hotel brands. Finally, the hotel industry will continue to play a leading role in lifestyle, and develop different types of lifestyle hotels according to the needs of different groups of people.

Keywords: Hotel Industry; Empower with Digital Technology; Lifestyle Hotel

旅游绿皮书

G.6 Development Trends of China's Travel Agency Industry in

2020 −2021　　　　　　　　　　*Guo Dongjie*, *Peng Liang* / 099

Abstract: In 2020, the tourism industry, especially travel agency, turned to be the industry that has been directly affected for the longest time and the most severely by the Covid −19 epidemic. The income of travel agencies was expected to drop by more than 90%. The tourism market was supported mainly by domestic tourism. Travel agencies were under great pressure and suffered from losing money. The income of the industry plummeted and talents were drained. Although facing the difficult situation, the travel agency industry still fully supported the fight against the epidemic. In the meantime, the travel agency industry actively carried out self-help and transformation. The specific methods included outbound tourism transforming to the domestic; product innovation including private groups; opening up local peripheral tourism market; introducing aviation + travel + destination model; exploring selling, live broadcast, travel + shopping, travel + life model; online transforming and promoting internet + travel integration. The crisis will also bring new changes and opportunities to travel agencies. Small customized team tours, in-depth, high-quality, themed leisure tourism and vacation products, deep integration of scenic spots and the accommodation industry, and vigorous development of night economy will become a new trend in the development of the industry.

Keywords: Travel Agency; Covid −19 Epidemic; Tourism

G.7 High-quality Development of Cruise Tourism after Crisis Caused

Gao Huina, *Qiu Anqi* / 116

Abstract: The outbreak of the new coronavirus epidemic in early 2020 has rapidly raged across the world. It has not yet been completely controlled, causing a heavy blow to the society and economy. The first to bear the brunt is cruise travel, which focuses on entertainment and consumption in enclosed spaces. In order to prevent the spread of the cruise ship epidemic, the global cruise industry has adopted a "ban", and the cruise industry has entered an unprecedented ice trap. The new coronavirus epidemic has not only caused short-term impacts on cruise tourism such as operational difficulties, capital market setbacks, and interruption of the industrial chain, but also the possible long-term impacts such as market structure optimization, technological changes, and changes in tourist consumption behavior. Based on the four dimensions of the government, industry organizations, cruise companies, and tourists, it proposes specific response strategies and suggestions.

Keywords: New Coronavirus Epidemic; Cruise Tourism; Industrial Chain

G. 8   Booking Travel Leads the New Pattern of "Internet + Tourism" Development   *Zhao Lisong, Liu Jiahao* / 126

Abstract: Facing the global pandemic of the new crown pneumonia epidemic and the increasingly complex and severe development environment, the development of my country's tourism and leisure industry has also shown several new characteristics. In the post-epidemic era, the overall coordination of "safety" and "development" has become an inherent requirement for the recovery of the tourism industry. Some tourists are cautious about long-distance tourism and multi-person tourism where there are more exposure and exposure risks, and turn their attention to local leisure and surrounding tourism. In this context, booking tourism is developing rapidly. On the one hand, it is an important starting point to ensure the safe and stable operation of the industry, and on the other hand, it is also a powerful fulcrum for promoting the digital transformation and high-quality development of the tourism industry. To promote the development of reservation tourism and develop a new pattern of "Internet + tourism", it is recommended to pay attention to the following aspects: promote the increase of tourism online rate through reservation tourism, promote the digital transformation of the industry;

strengthen the construction of the scenic membership system, and use tourism big data to achieve Accurate marketing and traffic operation; attach importance to the comments left by tourists on the Internet platform, achieve scientific evaluation management, and continuously optimize and improve products and services.

Keywords: Booking Tour; Internet Platform; New Pattern of Development

G. 9 Practical Exploration on the Digital Transformation of MICE Industry: A Case Study of Zhejiang

Bai Ou / 138

Abstract: This study analyzed the impact of COVID −19 on the incentive tourism industry, in aspects of tremendous short-term impact, liquidity weakening, and long-term business uncertainty. The ability of incentive tourism enterprises and their bottleneck to deal with major public health events is highlighted. The normalization of epidemic prevention and control has accelerated the pace of digital transformation of incentive tourism industry. This paper analyzes the challenges of the digital transformation of the incentive tourism industry, which is manifested in the lack of the ability required for digital transformation, the inability of the traditional offline supply chain to meet the new needs of the digital transformation, the lack of precision of government support policies, and the urgent reconstruction of the industry supervision system. Based on the questionnaire survey and field investigation of incentive tourism industry in Zhejiang province, this paper analyzed the best practice of digital transformation of incentive tourism industry in Zhejiang province, specifically including the take good use of digital technology to improve the digital ability of enterprises, design new business model and new path of digital transformation of incentive tourism industry, and strengthen the government's strategic planning and industrial governance. This study thus provides practical samples for the digital transformation of incentive tourism industry in the post epidemic era.

Keywords: COVID −19 Impact; Digital Transformation; Incentive Tourism Industry; Zhejiang Province

Ⅲ   Resource Management and Regional Balance

G. 10   Research on the Practice of Social Impact Assessment in the Establishment of National Parks

—*Based on the Stakeholder Analysis*

Abstract: China has established 10 pilot national parks since 2015. The first batch of national parks will be officially established soon and the natural reserve systems mainly composed of national parks will gradually established. Summarizing the construction experience of the national park pilot, national parks cover a wide area, involve a large number of stakeholders with complex relationships. Interest coordination is the key to the success of national park development. Therefore, the social impact assessment is required to be prepared in the national park candidate program on the basis of scientific investigation and conformity confirmation report and establishment plan. The social impact assessment aims to analyze and study the potential risks and social benefits of the establishment of national parks, and provides a reference for the preparation and subsequent implementation of the establishment plan. This paper takes the proposed Hulunbuir National Park as a research case, conducts research based on stakeholder analysis through field investigations. Propose targeted social management solutions by analyzing the social and economic impacts, potential social risks and social benefits of the establishment of national parks on the evaluation area.

Keywords: National Park; Social Impact Assessment; Stakeholders; Hulunbuir National Park

317

G.11 Tourism Development and Professional Promotion of
World Geoparks   *Gao Shunli* / 173

Abstract: It has been 20 years since the birth of the world geopark, and China has become the country with the largest number of world geoparks in the world. The approved world geoparks have generally strengthened the protection of geological heritage, promoted popularization of geological science education, and accelerated the development of the tourism industry. However, due to the vast area and the short development period, the tourism development of the world geopark also has obvious weaknesses. It needs to be professionalized in many aspects, such as to further strengthen the protection of geological heritage, and effectively enhance the professionalism of tourism development, promote global tourism management, fully tap the functions of popular science education, and extensively involve communities and people.

Keywords: World Geopark; Tourism; Popular Science Education

G.12 Thoughts on the Construction of the Great Wall National
Cultural Park   *Dong Yaohui* / 181

Abstract: The construction of the Great Wall National Cultural Park is not only a national cultural strategy, but also a new regional development strategy guided by the integration of culture and tourism, agriculture and tourism. The construction of the Great Wall National Cultural Park must adhere to the five basic principles of protection priority, cultural guidance, local conditions, and classified guidance. The construction of the four main functional areas including control and protection, theme display, cultural and tourism integration, and traditional use must be carried out. It is essential to establish a working mechanism of central coordination, provincial general responsibility, hierarchical management and sub-level responsibility, improve the "Great Wall Protection Regulations", formulate the "Great Wall National Cultural Park Construction and Protection Plan", formulate a series of supporting regulations and systems to guide the construction of the Great Wall National Cultural Park across the country. In addition to the construction of the four main functional areas, five major projects including protection and inheritance project, cultural research and excavation project, environmental supporting project, cultural and tourism integration project, and digital online project should also be constructed.

Keywords: Great Wall; National Cultural Park; Cultural and Tourism Integration

G.13 To Promote Ecological Protection and High-quality Development of the Yellow River Basin via Tourism

Shi Ruiying, Meng Lei and Ma Huijun / 190

Abstract: The Yellow River is the mother river of China, since the strategy of ecological protection and high-quality development of the Yellow River Basin was put forward, the Yellow River Basin has played an important role in China's economic and social development as well as ecological security. High-quality development in the Yellow River Basin is both important and complex, and it is feasible for tourism to promote ecological protection and high-quality development. Looking forward to the future, The Yellow River tourism development should start from strengthening the whole pattern of tourism, breaking down the development barriers, tamping the ecological foundation, and building the Yellow River cultural tourism belt.

Keywords: Tourism; Yellow River Basin; Ecological Protection; High-quality Development

旅游绿皮书

G.14　How Tourism Can Improve Unbalance of Regional
Development
—*Thoughts of Zhejiang Mountain* − *Sea Cooperation Project*

Wang Ying, *Sun Yangyang* / 203

Abstract: Under the new situation, China is still facing the serious challenge
of unbalanced regional development, as an important way of industrial poverty
alleviation, tourism needs to face the opportunities brought by the application of
new technologies and green development, and make new explorations and
contributions to the coordinated development of the region. The Mountain-sea
Cooperation Project is an important strategic measure to coordinate regional
development in Zhejiang Province, in which tourism has played an active role in
promoting reverse flow of production factors and cultivating advantageous industries
in underdeveloped areas. It provides cases for understanding the value of tourism in
improving unbalance of regional development, and also provides some thoughts
for deepening the discussion of sustainable tourism Poverty Alleviation under
market operation.

Keywords: Unbalance of Regional Development; Tourism Poverty
Alleviation; Mountain −Sea Cooperation Project; Zhejiang Province

G.15　The High-quality Development of High-speed Rail Tourism:
Current Situation, Problems and Countermeasure

Liao Bin, *Yan Xuyang*, *Li Nao and Sun Mengyang* / 215

Abstract: High-speed rail is another revolutionary innovation of modern
transportation, which has changed the way people travel. The integration of high-
speed rail and tourism has become a new trend. In recent years, the high-speed rail
tourism market has developed rapidly, and the tourist group has gradually become
an important part of the high-speed rail passenger transport market. In the future,

high-speed rail tourism will form a trillion-yuan market. To promote the integrated development of high-speed rail and tourism in the future, it is necessary to clarify the development direction of high-speed rail tourism, strengthen the unified planning, design and construction of high-speed rail tourism development, innovate the development of high-speed rail tourism products, promote the establishment of a new system of high-speed rail tourism products, and form tourism with high-speed rail tourism as the core tourism New industrial system. It is necessary to promote the development of the high-speed rail tourism market and accelerate the high-speed rail tourism marketing and promotion; it is necessary to optimize the high-speed rail tourism business model; it is necessary to strengthen the top-level development design of high-speed rail tourism development, improve the high-speed rail tourism supporting services, create a batch of high-speed rail tourism demonstration projects, and improve the level of high-speed rail tourism services.

Keywords: High-speed Rail Tourism; High-quality Development; Tourism

Ⅳ Markets Analysis and Hongkong, Macau & Taiwan Tourism

G. 16   The Overview and Prospect of China's Domestic Tourism

Development (2020 −2021)   *Guo Na* / 231

Abstract: In 2019, the domestic tourism market maintained a steady growth and the demands of the public on the cultural recreation have increasingly become a staple of people's life. The enthusiasm of cultural construction and tourism integration and development in various localities is unprecedentedly high. The Covid −19 in 2020 brought great impact to the tourism economy. But after the unprecedented joint effort, the bottom started merging. The smart tourism and the digital tourism expanded the leisure space, the tourism management has been

significantly improved, the family leisure has become core demands, the market structure has shown a balanced development trend. The self-driving tour and wellness tour continued to boom. The development potential of new business forms was released at a faster pace. In 2021 with the end of the Covid – 19 epidemic, people will be enthusiastic about tourism, the domestic tourism cycle will promote the growth of tourism consumption, the lower travel prices will also stimulate a recovery in demand. The new trend of building a well-off society should be followed and the tourism should be developed in high quality.

Keywords: Domestic Tourism; Tourism Income; Number of Tourists; Covid – 19 Epidemic

G . 17   The Overview and Prospect of China's Inbound Tourism Development (2019 – 2021)   *Liu Xiangyan / 239*

Abstract: In 2019, China's inbound tourism market maintained a sustained growth trend, which was interrupted by the sudden outbreak of the epidemic at the end of that year. In order to prevent and control the spread of the epidemic, under the dual travel restriction measures of destination and source, the inbound tourism in 2020 has been declining unprecedentedly. The epidemic not only makes the scale of inbound tourism market collapse for a while, but also makes the structure of inbound tourism destination and source market change intuitively. In the future, at the end of the epidemic and a period after the epidemic, the " distance attenuation " characteristics of tourist source market will be more significant, and the provinces and cities that are less affected by the epidemic, rich in natural ecological resources and relatively sparsely populated will become more prominent. The national development strategy, the rapid recovery of domestic tourism and the epidemic situation itself are offering certain opportunities for China's inbound tourism. Meanwhile, the uncertainty of the epidemic development trend, the instability of the international economic and political situation, and the lack of confidence of global residents in outbound travel will

bring challenges to the recovery.

Keywords: Inbound Tourism; Epidemic Impact; Tourisim Market

G.18 The Overview and Prospect of China's Outbound Tourism Development (2019 −2021) *Yang Jinsong* / 253

Abstract: China's outbound tourism had completely different performances in 2019 and 2020. Due to the impact of the Covid −19 epidemic, the originally stable growth trend was suddenly interrupted, and overseas destinations and relevant market entities have experienced severe tests. At present, outbound tourism is still not open, and the high pressure state will continue for a long time in the future. Outbound tourism will face a more uncertain world. This will force relevant market entities to innovate more. In the coming year, careful evaluation and orderly opening up will be the main keynotes. If outbound tourism is opened in 2021, it is possible to choose destinations from near to far, and quickly enter a new era of coexistence of high-quality demand and low tolerance.

Keywords: China's Outbound Tourism; Tourism Market; Tourism

G.19 The Overview and Prospect of Hong Kong Tourism Development (2020 −2021) *Yang Yihan, Li Mimi* / 263

Abstract: Looking back to 2020, faced with " Anti-extradition Law Movement" and the Covid −19 epidemic situation, tourism industry in Hong Kong SAR continued to suffer. This report firstly summarizes the continuous influences of the "Anti-extradition Law Movement", and points out the impact of Covid −19 on tourism performance in 2020. In addition, supportive policies of the Hong Kong SAR government and actions of the industry are also summarized. Finally, this study discusses the present situation and prospects the

future development of Hong Kong tourism.

Keywords: Hong Kong; Tourism Industry; Covid −19

G. 20　The Overview and Prospect of Macau's Tourism Development
（2020 −2021）　　　　　　　　　　　　　　*Tong Jizong* / 274

Abstract: Hit by the COVID −19 epidemic, the World Bank described the global economy in 2020 as experiencing its worst recession in 80 years. Measures to prevent and control the epidemic, maintain safe social distance, and block the flow of people, have had a greater impact on the global tourism, F&B, accommodation, and other hospitality industries that require consumers to contact service providers in person. The export of gaming and tourism services, as the main engine driving the growth of Macao's economy in recent years, has been hit hard by the epidemic. It is expected that in 2020, Macao's economy will record the largest decline since 1999. Prospects for the development of Macau's tourism market in 2021, the total number of visitors to Macau is expected to be difficult to return to the level before the epidemic. The source of visitor's market is expected to become more concentrated. Inbound tourism products will undergo structural changes, and the tourism industry will embrace the digital economy.

Keywords: COVID − 19 Epidemic; Macau tourism; Tourism Market; Service Export

G. 21　The Overview and Prospect of Taiwan Tourism Development
（2019 −2021）　　　　　　　*Huang Fucai*, *Chen Wuxiang* / 292

Abstract: In 2019, the overall tourism market in and out of Taiwan has been improving, with a slight increase compared with the previous year. The total foreign exchange income of regional tourism has increased by 5 percent. The number of tourists on the island of Taiwan residents decreased slightly while the expenditure increased. In 2020, under the multiple impacts of COVID − 19 epidemic and political changes in Taiwan, Taiwan's tourism industry has been deeply impacted. The overseas and cross-strait tourism business was basically suspended, and by August, the tourism market in and out of the island had dropped by more than 80%. With the stimulus of the Taiwan authorities' travel promotion policy, the public tourism market in the island surged, but the hedging effect was limited. The sharp decline of the inbound and outbound tourism market has seriously affected all parts of Taiwan's tourism industry, including the dismal operation of travel agencies, accommodation industry and tourism transportation, and the massive loss of employees has severely damaged the foundation laid by Taiwan's tourism industry over the past 30 years. Although the relevant departments in Taiwan have taken measures to subsidize, the effect is very limited. The tourism industry in Taiwan hopes that the impact of the epidemic will gradually diminish, and waits for the recovery of the tourist market outside the island and the reopening of cross-strait tourism exchanges to welcome new development opportunities.

Keywords: Taiwan tourism; COVID − 19; Tourists of Mainland China; Taiwan Island Travel

皮 书

智库报告的主要形式
同一主题智库报告的聚合

❖ 皮书定义 ❖

皮书是对中国与世界发展状况和热点问题进行年度监测，以专业的角度、专家的视野和实证研究方法，针对某一领域或区域现状与发展态势展开分析和预测，具备前沿性、原创性、实证性、连续性、时效性等特点的公开出版物，由一系列权威研究报告组成。

❖ 皮书作者 ❖

皮书系列报告作者以国内外一流研究机构、知名高校等重点智库的研究人员为主，多为相关领域一流专家学者，他们的观点代表了当下学界对中国与世界的现实和未来最高水平的解读与分析。截至2021年，皮书研创机构有近千家，报告作者累计超过7万人。

❖ 皮书荣誉 ❖

皮书系列已成为社会科学文献出版社的著名图书品牌和中国社会科学院的知名学术品牌。2016年皮书系列正式列入"十三五"国家重点出版规划项目；2013~2021年，重点皮书列入中国社会科学院承担的国家哲学社会科学创新工程项目。

权威报告·一手数据·特色资源

皮书数据库
ANNUAL REPORT(YEARBOOK)
DATABASE

分析解读当下中国发展变迁的高端智库平台

所获荣誉

- 2019年，入围国家新闻出版署数字出版精品遴选推荐计划项目
- 2016年，入选"'十三五'国家重点电子出版物出版规划骨干工程"
- 2015年，荣获"搜索中国正能量 点赞2015""创新中国科技创新奖"
- 2013年，荣获"中国出版政府奖·网络出版物奖"提名奖
- 连续多年荣获中国数字出版博览会"数字出版·优秀品牌"奖

成为会员

　　通过网址www.pishu.com.cn访问皮书数据库网站或下载皮书数据库APP，进行手机号码验证或邮箱验证即可成为皮书数据库会员。

会员福利

- 已注册用户购书后可免费获赠100元皮书数据库充值卡。刮开充值卡涂层获取充值密码，登录并进入"会员中心"—"在线充值"—"充值卡充值"，充值成功即可购买和查看数据库内容。
- 会员福利最终解释权归社会科学文献出版社所有。

数据库服务热线：400-008-6695
数据库服务QQ：2475522410
数据库服务邮箱：database@ssap.cn
图书销售热线：010-59367070/7028
图书服务QQ：1265056568
图书服务邮箱：duzhe@ssap.cn

基本子库
SUB DATABASE

中国社会发展数据库（下设 12 个子库）

整合国内外中国社会发展研究成果，汇聚独家统计数据、深度分析报告，涉及社会、人口、政治、教育、法律等 12 个领域，为了解中国社会发展动态、跟踪社会核心热点、分析社会发展趋势提供一站式资源搜索和数据服务。

中国经济发展数据库（下设 12 个子库）

围绕国内外中国经济发展主题研究报告、学术资讯、基础数据等资料构建，内容涵盖宏观经济、农业经济、工业经济、产业经济等 12 个重点经济领域，为实时掌控经济运行态势、把握经济发展规律、洞察经济形势、进行经济决策提供参考和依据。

中国行业发展数据库（下设 17 个子库）

以中国国民经济行业分类为依据，覆盖金融业、旅游、医疗卫生、交通运输、能源矿产等 100 多个行业，跟踪分析国民经济相关行业市场运行状况和政策导向，汇集行业发展前沿资讯，为投资、从业及各种经济决策提供理论基础和实践指导。

中国区域发展数据库（下设 6 个子库）

对中国特定区域内的经济、社会、文化等领域现状与发展情况进行深度分析和预测，研究层级至县及县以下行政区，涉及省份、区域经济体、城市、农村等不同维度，为地方经济社会宏观态势研究、发展经验研究、案例分析提供数据服务。

中国文化传媒数据库（下设 18 个子库）

汇聚文化传媒领域专家观点、热点资讯，梳理国内外中国文化发展相关学术研究成果、一手统计数据，涵盖文化产业、新闻传播、电影娱乐、文学艺术、群众文化等 18 个重点研究领域。为文化传媒研究提供相关数据、研究报告和综合分析服务。

世界经济与国际关系数据库（下设 6 个子库）

立足"皮书系列"世界经济、国际关系相关学术资源，整合世界经济、国际政治、世界文化与科技、全球性问题、国际组织与国际法、区域研究 6 大领域研究成果，为世界经济与国际关系研究提供全方位数据分析，为决策和形势研判提供参考。

法律声明

"皮书系列"（含蓝皮书、绿皮书、黄皮书）之品牌由社会科学文献出版社最早使用并持续至今，现已被中国图书市场所熟知。"皮书系列"的相关商标已在中华人民共和国国家工商行政管理总局商标局注册，如 LOGO（▧）、皮书、Pishu、经济蓝皮书、社会蓝皮书等。"皮书系列"图书的注册商标专用权及封面设计、版式设计的著作权均为社会科学文献出版社所有。未经社会科学文献出版社书面授权许可，任何使用与"皮书系列"图书注册商标、封面设计、版式设计相同或者近似的文字、图形或其组合的行为均系侵权行为。

经作者授权，本书的专有出版权及信息网络传播权等为社会科学文献出版社享有。未经社会科学文献出版社书面授权许可，任何就本书内容的复制、发行或以数字形式进行网络传播的行为均系侵权行为。

社会科学文献出版社将通过法律途径追究上述侵权行为的法律责任，维护自身合法权益。

欢迎社会各界人士对侵犯社会科学文献出版社上述权利的侵权行为进行举报。电话：010-59367121，电子邮箱：fawubu@ssap.cn。

社会科学文献出版社